办理黑社会性质组织犯罪等案件

法律规范理解与典型案例

徐伟红　主编

中国法制出版社
CHINA LEGAL PUBLISHING HOUSE

前　言

任何犯罪行为都会损害人民群众的获得感、安全感和幸福感。而黑社会性质组织犯罪等黑恶势力犯罪是经济社会健康发展的毒瘤，与一般的个人犯罪和共同犯罪相比，黑恶势力犯罪的社会危害性更广泛、更严重，其往往集多种犯罪于一身，采用威胁、暴力等手段欺行霸市、巧取豪夺、为非作恶，使人民群众的合法权益遭受粗暴侵犯，安全感受到严重威胁，是人民群众深恶痛绝的顽疾。黑恶势力背后多有“保护伞”的庇护，经过深挖往往可发现存在腐败问题。所以，黑恶势力犯罪破坏的不仅是社会治安秩序和现行法律制度，更是社会的公平、正义以及社会健康发展的基石。因此，对黑恶势力犯罪必须坚决依法予以打击。

此次全国开展的扫黑除恶专项斗争，是党中央、国务院作出的重大决策部署，自 2018 年开始，至 2020 年底结束，为期三年。专项斗争开展一年来，在中央政法委的统筹协调下，各级人民法院、人民检察院、公安机关和司法行政机关等有关部门密切配合、通力协作，无私奉献，不畏流血牺牲，使扫黑除恶专项斗争取得显著成效。中央政法委秘书长、全国扫黑办主任陈一新在全国扫黑办新闻发布会上公布，截至 2019 年 3 月底，全国起诉涉黑涉恶犯罪案件 14226 件 79018 人。① 公安部举行的全国公安机关开展扫黑除恶专项斗争有关情况发布会公布的数据显示，截至 2018 年底，共打掉涉黑组织 1292 个、恶势力犯罪集团 5593 个，破获各类刑事案件 79270 起，缴获各种枪支 851 支，查封、扣押、冻结涉案资产

---

① 《全国扫黑办：截至 3 月底全国起诉涉黑涉恶犯罪案 14226 件》，载人民网，http：//legal. people. com. cn/n1/2019/0409/c42510 – 31020294. html，最后访问时间：2019 年 9 月 18 日。

621亿元，全国刑事案件同比下降7.7%，八类严重暴力案件同比下13.8%。①

习近平总书记在2019年1月中央政法工作会议上就扫黑除恶专项斗争的深入开展作出重要指示，他强调指出：黑恶势力是社会毒瘤，严重破坏经济社会秩序，侵蚀党的执政根基。要咬定三年为期目标不放松，分阶段、分领域地完善策略方法、调整主攻方向，保持强大攻势。要紧盯涉黑涉恶重大案件、黑恶势力经济基础、背后“关系网”“保护伞”不放，在打防并举、标本兼治上下真功夫、细功夫，确保取得实效、长效。②

扫黑除恶专项斗争取得实效、长效，要依靠严格依法办案，确保办理的案件经得起历史的检验。近年来，针对惩治黑恶势力犯罪，我国对相关立法进行了重大修改和完善，为严厉打击黑恶势力违法犯罪提供了充分的法律保障。《刑法修正案（八）》对黑社会性质组织犯罪的规定作了重大修改，如刑罚由两档增加到三档，增加了财产刑并提高了法定刑幅度，提高了国家机关工作人员包庇、纵容黑社会性质组织犯罪的法定刑幅度。此外，《刑法修正案（八）》还通过完善刑法总则规定等，使我国的刑事政策进一步满足打击黑恶势力犯罪的需要。2018年修改后的《刑事诉讼法》增加了电子监控、不定期检查等监视方法，完善了技术侦查、证人保护制度等，使得惩治黑恶势力犯罪的刑事诉讼制度更加完备。为了统一执法思想，提高执法效能，最高人民法院、最高人民检察院、公安部、司法部联合出台了《关于办理黑恶势力犯罪案件若干问题的指导意见》《关于办理恶势力刑事案件若干问题的意见》《关于办理“套路贷”刑事案件若干问题的意见》《关于办理黑恶势力刑事案件中财产处置若干问题的意见》《关于办理实施“软暴力”的刑事案件若干问题的意见》等规范性文件，为依法、准确、有力惩处黑恶势力违法犯罪提供了法律制度保障。同时中共中央、国务院发出的《关于

---

① 《全国公安机关打掉涉黑组织1292个 恶势力犯罪集团5593个》，载新华网，http：//www.xinhuanet.com/legal/2019-01/28/c_1124053215.htm，最后访问时间：2019年9月18日。

② 《习近平出席中央政法工作会议并发表重要讲话》，载新华网，http：//www.xinhuanet.com//politics/2019-01/16/c_1123999899.htm，最后访问时间：2019年9月18日。

开展扫黑除恶专项斗争的通知》，最高人民法院、最高人民检察院、公安部、司法部联合出台的《关于依法严厉打击黑恶势力违法犯罪的通告》等政策为开展扫黑除恶斗争指明了方向，规划了路线，提供了保障。

为了更好地理解、掌握扫黑除恶法律规范和相关政策要求，本书系统梳理了在办理黑社会性质组织犯罪等案件中涉及的刑法规范及相关司法解释规定，通过深入浅出的方式对办案中的法律要点问题进行了阐释。同时还在重要知识点后附有主要来自于法院已生效判决的典型案例分析，进一步帮助执法人员、司法人员适用法律规定，把好案件事实关、证据关、程序关和法律适用关。

此外，全国扫黑办于2019年10月21日举行新闻发布会，公布国家监察委员会与最高人民法院、最高人民检察院、公安部、司法部联合印发的《关于在扫黑除恶专项斗争中分工负责、互相配合、互相制约严惩公职人员涉黑涉恶违法犯罪问题的通知》、“两高两部”联合印发的《关于办理非法放贷刑事案件若干问题的意见》《关于办理利用信息网络实施黑恶势力犯罪刑事案件若干问题的意见》《关于跨省异地执行刑罚的黑恶势力罪犯坦白检举构成自首立功若干问题的意见》4个法律政策文件。对于确保扫黑除恶“打准、打狠、打深、打透”，推动专项斗争依法深入健康发展有着积极而深远的影响。本书对于这些新发布的文件予以收录，力图帮助读者及时了解、学习最新的法律政策依据。

本书具有很强的针对性和实用性，对工作在扫黑除恶专项斗争一线的公安机关、检察院、法院、司法行政机关工作人员具有较强的指导作用。本书是一部适时的实用教材，有助于执法人员统一执法思想，提高执法效能，依法、准确、有力惩处黑恶势力犯罪。同时，本书对教学科研工作者和关注扫黑除恶专项斗争的读者也将起到很好的参考作用。

本书的编写大纲由主编和中国法制出版社王熹编辑协商后拟定，参加编写人员具体分工如下（以撰写章节顺序）：徐伟红撰写第一章和第三、四、五、六、七、八章的部分内容；李涛撰写第二章；于晓茜参与第二章案例的收集、整理；马成龙撰写第三、四、八章的部分内容；任展宏撰写第五、六章的部分内容；张梦梦撰写第七章的部分内容及下篇相关法律规范的收集整理。本书由徐伟红统稿，为了保证解读内容的准确性和实用性，特邀请徐州市公安局法制支队高洁负责全书审稿。

由于水平和时间有限，书中错误与不足在所难免，请广大同仁不吝指教，以便我们不断改进。

本书编写组

2019 年 10 月 22 日

目　录

上篇　办理黑社会性质组织犯罪等案件法律规范理解与典型案例

下篇　办理黑社会性质组织犯罪等案件相关法律规范

上　篇

办理黑社会性质组织犯罪等案件法律规范理解与典型案例

第一章　工作原则与重点

本章导读

2018年1月，中共中央、国务院发出《关于开展扫黑除恶专项斗争的通知》（以下简称《通知》）。《通知》强调，要聚焦涉黑涉恶问题突出的重点地区、重点行业、重点领域，把打击锋芒始终对准群众反映最强烈、最深恶痛绝的各类黑恶势力违法犯罪。政法各机关要进一步明确政策法律界限，统一执法思想，加强协调配合，既坚持严厉打击各类黑恶势力违法犯罪，又坚持严格依法办案，确保办案质量和办案效率的统一，确保政治效果、法律效果和社会效果的统一。

为了贯彻落实《通知》精神，根据相关法律规定，本章归纳了办理黑恶势力犯罪案件的工作要求和工作重点，使人民法院、人民检察院、公安机关和司法行政机关在办理黑恶势力犯罪案件上统一执法思想，密切配合，相互制约，形成打击合力，提高执法效能。

第一节　工作原则

一、各级政法机关应充分发挥职能作用，密切配合，相互支持，相互制约，形成打击合力，加强预防惩治黑恶势力犯罪长效机制建设

在政法机关职能行使方面，要求各级人民法院、人民检察院、公安机关和司法行政机关办理黑恶势力犯罪案件应当充分发挥其各自的职能作用，密切配合，

相互支持，相互制约，形成打击合力。

（一）各级人民法院、人民检察院、公安机关和司法行政机关应发挥其各自的职能作用

《刑事诉讼法》第3条规定：“对刑事案件的侦查、拘留、执行逮捕、预审，由公安机关负责。检察、批准逮捕、检察机关直接受理的案件的侦查、提起公诉，由人民检察院负责。审判由人民法院负责……”第264条规定：“罪犯被交付执行刑罚的时候，应当由交付执行的人民法院在判决生效后十日以内将有关的法律文书送达公安机关、监狱或者其他执行机关。对被判处死刑缓期二年执行、无期徒刑、有期徒刑的罪犯，由公安机关依法将该罪犯送交监狱执行刑罚……”根据《刑事诉讼法》的相关规定，在办理黑恶势力犯罪案件中，公安机关的职能主要为：侦查、拘留、执行逮捕、预审等；人民检察院的主要职能为：检察、批准逮捕、提起公诉以及检察机关直接受理的案件的侦查，如关于司法工作人员利用职权实施的非法拘禁、刑讯逼供、非法搜查等侵犯公民权利、损害司法公正的犯罪和国家机关工作人员利用职权实施的重大犯罪案件的侦查；人民法院的主要职能为：对黑恶势力犯罪案件的审判；司法行政机关主要负责对黑恶势力犯罪案件罪犯所处刑罚的执行。

各级人民法院、人民检察院、公安机关和司法行政机关在办理黑恶势力犯罪案件时应当依据法律规定的职权，各尽其职，各负其责，严格按照法律规定的职权分工，充分发挥其各自的职能。

（二）各级人民法院、人民检察院、公安机关和司法行政机关应当密切配合，相互支持，相互制约，形成打击合力

各级人民法院、人民检察院、公安机关和司法行政机关在办理黑恶势力犯罪案件中不仅应当严格按照法律规定的职权分工，充分发挥其各自职能，还应当密切配合，相互支持。即要求公检法司在分工负责的基础上，通力合作，互相配合，团结一致，共同揭露黑恶势力犯罪，证实黑恶势力犯罪和惩治黑恶势力犯罪。而不是互不通气，各行其是。

所谓“相互制约”是指各级人民法院、人民检察院、公安机关和司法行政机关办理黑恶势力犯罪案件中，应当根据法律规定的分工，在密切配合的基础上

互相监督，防止可能发生的错误。有了错误要及时纠正，保证不枉不纵、不错不漏。

在办理黑恶势力犯罪案件中，公检法司只有在充分发挥各自职能的基础上，密切配合，相互支持，相互制约，才能在完成各自任务的同时，形成打击合力，共同完成任务。保证准确、及时地查明犯罪事实，正确应用法律惩罚犯罪分子，同时也保障无罪的人不受刑事追究。

（三）加强预防惩治黑恶势力犯罪长效机制建设

《通知》要求，把扫黑除恶和加强基层组织建设结合起来，既有力打击震慑黑恶势力犯罪，形成压倒性态势，又有效铲除黑恶势力的滋生土壤，形成长效机制，不断增强人民的获得感、幸福感、安全感，维护社会和谐稳定，巩固党的执政基础、扫黑除恶专项斗争有期限（为期三年），但预防惩治黑恶势力犯罪是长期的任务，是事关党的执政基础，事关基层政权建设和维护国家长治久安的大事。因此，各级人民法院、人民检察院、公安机关和司法行政机关还应当在各自法定职能的基础上，密切配合，把扫黑除恶斗争中形成的有效打击机制固化下来，在预防和惩治黑恶势力犯罪方面建立能够长期运行并发挥预期功能的制度体系。实现“两个不发生”和“一降两升”，即不发生因黑恶势力逞强争斗、争抢地盘导致群死群伤案件；不发生黑恶势力持枪大规模聚众斗殴、寻衅滋事恶性案件；涉黑涉恶举报数量大幅下降，人民群众安全感明显上升，人民群众满意度大幅上升。

当然，长效机制也不是一劳永逸、一成不变的，它必须随着时间、条件的变化而不断丰富、发展和完善。

二、依法加大对黑恶势力违法犯罪以及“保护伞”惩处力度

在关于对黑恶势力违法犯罪的惩处方面，各级人民法院、人民检察院、公安机关和司法行政机关应正确运用法律规定，加大对黑恶势力违法犯罪的惩处力度，以及对“保护伞”的惩处力度。具体表现在：

（一）在侦查、起诉、审判、执行各阶段体现依法从严惩处精神

在办理黑恶势力违法犯罪的各阶段，均应体现依法从严惩处精神：

在侦查阶段，严格把握取保候审的适用条件、保证人的条件、保证金的数额以及取保候审的决定程序等，以担保犯罪嫌疑人不逃避、不妨碍诉讼活动，保证随传随到。

在审查起诉阶段，严格掌握不起诉。不起诉是检察机关决定不将犯罪嫌疑人交付人民法院审判而自行终止刑事诉讼的一项诉讼活动。《刑事诉讼法》第177条规定："犯罪嫌疑人没有犯罪事实，或者有本法第十六条规定的情形之一的，人民检察院应当作出不起诉决定。对于犯罪情节轻微，依照刑法规定不需要判处刑罚或者免除刑罚的，人民检察院可以作出不起诉决定……"检察院在办理黑恶势力犯罪的起诉阶段应严格掌握适用不起诉的情形，从严惩处黑恶势力违法犯罪。

在审判阶段，应严格掌握缓刑、减刑、假释的适用条件。《刑法》第72条规定："对于被判处拘役、三年以下有期徒刑的犯罪分子，同时符合下列条件的，可以宣告缓刑，对其中不满十八周岁的人、怀孕的妇女和已满七十五周岁的人，应当宣告缓刑：（一）犯罪情节较轻；（二）有悔罪表现；（三）没有再犯罪的危险；（四）宣告缓刑对所居住社区没有重大不良影响……"第78条规定："被判处管制、拘役、有期徒刑、无期徒刑的犯罪分子，在执行期间，如果认真遵守监规，接受教育改造，确有悔改表现的，或者有立功表现的，可以减刑……"第81条规定："被判处有期徒刑的犯罪分子，执行原判刑期二分之一以上，被判处无期徒刑的犯罪分子，实际执行十三年以上，如果认真遵守监规，接受教育改造，确有悔改表现，没有再犯罪的危险的，可以假释……对累犯以及因故意杀人、强奸、抢劫、绑架、放火、爆炸、投放危险物质或者有组织的暴力性犯罪被判处十年以上有期徒刑、无期徒刑的犯罪分子，不得假释……"人民法院及相关的执行机关应严格掌握缓刑、减刑、假释的适用条件、适用程序等，贯彻落实加大对黑恶势力违法犯罪的惩处力度的精神。

在执行阶段，严格掌握保外就医的适用条件。《刑事诉讼法》第265条规定，对被判处有期徒刑或者拘役的罪犯，有严重疾病需要保外就医的，可以适用保外就医。对适用保外就医可能有社会危险性的罪犯，或者自伤自残的罪犯，不得保外就医。对于黑恶势力违法犯罪的罪犯应严格掌握保外就医的适用条件，决定是否保外就医。

（二）运用《刑法》总则关于共同犯罪和犯罪集团的规定加大惩处力度

根据《刑法》第25条、第26条的规定，共同犯罪是指二人以上共同故意犯罪。三人以上为共同实施犯罪而组成的较为固定的犯罪组织，是犯罪集团。对组织、领导犯罪集团的首要分子，按照集团所犯的全部罪行处罚。其他共同犯罪的主犯，应当按照其所参与的或者组织、指挥的全部犯罪处罚。各级人民法院、人民检察院、公安机关和司法行政机关应当充分运用《刑法》总则关于共同犯罪和犯罪集团的规定，加大对黑恶势力和犯罪集团的惩处力度。

（三）利用资格刑、财产刑降低再犯可能性

资格刑，又称能力刑，是指以剥夺犯罪人法律上赋予公民享有的一定权利为内容的刑罚的总称。我国现行《刑法》中，资格刑主要有剥夺政治权利。剥夺政治权利是指剥夺犯罪分子参加国家管理与政治活动权利的刑罚，包括剥夺选举权和被选举权；剥夺言论、出版、集会、结社、游行、示威自由的权利；剥夺担任国家机关职务的权利；剥夺担任国有公司、企业、事业单位和人民团体领导职务的权利等。财产刑，是以剥夺犯罪人的财产为惩罚内容的刑罚。我国现行《刑法》中，财产刑主要为没收财产和罚金。没收财产是强制没收犯罪人其个人一部分或全部财产；罚金是法院判处犯罪分子强制向国家缴纳一定数额的金钱。通过剥夺黑恶势力犯罪分子从事相关活动的权利，以及铲除黑恶势力的经济基础，可降低其再次从事黑恶势力违法犯罪的可能性。

三、注意串并研判、深挖彻查，依法提高办案效率

（一）注意串并研判、深挖彻查

黑恶势力犯罪组织的违法犯罪活动往往具有持续性，经常同时触犯数罪，并存在伴生行为。因此在办理黑恶势力案件时，各级人民法院、人民检察院、公安机关和司法行政机关应注意串并研判。

根据《通知》的要求，还要把扫黑除恶与反腐败斗争和基层“拍蝇”结合起来，深挖黑恶势力“保护伞”。纪检监察机关和政法各机关建立问题线索快速

移送反馈机制，对每起涉黑涉恶违法犯罪案件及时深挖其背后的腐败问题，深挖彻查，防止就案办案、就事论事。

（二）依法提高办案效率

各级人民法院、人民检察院、公安机关和司法行政机关对于黑恶势力犯罪及打击“保护伞”应当依法加快办理。提高办案效率，使社会公平正义“不迟到”。

四、坚持法定标准，依法办案，贯彻落实宽严相济的刑事政策

坚持依法办案、坚持法定标准、坚持以审判为中心，加强法律监督，强化程序意识和证据意识，正确把握“打早打小”与“打准打实”的关系。贯彻落实宽严相济刑事政策，切实做到宽严有据，罚当其罪，实现政治效果、法律效果和社会效果的统一。这是《关于办理黑恶势力犯罪案件若干问题的指导意见》（以下简称《指导意见》）关于办理黑恶势力犯罪案件坚持依法办案的要求。具体要求如下：

（一）坚持依法办案、坚持法定标准、坚持以审判为中心，加强法律监督，强化程序意识和证据意识

依法治国，建设社会主义法治国家，是新时代治国理政的基本方略。办理黑恶势力犯罪案件应当坚持依法办案，坚持根据法定标准认定黑恶势力违法犯罪，根据法律规定的程序办理黑恶势力犯罪案件。

2016年最高人民法院、最高人民检察院、公安部、国家安全部、司法部联合出台了《关于推进以审判为中心的刑事诉讼制度改革的意见》。该意见指出，严格按照法律规定的证据裁判要求，没有证据不得认定犯罪事实。办理黑恶势力犯罪案件要主动适应以审判为中心的刑事诉讼制度改革，切实把好案件事实关、证据关、程序关和法律适用关。加强法律监督，严禁刑讯逼供，防止冤假错案，确保把每一起案件都办成铁案。

（二）正确把握“打早打小”与“打准打实”的关系

各级人民法院、人民检察院、公安机关和司法行政机关应当加强发现黑恶势

力苗头的能力，加强彼此之间的沟通和协调能力，对于黑恶势力违法犯罪坚持“打早打小”。“打早”是指对可能发展成为黑社会性质的组织的犯罪集团、“恶势力”团伙及早打击，决不允许其坐大成势。“打小”指黑社会性质的组织的犯罪集团、“恶势力”团伙人员少，违法犯罪收入数额小，影响力小的时候，趁小打击，减小黑恶势力对人民群众的危害，降低打击成本。

各级人民法院、人民检察院、公安机关和司法行政机关应当本着实事求是的态度，坚持“打准打实”。“打准”是指在准确查明事实的基础上，构成什么罪，就按什么罪判处刑罚，既不“降格”，也不“拔高”。“打实”是指在坚持党的领导的基础上，在具体办案过程中，严格依法办案，确保办案质量经得起历史的检验。

政法各机关在打击黑恶势力违法犯罪中，既要坚持“打早打小”，同时也要“打准打实”，即在严惩黑恶势力违法犯罪的同时，防止出现执法上的偏差，使扫黑除恶过程真正成为伸张社会正义、促进社会公平的过程，最大限度地实现政治效果、法律效果和社会效果的统一。

（三）贯彻落实宽严相济刑事政策，切实做到宽严有据，罚当其罪

《通知》要求，办理黑恶势力犯罪案件要严格贯彻宽严相济的刑事政策，对黑社会性质组织犯罪组织者、领导者、骨干成员及其“保护伞”要依法从严惩处，对犯罪情节较轻的其他参加人员要依法从轻、减轻处罚。切实做到宽严有据，罚当其罪。

本节相关依据

《刑法》第25条、第26条、第72条、第78条、第81条；《刑事诉讼法》第3条、第177条、第264条、第265条；《关于开展扫黑除恶专项斗争的通知》；《关于推进以审判为中心的刑事诉讼制度改革的意见》。

典型案例评析

黑恶势力犯罪案件办理的工作要求

——深挖彻查谷某涛等黑社会性质组织犯罪等多项犯罪①

【基本案情】

2009年以来，被告人谷某涛、谷某军纠集被告人杨某、赵某喜、刘某强等人，为树立非法权威，实现在社会上长期称霸一方的目的以给组织成员发放工资、奖金的形式笼络人心，通过集中食宿、配备无牌照车辆、发放自制凶器等手段统一管理，再以殴打、辱骂等暴力方式强化控制，并帮助组织成员逃避法律追究，支持该组织的违法犯罪活动，逐步形成了以谷某涛、谷某军为组织者、领导者，以杨某、赵某喜、刘某强等为积极参加者、骨干成员，以唐某军、王某涛、李某等12人为积极参加者，以刘某、王某辰、张某鑫等人为一般参加者的黑社会性质犯罪组织。

该黑社会性质组织在沈阳市辽中区范围内，有组织地大肆进行违法犯罪活动，涉嫌持自制砍刀、钢叉等凶器实施故意伤害、聚众斗殴犯罪6起，致1人重伤、5人轻伤；多次以随意殴打、恐吓他人、强拿硬要、任意损毁财物等方式实施寻衅滋事犯罪13起；成立×××水稳站、××沙石料经销处、××生猪交易市场，以暴力、威胁手段强迫他人购买商品和接受服务，非法获利160余万元；以威胁、恐吓的手段实施敲诈勒索犯罪3起，勒索他人财物770余万元，数额特别巨大；违反《土地管理法》，非法占有农业用地；违反矿产资源法，无证擅自采矿，情节特别严重；以威胁、贿买等方法阻止证人作证等。

【评析】

该案在办理过程中，公检法各机关充分发挥各自职能作用，密切配合，相互支持，相互制约，形成打击合力。案件由公安机关侦查终结后，由沈阳市大东区人民检察院检察长及4名检察员出庭公诉，大东区法院党组书记、院长担任审判

---

① 参见《指控9项罪名！辽宁沈阳开庭审理谷某涛等17人涉黑案件》，载中国长安网，http://www.chinapeace.gov.cn/zixun/2018-11/14/content_11493553.htm，最后访问时间：2019年4月24日。

长，与庭长2人、人民陪审员4人组成合议庭对案件进行审理。充分体现了公检法各机关对涉黑案件的重视，体现了在坚持公正与效率的前提下，对黑恶势力犯罪持续保持高压态势，震慑黑恶势力违法犯罪活动。

本案件办理中注意串并研判、深挖彻查，挖出黑社会性质组织犯有故意伤害、聚众斗殴、寻衅滋事等9项罪名，彻查出涉案人员17人，防止了就案办案。

案件办理坚持依法办案、坚持以审判为中心，强化程序意识和证据意识。该案件办理中，为了依法保障被告人的诉讼权利，庭审前，人民法院为9名被告人指派法律援助律师，实现了刑事辩护全覆盖；组织召开了庭前会议，解决与审判有关的程序性事项，提升庭审效率和庭审质量，实现了庭审实质化。

第二节　工作重点

一、聚焦黑恶势力犯罪突出的重点地区、重点行业和重点领域

唯物辩证法认为，在复杂的事物或者过程包含的多种矛盾中，每种矛盾所处的地位对事物发展所起的作用是不同的，具有主次和重要、非重要之分，其中必有一种矛盾相比较而言处于支配地位，对事物的发展起决定作用，这种矛盾叫作主要矛盾。正是由于矛盾有主次之分，我们在处理问题的时候要集中力量解决主要矛盾。黑恶势力违法犯罪在不同地区、行业、领域的发案率是不均衡的。根据矛盾的基本原理，若要控制黑恶势力违法犯罪，首先就要控制黑恶势力违法犯罪严重的地区、行业和领域。正如《通知》强调，聚焦涉黑涉恶问题突出的重点地区、重点行业、重点领域，把打击锋芒始终对准群众反映最强烈、最深恶痛绝的各类黑恶势力违法犯罪。要坚持依法严惩、“打早打小”、除恶务尽，始终保持对各类黑恶势力违法犯罪的严打高压态势。通过各方共同治理，使黑恶势力违法犯罪特别是农村涉黑涉恶问题得到遏制，涉黑涉恶治安乱点得到全面整治，重点行业、重点领域管理得到明显加强，让人民群众安全感、满意度明显提升。

二、重点打击黑恶势力犯罪的类型

各级人民法院、人民检察院、公安机关和司法行政机关在聚焦黑恶势力犯罪

突出的重点地区、重点行业和重点领域的同时，重点打击以下种类的黑恶势力。

（一）重点打击威胁政治安全特别是政权安全、制度安全以及向政治领域渗透的黑恶势力；

（二）把持基层政权、操纵破坏基层换届选举、垄断农村资源、侵吞集体资产的黑恶势力；

（三）利用家族、宗族势力横行乡里、称霸一方、欺压残害百姓的“村霸”等黑恶势力；

（四）在征地、租地、拆迁、工程项目建设等过程中煽动闹事的黑恶势力；

（五）在建筑工程、交通运输、矿产资源、渔业捕捞等行业、领域，强揽工程、恶意竞标、非法占地、滥开滥采的黑恶势力；

（六）在商贸集市、批发市场、车站码头、旅游景区等场所欺行霸市、强买强卖、收保护费的市霸、行霸等黑恶势力；

（七）操纵、经营“黄赌毒”等违法犯罪活动的黑恶势力；

（八）非法高利放贷、暴力讨债的黑恶势力；

（九）插手民间纠纷，充当“地下执法队”的黑恶势力；

（十）组织或雇佣网络“水军”在网上威胁、恐吓、侮辱、诽谤、滋扰的黑恶势力；

（十一）境外黑社会入境发展渗透以及跨国跨境的黑恶势力。

三、坚决深挖黑恶势力“保护伞”

“保护伞”主要是指国家公职人员利用手中权力，参与涉黑涉恶违法犯罪，或包庇、纵容黑恶犯罪、有案不立、立案不查、查案不力，为黑恶势力违法犯罪提供便利条件，帮助黑恶势力逃避惩处。《刑法》第 294 条第 3 款规定，国家机关工作人员包庇黑社会性质的组织，或者纵容黑社会性质的组织进行违法犯罪活动的，处五年以下有期徒刑；情节严重的，处五年以上有期徒刑。

扫黑就要推倒黑恶势力生存的“保护伞”，即基层腐败。中共中央政治局委员、中央政法委书记、全国扫黑除恶专项斗争领导小组组长郭声琨在全国扫黑除恶专项斗争推进会上进一步指出，要将深挖彻查“保护伞”作为下一步专项斗争的主攻方向和衡量斗争成效的重要标准。① 《通知》指出，把扫黑除恶与反腐败斗争和基层“拍蝇”结合起来，深挖黑恶势力“保护伞”。强调各级纪检监察机关要将党员干部涉黑涉恶问题作为执纪审查重点，对扫黑除恶专项斗争中发现的“保护伞”问题线索优先处置，发现一起、查处一起，不管涉及谁，都要一查到底、绝不姑息。加大督办力度，把打击“保护伞”与侦办涉黑涉恶案件结合起来，做到同步侦办，尤其要关住涉黑涉恶和腐败长期、深度交织的案件以及重点督办脱贫攻坚领域涉黑涉恶腐败案件。不断增强人民的获得感、幸福感、安全感，维护社会和谐稳定，巩固党的执政基础。为决胜全面建成小康社会、夺取新时代中国特色社会主义伟大胜利、实现中华民族伟大复兴的中国梦创造安全稳定的社会环境。

本节相关依据

《刑法》第 294 条第 3 款。

典型案例评析

严厉打击黑恶势力把持基层政权

——湖南长沙一“村霸”犯 7 罪获刑 25 年②

【基本案情】

犯罪人朱某练利用担任某某村党支部书记兼村委会主任的职务便利，采取私下收买、排斥异己、培植亲信等方式，长期把持基层权力，操纵破坏基层换届选举，垄断农村资源，侵吞国家集体资产，在某某村范围内多次实施违法犯罪活动，扰乱经济、社会生活秩序，造成恶劣的社会影响。

经法院审理查明，朱某练身为某某村党支部书记兼村主任，利用职务上的便

---

① 参见《武汉会议明确扫黑除恶下一步主攻方向：深挖彻查“保护伞”!》，载中国长安网，http://www.chinapeace.gov.cn/2018-10/18/content_ 11489511.htm，最后访问时间：2019 年 4 月 24 日。

② 参见《敛财 3100 余万　湖南长沙一村霸犯 7 罪获刑 25 年》，载中国长安网，http://www.chinapeace.gov.cn/zixun/2019-04/19/content_ 11516957.htm，最后访问时间：2019 年 4 月 24 日。

利，非法占有本村集体财产 909.8965 万元，数额巨大，其行为已构成职务侵占罪；被告人朱某练挪用村集体资金 1500 万元归个人使用，超过三个月未还，数额巨大，其行为已构成挪用资金罪；被告人朱某练在国有公司委托管理国有财产过程中，利用职务上的便利，采取骗取的手段非法占有国有财产。在协助政府从事土地征用补偿费用管理过程中，利用职务上的便利，多次采取虚报冒领等方式非法占有公共财产，两项共计 476.5399 万元，数额特别巨大，其行为已构成贪污罪；被告人朱某练非法收受、索取他人财物为他人谋取利益，共计 209 万元，数额巨大，其行为已构成非国家工作人员受贿罪；被告人朱某练违反土地管理法规，非法占用农用地 175.647 亩，改变被占用土地用途，数量较大，造成耕地大量毁坏，其行为已构成非法占用农用地罪；被告人朱某练以非法占有为目的，伪造申报资料，骗取财政专项资金 42 万元，数额巨大，其行为已构成诈骗罪；被告人朱某练在公共场所随意殴打他人，情节恶劣，其行为已构成寻衅滋事罪。长沙市天心区人民检察院指控被告人朱某练犯职务侵占罪、挪用资金罪、贪污罪、非国家工作人员受贿罪、非法占用农用地罪、诈骗罪、寻衅滋事罪的事实及罪名成立，经天心区人民法院审委会研究决定，判决如下：

一、被告人朱某练犯职务侵占罪，判处有期徒刑七年，并没收财产 900 万元；犯挪用资金罪，判处有期徒刑五年；犯贪污罪，判处有期徒刑十年六个月，剥夺政治权利三年，并处罚金 400 万元；犯非国家工作人员受贿罪，判处有期徒刑四年，并处没收财产 200 万元；犯非法占用农用地罪，判处有期徒刑两年八个月，并处罚金人民币 200 万元；犯诈骗罪，判处有期徒刑六年六个月，并处罚金人民币 40 万元；犯寻衅滋事罪，判处有期徒刑一年六个月；决定合并执行有期徒刑二十五年，剥夺政治权利三年，没收财产人民币 1100 万元并处罚金人民币 640 万元。

二、监察机关依法扣押的 574.198788 万元折抵应追缴的贪污贿赂款项，继续追缴被告人朱某练贪污受贿款 111.341112 万元。

三、责令被告人朱某练退赔某某村侵占款 909.8965 万元，退还挪用资金 1500 万元。

【评析】

本案中，被告人朱某练利用担任某某村党支部书记兼村委会主任的职务便利，采取私下收买、排斥异己、培植亲信等方式，长期把持基层权力，操纵破坏基层换届选举，垄断农村资源，侵吞国家、集体资产。在某某村范围内先后纠集多人以师徒相称，自壮声势，伙同罗某岗、彭某强、刘某主等人多次实施违法犯罪活动，为非作恶，扰乱经济、社会生活秩序，大肆侵吞国有、集体财产，造成恶劣的社会影响。根据《指导意见》第2条、第14条，应当认定为恶势力。

《指导意见》第2条要求，各级人民法院、人民检察院、公安机关和司法行政机关应聚焦黑恶势力犯罪突出的重点地区、重点行业和重点领域。一些农村地区就是黑恶势力突出的重点地区。2017年11月8日，习近平总书记在中办《文摘》（第160期）《当前农村涉黑问题新动向值得关注》上的批示指出，当前农村涉黑问题出现了一些新情况，请中央政法委牵头有关部门加强研究，摸清底数，找准病灶，拿出方案。并且强调要开展一轮新的扫黑专项斗争，重点是农村，城市也要抓，对群众反映强烈、问题比较突出的地区、行业和领域，应采取强有力的措施，依法重点整治。①

把持基层权力，操纵破坏基层换届选举等行为是扫黑除恶专项斗争的打击重点。《指导意见》第2条要求，重点打击……把持基层政权、操纵破坏基层换届选举、垄断农村资源、侵吞集体资产的黑恶势力……朱某练利用担任某某村党支部书记兼村委会主任的职务便利，采取私下收买、排斥异己、培植亲信等方式，长期把持基层权力，操纵破坏基层换届选举，垄断农村资源，侵吞国家集体资产。所以，朱某练等人的行为是本次扫黑除恶专项斗争打击的重点。

---

① 参见《必读！扫黑除恶应知应会五十问》，载人民网，zj. people. con. cn/GB/n22019/0403/C186327_32808487. html，最后访问时间：2019年7月8日。

第二章 黑社会性质组织犯罪的认定与惩处

本章导读

2018年1月，中共中央、国务院发出《关于开展扫黑除恶专项斗争的通知》（以下简称《通知》）。《通知》强调，要聚焦涉黑涉恶问题突出的重点地区、重点行业、重点领域，把打击锋芒始终对准群众反映最强烈、最深恶痛绝的各类黑恶势力违法犯罪。政法各机关要进一步明确政策法律界限，统一执法思想，加强协调配合，既坚持严厉打击各类黑恶势力违法犯罪，又坚持严格依法办案，确保办案质量和办案效率的统一，确保政治效果、法律效果和社会效果的统一。要严格贯彻宽严相济的刑事政策，对黑社会性质组织犯罪的组织者、领导者、骨干成员及其“保护伞”要依法从严惩处，对犯罪情节较轻的其他参加人员要依法从轻、减轻处罚。要依法及时采取查封、扣押、冻结等措施，综合运用追缴、没收、判处财产刑以及行政罚款等多种手段，铲除黑恶势力经济基础。

为了贯彻《通知》精神，确保办案质量，在本章中整合探讨了黑社会性质组织的认定标准、组织领导黑社会性质组织的认定标准、参加和积极参加黑社会性质组织的认定标准、黑社会性质组织获取经济利益的认定、黑社会性质组织实施的违法犯罪活动认定、相关刑罚的适用等内容，以确保各政法机关统一执法思想，加强协调配合，把每一起案件都办成铁案。

第一节　黑社会性质组织的认定标准

黑社会性质的组织，是指采用暴力、威胁或者其他手段，有组织地进行违法犯罪活动、获得经济利益，严重破坏经济秩序和社会生活秩序的较稳定的犯罪组织。

根据《刑法》第294条第5款的规定，黑社会性质的组织应当同时具备以下特征。

一、组织特征

黑社会性质的组织有较稳定的犯罪组织，人数较多，有明确的组织者、领导者，骨干成员基本固定。

“较稳定的犯罪组织”是指犯罪组织形成后，在一定时期内持续存在，人数较多；“组织者”应当认定为发起、创建黑社会性质组织，或者对黑社会性质组织进行合并、分立、重组的人；“领导者”应当认定为实际对整个组织的发展、运行、活动进行决策、指挥、协调、管理的人；“骨干成员”是指直接听命于组织者、领导者，并多次指挥或积极参与实施有组织的违法犯罪活动，或者其他长时间在犯罪组织中起重要作用的犯罪分子，属于积极参加者。

二、经济特征

黑社会性质组织通过有组织的违法犯罪活动或者其他手段获取经济利益，具有一定的经济实力，以支持该组织的活动。

经济实力是黑社会性质组织称霸一方的基础。黑社会性质组织不仅会通过实施赌博、敲诈、贩毒等违法犯罪活动攫取经济利益，而且还会通过开办公司、企业等方式“以商养黑”“以黑护商”获取资产，以及聚敛资产后进行合法投资而获取孳息、收益等。因此，无论其财产是通过非法手段聚敛，还是通过合法的方式获取，只要将其中部分或全部用于违法犯罪活动或者维系犯罪组织的生存、发展即可认定为黑社会性质组织获取的经济利益。

关于“一定经济实力”的标准，《通知》规定：由于不同地区的经济发展水平、不同行业的利润空间均存在很大差异，加之黑社会性质组织存在、发展的时间也各有不同，因此，在办案时不能笼统地要求黑社会性质组织所具有的资产必须达到特定规模或特定数额。

所谓“支持组织的活动”既包括为组织成员及其家属提供工资、奖励、福利、生活费用等具体情形，也包括通过安排组织成员承揽工程、承接项目、从事特定生产、经营活动等方式进行间接的利益分配，或者授意、指使、帮助组织成员实施某种违法犯罪活动以获取不法经济利益。

三、行为特征

黑社会性质的组织以暴力、威胁或者其他手段，有组织地多次进行违法犯罪活动，为非作恶，欺压、残害群众。

黑社会性质的组织实施违法犯罪活动的基本手段是暴力或以暴力相威胁。所谓“其他手段”是指暴力、威胁色彩不明显，而是以组织的势力、影响和犯罪能力为依托，以暴力、威胁的现实可能性为基础，足以使他人产生恐惧、恐慌进而形成心理强制或者足以影响、限制人身自由、危及人身财产安全或者影响正常生产、工作、生活的手段，包括但不限于所谓的“谈判”“协商”“调解”以及滋扰、纠缠、哄闹、聚众造势等软暴力手段。

“有组织地多次进行违法犯罪活动”是指为确立、维护、扩大组织的势力、影响、利益或者按照规约、组织惯例多次实施违法犯罪活动，侵犯不特定多数人的人身权利、民主权利、财产权利，破坏经济秩序、社会秩序。

四、危害性特征

黑社会性质的组织通过实施违法犯罪活动，或者利用国家工作人员的包庇或者纵容，称霸一方，在一定区域或者行业内，形成非法控制或者重大影响，严重破坏经济、社会生活秩序。

“称霸一方，在一定区域或者行业内，形成非法控制或者重大影响，严重危害经济、社会生活秩序”是黑社会性质组织的本质特征，也是黑社会性质组织区别于其他犯罪集团的关键所在。

关于“一定区域”的认定。区域的大小具有相对性，且黑社会性质组织非法控制和影响的对象并不是区域本身，而是在一定区域中生活的人，以及该区域内的经济、生活生产秩序。因此，“一定区域”不能简单地要求必须达到规定的空间范围，而应当根据具体案情，并结合黑社会性质组织对经济、社会生活秩序的危害程度加以综合分析判断。

所谓“一定行业”，是指在一定区域内存在的同类生产、经营活动。黑社会性质组织所控制和影响的行业，既包括合法行业，也包括黄、赌、毒等非法行业。

关于“形成非法控制或者重大影响”的标准，《指导意见》第 11 条专门规定了形成非法控制或者重大影响的情形，具体情形将在下文详细分析。

由于实践中许多黑社会性质组织并非这“四个特征”都很明显，在具体认定时，应根据立法本意和黑社会性质犯罪客观规律，深刻认识、认真审查、分析黑社会性质组织“四个特征”相互间的内在联系，准确评价涉案犯罪组织所造成的社会危害，做到不枉不纵。

本节相关依据

《刑法》第 294 条第 5 款。

典型案例评析

黑社会性质组织的认定标准

——焦某涛等寻衅滋事案[①]

【基本案情】

2011 年 8 月以来，焦某涛利用朋友关系及自身影响力聚集、吸收被告人陈某四、张某南、李某争、彭某伟、于某源、李某江、张甲、薛某堂、赵某阳、李某涛、李甲等两劳释放及社会闲散人员，逐步建立起一个基本固定的组织。为领

① 参见河南省驻马店市中级人民法院（2013）驻刑少终字第 30 号刑事裁定书。

导、控制组织成员实施违法犯罪活动以获取经济利益，焦某涛对其组织成员进行工作分工，划分等级，所有成员均服从焦某涛的领导，重大事项需向焦某涛请示汇报。焦某涛给骨干成员配备车辆、租住房屋，为一般成员提供吃、住等生活保障，并在组织成员因违法犯罪被查处时出面托关系“摆平”，在公安机关追捕其组织成员时，出钱帮助逃跑。该组织有严格的“纪律”和奖惩制度，组织成员有事需请假，节假日期间发放烟酒福利，同时还以一定的娱乐活动作为对组织成员的鼓励。焦某涛通过以上多种途径，使其领导的犯罪集团规模逐渐扩大，在西平县形成一股恶势力，最终发展成以其为首的犯罪组织。

该犯罪组织以承包西平县××花园拆迁改造工程为依托，强迫拆迁户签订低价拆迁协议，获取非法利益。如2011年9月，焦某涛在××花园项目部副总刘某梁的授意下，安排陈某四带领张甲及薛某堂到西平县焦家胡同拆迁户焦某中家采用言语威胁进行谈判。未果后，张某南带领李某争、彭某伟、张某果、杨某会、王某磊、魏甲等人采用长时间坐在焦某中家不走，辱骂、威胁并砸烂家中门窗玻璃、三轮摩托、水泵等物品的方式强迫拆迁。在焦某中一次坐车外出时，陈某四带人把焦某中拦下，将其挟持到县委招待所楼下，强迫搬迁并进行威胁，焦某中迫于无奈到项目部签订拆迁协议。该组织多次组织内部成员到拆迁户家中采取威胁、恐吓、毁坏财物、打骂等手段迫使拆迁户签订低价赔偿协议，通过暴力拆迁获取××花园项目部给予的拆迁报酬，先后获利22万元以支持该组织的活动。

焦某涛领导的犯罪集团多次进行暴力拆迁，严重影响了拆迁户的正常生活，对当地街坊邻居形成威慑，使当地百姓敢怒不敢言。此犯罪组织及其组织成员实施的多次寻衅滋事犯罪严重影响了西平县的治安和人民群众的生活。尤其是2012年6月1日，焦某涛组织其内部成员到西平县专探乡寻衅滋事，公安机关接警后派人前去处理时，其组织成员无视出警民警的制止，更无视民警的生命安全，将民警拖行几百米后推出车外，致其摔伤，造成极其恶劣的重大影响，使当地群众的心理产生巨大恐慌，严重破坏了当地的经济和社会秩序。

公诉机关认为，焦某涛构成组织、领导黑社会性质组织；被告人陈某四、张某南积极参加黑社会性质组织；被告人李某争、彭某伟、于某源、李某江、张甲参加黑社会性质组织，在西平县有组织地通过多次实施违法犯罪活动，获取经济利益，称霸一方，为非作恶，欺压、残害群众，严重破坏社会、经济、生活秩序和侵害了人民群众的生命财产安全。

焦某涛辩称其不构成组织、领导黑社会性质组织罪，只对起诉书中指控的20起寻衅滋事承担责任。其他被告人辩称不构成参加黑社会性质组织罪。

西平县人民法院认为，被告人焦某涛等人所涉组织不符合黑社会性质组织的四个特征，尚未达到称霸一方，在一定区域或者行业内，形成非法控制或重大影响，严重破坏经济秩序、社会生活秩序的程度，对公诉机关对焦某涛等被告人涉嫌组织、领导、参加黑社会性质组织罪的指控不予支持。被告人焦某涛纠集他人多次实施寻衅滋事行为，严重破坏了社会秩序，其行为已构成寻衅滋事罪。

【评析】

《刑法》第294条第5款规定，黑社会性质的组织应当同时具备以下特征："（一）形成较稳定的犯罪组织，人数较多，有明确的组织者、领导者，骨干成员基本固定；（二）有组织地通过违法犯罪活动或者其他手段获取经济利益，具有一定的经济实力，以支持该组织的活动；（三）以暴力、威胁或者其他手段，有组织地多次进行违法犯罪活动，为非作恶，欺压、残害群众；（四）通过实施违法犯罪活动，或者利用国家工作人员的包庇或者纵容，称霸一方，在一定区域或者行业内，形成非法控制或者重大影响，严重破坏经济、社会生活秩序。"

根据《刑法》的规定，黑社会性质的组织应同时具备组织特征、经济特征、行动特征和危害性特征，缺一不可。应根据立法本意，认真审查、分析黑社会性质组织"四个特征"及其相互间的内在联系，四个特征应当整体考察，确保不枉不纵。

本案中，焦某某等人因为××花园项目才聚集在一起，他们不是依靠非法手段获得该项目征地拆迁业务，而是受项目部雇佣从事暴力拆迁活动。除了××花园项目，焦某涛等人并未染指其他拆迁工程，这些因素决定了他们的犯罪对象和犯罪手段具有特定性，其并未控制西平县拆迁行业，未影响当地与征地拆迁无关的居民的生产、生活秩序。截至被公安机关查处之时，其既没有对当地经济、社会生活进行非法控制的意图，也没有在行业内产生重大影响，其不具备黑社会性质的组织的危害性特征，故焦某涛领导的犯罪集团不构成黑社会性质的组织。

第二节 组织、领导黑社会性质组织的认定标准

组织、领导是黑社会性质组织成立和实施有组织犯罪的前提。组织者、领导者是黑社会性质组织犯罪集团的首要分子。结合《刑法》第294条第5款及2015年最高人民法院发布的《全国部分法院审理黑社会性质组织犯罪案件工作座谈会纪要》（以下简称2015年《纪要》）的规定，对组织、领导行为及组织者、领导者的界定及认定标准需注意以下三方面。

一、黑社会性质组织犯罪中“组织”的认定

“组织”是指倡导、发起、策划、安排、建立黑社会性质组织的行为。① 即发起、创建黑社会性质组织，或者对黑社会性质组织进行合并、分立、重组的行为。

二、黑社会性质组织犯罪中“领导”的认定

“领导”是指在组织中处于领导地位，对该组织的活动进行策划、决策、指挥、协调的行为。② 是对整个黑社会性质组织的发展、运行、活动进行决策、指挥、协调、管理的行为。

三、对“组织者”“领导者”应当结合各方面因素综合认定

黑社会性质组织的“组织者”是指黑社会性质组织的发起者、创建者。

黑社会性质组织的“领导者”是指在组织中实际处于领导地位，对整个组织及其运行、活动起着决策、指挥、协调、管理作用的犯罪分子。

对黑社会性质组织的组织者、领导者在认定时需注意，既包括通过一定形式产生的有明确职务、称谓的组织者、领导者，也包括在黑社会性质组织中被公认

---

① 高铭暄、马克昌：《刑法学》，高等教育出版社2019年版，第549页。

② 高铭暄、马克昌：《刑法学》，高等教育出版社2019年版，第549页。

的事实上的组织者、领导者。通常情况下，组织者就是领导者，但也不尽然，非组织者以及一些参加者也可能通过犯罪表现或其他手段成为领导者。组织者、领导者即犯罪集团的首要分子，应结合其在黑社会性质组织的发起、创建或在整个组织的运行、活动等各环节之中的地位来认定。其组织地位既可通过在组织内部经一定程序正式明确的职务、称谓予以表明，也可依据组织成员公认的实际地位来体现。

本节相关依据

《刑法》第26条、第294条；《办理黑社会性质组织犯罪案件座谈会纪要》；《全国部分法院审理黑社会性质组织犯罪案件工作座谈会纪要》。

典型案例评析

如何认定组织、领导黑社会性质组织

——胡某全组织、领导黑社会性质组织案①

【基本案情】

2004年以来，被告人胡某全积极招揽遂宁籍社会无业人员、刑满释放人员，通过实施一系列违法犯罪活动，逐步发展壮大势力，逐渐形成层次分明、分工明确的“遂宁帮”黑社会性质组织。该组织以胡某全为首，被告人陈甲、袁某军、赵某勇、李某成、何某波、刘甲成为第二层次骨干成员，被告人陈某勇、谢某勇、段甲、李甲、张甲、兰甲、房甲、谢甲、夏某坤、刘乙为第三层次成员，形成了独有的组织形式。该组织通过违法犯罪活动及其他手段获取经济利益，具有一定的经济实力，并以此支持该组织的活动。该组织通过暴力、威胁或者其他手段有组织地大肆进行违法犯罪活动，树立胡某全及“遂宁帮”的威信，在绵阳市区及周边地区产生重大影响。

2006年2月18日，被告人胡某全安排被告人陈甲、袁某军携带仿制手枪到

① 参见四川省高级人民法院（2014）川刑终第131号刑事判决书。

绵阳市涪城区南街××宾馆，持枪威逼徐甲还债。2006年3月7日，被告人胡某全带领被告人陈甲、袁某军携带仿制手枪赶到平武县响岩镇平一铺，伙同被告人赵某勇采用暴力殴打和持枪威胁等方式，抢劫刘丙现金30万元。2006年4月24日，被告人胡某全安排陈甲、袁某军去帮收钱并“收拾”徐甲。2006年夏天的一天，被告人胡某全因绵×酒店拒绝续房起意闹事，召集被告人陈甲、袁某军、赵某勇等人策划。2006年的一天，被告人胡某全安排被告人赵某勇、陈甲、何某波、陈某勇等人持枪威逼唐甲把欠杨甲的18万元转到胡某全名下，当晚，何某波、赵某勇等人持枪将唐甲带至××茶楼，胡某全、李某成、何某波、赵某勇等人携带砍刀、枪殴打威逼，唐甲被迫给胡某全出具18万元的借条。2007年，杨甲为罗某甲担保向被告人胡某全借款200万元。后因罗某甲无力还款，胡某全带领被告人何某波、张甲等人将杨甲叫至绵阳市涪城区“盖×”茶楼用茶杯砸打杨甲，致杨甲头部受伤，何某波、张甲等人对杨甲拳打脚踢和辱骂，强迫杨甲写下108万元的利息借条，后又将杨甲带至绵阳市××酒店一房间内关押至次日中午，杨甲承诺想办法还钱后才得以离开。

四川省绵阳市中级人民法院认为被告人胡某全组织、领导被告人陈甲、袁某军、赵某勇、李某成、何某波、刘某成等人，以暴力、威胁等手段，有组织地实施多起违法犯罪活动，获取巨额非法经济利益，危害一方，在绵阳市城区及周边地区形成非法势力及重大影响，严重扰乱了该地区的社会经济、生活秩序，其行为已构成组织、领导黑社会性质组织罪，且系首要分子。

上诉人胡某全的辩护人辩称原判认定胡某全是黑社会性质组织的组织、领导者，事实不清，证据不足，不具备黑社会性质组织的四个特征，不构成组织、领导黑社会性质组织罪，胡某全不应当承担无关案件的刑事责任。

四川省高级人民法院认为，上诉人（原审被告人）胡某全纠集陈甲、袁某军、赵某勇、刘某成、李某成、何某波为骨干成员，组成相对固定的犯罪团伙，层次相对明晰，胡某全的组织、领导者地位突出，该组织人数较多，形成了较稳定的组织，以暴力、威胁等手段，有组织地实施抽头“放水”、开设赌场、敲诈勒索、抢劫、合同诈骗等多起违法犯罪活动，并为组织成员发放工资、租房等，支持该组织的活动，为获取巨额非法经济利益，逞强争霸，危害一方，在绵阳市城区及周边地区形成非法势力及重大影响，严重扰乱了该地区的社会治安、经济生活秩序，胡某全在组织中起决策、指挥作用，是组织者、领导者，系黑社会性质组织的首要分子，其行为符合《刑法》第294条规定的“黑社会性质的组织”的基本特征，构成组织、领导黑社会性质组织罪。胡某全等人提出不构成组织、领导、参加黑社会性质组织罪的意见不能成立。胡某全犯组织、领导黑社会性质组织罪，判处有期徒刑六年。

【评析】

《刑法》第294条第5款规定，黑社会性质的组织应当同时具备以下特征：“（一）形成较稳定的犯罪组织，人数较多，有明确的组织者、领导者，骨干成员基本固定；（二）有组织地通过违法犯罪活动或者其他手段获取经济利益，具有一定的经济实力，以支持该组织的活动；（三）以暴力、威胁或者其他手段，有组织地多次进行违法犯罪活动，为非作恶，欺压、残害群众；（四）通过实施违法犯罪活动，或者利用国家工作人员的包庇或者纵容，称霸一方，在一定区域或者行业内，形成非法控制或者重大影响，严重破坏经济、社会生活秩序。”

黑社会性质组织的组织者、领导者，是指黑社会性质组织的发起者、创建者，或者在组织中实际处于领导地位，对整个组织及其运行、活动起着决策、指挥、协调、管理作用的犯罪分子，既包括通过一定形式产生的有明确职务、称谓的组织者、领导者，也包括在黑社会性质组织中被公认的事实上的组织者、领导者。

本案中胡某全自2004年以来积极招揽遂宁籍社会无业人员、刑满释放人员组成较稳定且层次明晰的犯罪组织，对黑社会性质组织起到发起、创建的作用。并纠集多名骨干成员，长期以暴力、威胁等手段，有组织地实施抽头“放水”、开设赌场、敲诈勒索、抢劫、合同诈骗等多起违法犯罪活动，并为组织成员发放工资、租房等，支持该组织的活动，为获取巨额非法经济利益，逞强争霸，危害一方，在绵阳市城区及周边地区形成非法势力及重大影响，严重扰乱了该地区的社会治安、经济、生活秩序，符合《刑法》第294条规定的“黑社会性质的组织”的四个基本特征。胡某全不仅发起、创建该组织，而且在组织创建以来实施的多起违法犯罪活动中起决策、指挥、协调、管理作用，在黑社会性质组织犯罪中的组织者、领导者地位突出，系黑社会性质组织的首要分子，构成组织、领导黑社会性质组织罪，应承担刑事责任。

第三节　参加黑社会性质组织的认定标准

一、在构成要素上理解“参加”黑社会性质组织

知道或者应当知道是以实施违法犯罪为基本活动内容的组织，仍加入并接受其领导和管理的行为，应当认定为“参加黑社会性质组织”。在认定“参加黑社会性质组织”、属于黑社会性质组织成员时应当遵循“主客观一致”的基本原则，结合以下主观和客观两个方面来界定被告人是否有参加黑社会性质组织的行为。

（一）主观要素

1. 主观上知道或应当知道

知道或应当知道是指知道或应当知道以实施违法犯罪为基本活动内容的组织，仍加入并接受其领导和管理。2009 年 12 月 15 日最高人民法院、最高人民检察院、公安部印发了《办理黑社会性质组织犯罪案件座谈会纪要》（以下简称 2009 年《纪要》）规定：“关于黑社会性质组织成员的主观明知问题。在认定黑社会性质组织的成员时，并不要求其主观上认为自己参加的是黑社会性质组织，只要其知道或者应当知道该组织具有一定规模，且是以实施违法犯罪为主要活动的，即可认定。”由于黑社会性质组织犯罪较特殊和复杂，对于主观明知的认定应注意：一方面行为人知道或者应当知道其所参加的是由多人组成、具有一定层级结构的组织群体；另一方面行为人知道或者应当知道其所参加的组织主要是从事违法犯罪活动，或者该组织虽有形式合法的生产、经营活动，但仍是有组织地实施违法犯罪活动为基本行为方式，欺压、残害群众。

（1）对于“知道”的理解

“知道”并不要求行为人如司法人员一样确切认识到组织、领导、参加的属于刑法意义上的黑社会性质组织。只要对组织性质有概括性明知，明知“该组织具有一定规模，且是以实施违法犯罪为主要活动的”，即认识到该组织的基本属性仍加入该组织，并接受其领导和管理，便体现了行为人具有参加该违法犯罪组

织的主观故意。即使行为人对自身行为性质是否构成犯罪以及构成何罪和应否受到刑法处罚，刑罚处罚的轻重等产生错误的认识，均不影响其犯罪故意的认定。

（2）对于“应当知道”的理解

“应当知道”意味着行为人有预见的义务及预见的能力和可能性。应综合考虑案件的情况，根据黑社会性质组织在社会上的影响程度、公众对组织的认知程度、行为人参加组织行为的次数以及行为人与组织领导者或骨干成员的关系密切程度等证据，结合行为人自身的情况，如年龄、智力、社会阅历及相关知识的掌握情况等进行综合分析判断。

2. 接受黑社会性质组织的领导和管理

“接受黑社会性质组织的领导和管理”是认定积极参加者、其他参加者时需要审查的主观意志要素。如前所述，认识到该组织的基本属性仍决定加入该组织，并接受其领导和管理，体现了行为人参加该违法犯罪组织的主观故意。但需注意，对没有加入黑社会性质组织的意愿，受雇到黑社会性质组织开办的公司、企业、社团工作，未参与黑社会性质组织违法犯罪活动的，不应认定为“参加黑社会性质组织”。

（二）客观要素

1. 参与黑社会性质组织的违法犯罪活动

通过有组织的违法犯罪活动来达到对经济、社会生活进行非法控制并进而攫取非法利益的目的，是黑社会性质组织区别于其他犯罪组织的本质特征。黑社会性质组织的生存离不开有组织的违法犯罪活动，而是否参与有组织的违法犯罪活动又是表明被告人与涉案黑社会性质组织之间存在关系的重要标志。因此，这一点自然是判断参加行为的重要依据。

实践中，参加行为难以通过明确、充分、客观的证据直接反映出来，往往只能依据行为人加入犯罪组织后所实施的具体违法犯罪活动的客观表现来认定。因为实践中，黑社会性质组织在招揽、吸收成员时，一般不会办理手续或举行一定的“仪式”。因此，根据“宽严相济”的刑事司法政策，2009 年《纪要》要求办案时应正确适用 2000 年 12 月 4 日最高人民法院通过的《最高人民法院关于审理黑社会性质组织犯罪的案件具体应用法律若干问题的解释》（以下简称 2000 年

《司法解释》）第 3 条第 2 款的规定："对于参加黑社会性质的组织，没有实施其他违法犯罪活动的，或者受蒙蔽、胁迫参加黑社会性质的组织，情节轻微的，可以不作为犯罪处理。"

2. 参加者与黑社会性质组织之间应当具有相对固定的从属关系

所谓相对固定的从属关系，是指在黑社会性质组织中较稳定地处于被领导、被管理的地位。其中，有些人是直接听命于组织者、领导者，更多的则是在分级管理的体系内听命于其他组织成员。但不管怎样，组织成员在黑社会性质组织中均应具有相对固定的位置，如果与黑社会性质组织没有任何从属关系，如只是临时受邀或基于个人意愿参与某起犯罪，即便其参与了有组织的违法犯罪活动，也不能将其认定为黑社会性质组织的成员。

（三）没有加入黑社会性质组织的意愿，受雇到黑社会性质组织开办的公司、企业、社团工作，未参与黑社会性质组织违法犯罪活动的，不应认定为"参加黑社会性质组织"

实践中，对于某些与黑社会性质组织或其违法犯罪活动有一定关联的人员能否以参加黑社会性质组织罪定罪处罚的问题尚存在争议。为防止不当扩大打击面，2015 年《纪要》明确了不应认定为黑社会性质组织成员的三类人员，其中第一类人员"主观上没有加入黑社会性质组织的意愿，受雇到黑社会性质组织开办的公司、企业、社团工作，未参与或者仅参与少量黑社会性质组织的违法犯罪活动"。因为该类人员主观上没有加入黑社会性质组织的意愿，客观上也没有接受黑社会性质组织的领导、管理，只是临时性的雇佣与被雇佣、收买与被收买、利用与被利用的关系，因此，不能认定为黑社会性质组织的成员，也不应以参加黑社会性质组织罪定罪处罚。当然，如果这类人员与黑社会性质组织经过长期合作后已经相互渗透与融合，则另当别论。其行为如果构成其他犯罪的，应按照具体犯罪罪名处理。

二、在构成要素上理解"积极参加"黑社会性质组织

2009 年《纪要》规定："积极参加者，是指接受黑社会性质组织的领导和管理，多次积极参与黑社会性质组织的违法犯罪活动，或者积极参与较严重的黑社会性质组织的犯罪活动且作用突出，以及其他在组织中起重要作用的犯罪分子，

如具体主管黑社会性质组织的财务、人员管理等事项的犯罪分子。”因此，判断是否是“积极参加黑社会性质组织”，同样需要主客观要件统一来认定。

（一）主观要素

行为人知道或应当知道其所参加的是由多人组成、具有一定层级结构，主要是从事违法犯罪活动的组织群体，或者该组织虽有形式合法的生产、经营活动，但实际仍是以有组织地实施违法犯罪活动为基本行为方式，欺压、残害群众，以实施违法犯罪为基本活动内容的组织，仍积极加入并接受其领导和管理，是积极参加黑社会性质组织的主观方面不可缺少的要素。对于那些主观上并无加入意图，因被纠集、雇佣、收买、威逼或者受蒙蔽、利用等为黑社会性质组织实施违法犯罪活动或者提供帮助、支持、服务的人员，不应以参加黑社会性质组织罪定罪处罚。

（二）客观要素

在客观行为方面可将积极参加者划分为三种类型，根据不同的类型确定不同的认定标准。

1. 多次积极参与黑社会性质组织的违法犯罪活动的犯罪分子

多次积极参与黑社会性质组织违法犯罪活动，包括积极参与违法或犯罪活动，但要求多次。此类积极参加者的主要特征即违法犯罪次数多。

黑社会性质组织行为方式多样，既包括一般违法活动，又包括犯罪活动。违法事实也是认定黑社会性质组织犯罪的一个重要方面，虽然违法达到一定程度才触犯刑律，处以刑罚，但实践中黑社会性质组织实施的违法事实频率、事件数量、波及范围等往往大于犯罪事实，如“摆场子”、滋扰生事、聚众围堵、轻微伤害等，对于黑社会性质组织的形成、发展、壮大起到了非常积极的作用，对社会秩序造成了严重的破坏和恶劣的影响，这也是认定黑社会性质组织的重要内容。违法事实是认定黑社会性质组织“四个特征”及进一步揭露黑社会性质组织的社会危害性不可忽视的要素。

2. 积极参与较严重的黑社会性质组织的犯罪活动，且作用突出的犯罪分子

此类积极参加的主要特征即在参与较严重的黑社会性质组织犯罪中，违法犯罪作用突出。一方面是积极参与较为严重的组织犯罪，既包括故意杀人、故意伤

害、绑架等严重暴力犯罪，也包括其他一些已造成重大财产损失或者恶劣社会影响的犯罪；另一方面是作用突出，即在积极参与较严重的黑社会性质组织的犯罪活动中对犯罪行为的实施具有一定的影响力，对犯罪结果的产生所起作用相对较大，针对一般的参与者作用相对突出。对“作用突出”的判定应综合考虑其在参加较严重的黑社会性质犯罪活动中所处的地位、参与程度、犯罪情节以及对造成危害结果产生作用的大小等各方面的因素来确定。此类积极参加者一般无次数限制。

3. 其他在黑社会性质组织中起重要作用的犯罪分子

其他在黑社会性质组织中起重要作用的犯罪分子，即在黑社会性质组织中组织地位相对重要的人。实践中，一些具体主管黑社会性质组织的人、财、物等事项的组织成员虽然很少参与，甚至从不直接参与违法犯罪活动，但这些成员往往与组织头目有着某种特殊关系，相互联系密切，对于组织的维系、运行、发展实际上起着非常重要的作用，理应认定为积极参加者。需要强调的是，此类积极参加者应是对犯罪组织的人、财、物等事项具有“主要管理职权”，且对犯罪组织的维系、运行、活动确实起到重要作用的成员，因而不能把凡是参与前述事务的组织成员均认定为积极参加者。

本节相关依据

《刑法》第294条第1款；《办理黑社会性质组织犯罪案件座谈会纪要》；《全国部分法院审理黑社会性质组织犯罪案件工作座谈会纪要》。

典型案例评析

如何认定是否参加黑社会性质组织

——黄某金、田甲参加黑社会性质组织案①

【基本案情】

黄甲（已判刑）经过2001年6月与黄乙等人争抢木糠事件后在广东省博罗

① 参见广东省博罗县人民法院（2018）粤1322刑初257号刑事判决书。

县湖镇镇鞒露头角，之后黄甲纠集了黄丙、黄丁、黄戊（已判刑）等人，在2005年通过敲诈勒索、聚众斗殴等手段将黄乙等人进行排挤，从而独占了木糠生意。自此，黄甲在广东省博罗县湖镇地区确立起了“江湖地位”。黄甲为称霸一方从而获得更多的利益，2007年至2015年期间，他还通过经营公司、入股其他企业，并以提供工作岗位和给予优厚待遇等形式网罗了黄丙、黄丁、黄庚、郭甲、张甲、刘甲、刘乙、龚甲（均已判刑）及被告人黄某金、田甲等一群本地人、外省人为其效力，并通过上述人员，在博罗县湖镇镇范围内先后多次实施聚众斗殴、寻衅滋事、敲诈勒索、非法拘禁、开设赌场、非法持有枪支等违法犯罪活动，进而独占了木糠经营，垄断了湖镇镇的废品收购，强势入股KTV、酒店、网吧，放高利贷给他人，从而获取了巨额的经济利益。

黄甲还通过威胁、恐吓等非法手段操纵显某村“两委”选举，其当选后还安排组织成员担任村里主要职务，如未经组织程序私自聘任黄丁为村治保主任，黄甲通过上述手段实现了对湖镇显某村等周边地区的非法控制。

通过不断发展，逐渐形成了以黄甲为首，黄丙、黄丁等人为积极参加者，黄庚、黄辛、张甲、郭甲、黄戊、刘甲、刘乙、龚甲及黄某金、田甲等人为一般成员的黑社会性质的犯罪组织。该黑社会性质组织称霸一方，在当地造成重大影响，严重破坏了当地的经济、社会生活秩序。

公诉机关认为被告人黄某金、田甲的行为已构成参加黑社会性质组织罪。

黄某金及其辩护人认为公诉机关指控黄某金犯参加黑社会性质组织罪的事实不清，证据不足。其是智×公司的一名出纳，智×公司是合法主体。被告人黄某金虽然有在惠×公司工作，但也是合法的。本案证据，无法证明被告人黄某金是知道或应当知道智×公司或惠×公司有涉及犯罪，有实施犯罪活动，这只是公诉机关的主观推断。田甲及其辩护人辩称公诉机关指控被告人田甲参加黑社会性质组织罪事实不清，证据不足，依法不能认定被告人参加黑社会性质组织罪。不能因为被告人田甲与田乙、郭甲等人之间的关系密切就认定被告人田甲参加黑社会性质组织。这是对案件事实错误的认定。退一步讲，即使认定其参加黑社会性质组织，但其并未参与过任何的违法犯罪活动。

广东省博罗县人民法院认为以黄甲为首的犯罪组织是黑社会性质犯罪组织，该组织完全具备立法解释规定的黑社会性质组织应具备的组织特征、行为特征、经济特征、危害性特征，上述事实已被发生法律效力的广东省博罗县人民法院（2015）惠博法刑一初字第1035号刑事判决书、惠州市中级人民法院（2016）粤13刑终449号刑事判决书予以认定。本案中，被告人黄某金参加黄甲组织、领导的黑社会性质组织犯罪活动，并在该组织中任担保公司的出纳，是财务工作人员，听从于黄甲的指挥、安排，其没有实际的财务开支权，属该组织的一般成员。同时，依据相关司法解释规定，在认定黑社会性质组织的成员时，并不要求其主观上认为自己参加的是黑社会性质组织，只要其知道或应当知道该组织具有一定规模，且是以实施违法犯罪为主要活动的，即可认定。被告人黄某金犯参加黑社会性质组织罪，判处有期徒刑十个月，并处罚金人民币10000元。此外，公诉机关指控被告人田甲参加黑社会性质组织，现有证据仅证明其有参与打架斗殴的一般犯罪行为，并无证据证实其有参加黑社会性质组织的犯罪行为，因此证据不充分，本院对指控的该项罪名不予认定。被告人田甲犯聚众斗殴罪，判处有期徒刑十个月。

【评析】

根据《刑法》第294条第1款的规定："组织、领导黑社会性质的组织的，处七年以上有期徒刑，并处没收财产；积极参加的，处三年以上七年以下有期徒刑，可以并处罚金或者没收财产；其他参加的，处三年以下有期徒刑、拘役、管制或者剥夺政治权利，可以并处罚金。"2009年《纪要》规定，关于黑社会性质组织成员的主观明知问题，在认定黑社会性质组织的成员时，并不要求其主观上认为自己参加的是黑社会性质组织，只要其知道或者应当知道该组织具有一定规模，且是以实施违法犯罪为主要活动的，即可认定。即只要行为人知道或者应当知道是以实施违法犯罪为基本活动内容的组织，仍加入并接受其领导和管理，就应当认定为"参加黑社会性质组织"。没有加入黑社会性质组织的意愿，受雇到黑社会性质组织开办的公司、企业、社团工作，未参与黑社会性质组织违法犯罪活动的，与涉案的黑社会性质组织之间无相对固定的从属关系，不应认定为"参加黑社会性质组织"。

本案中，以黄甲为首的犯罪组织是黑社会性质犯罪组织。依据相关规定，该组织虽有形式合法的智×公司的生产、经营活动，但实际仍是以有组织地实施违法犯罪活动为基本行为方式。黄某金作为该组织中担保公司的出纳员，虽没有实际的财务开支权，但参加黄甲组织、领导的黑社会性质组织犯罪活动，听从于黄甲的指挥、安排，与该组织之间有固定的从属关系，属该组织的一般成员，所以认定为参加黑社会性质组织。

此外，公诉机关指控被告人田甲参加黑社会性质组织，由于证据仅证明其有参与打架斗殴的一般犯罪行为，并无证据证实其有参加黑社会性质组织的犯罪行为，与黑社会性质组织间有固定的从属关系，因此证据不充分。且按照2015年《纪要》中的规定，因临时被纠集、雇佣为黑社会性质组织实施违法犯罪活动的不能认定为参加黑社会性质组织。因此，法院对指控的该项罪名不予认定，防止打击面过大。

第四节　较稳定的犯罪组织及相关问题认定标准

黑社会性质组织的根本性和标志性特征即具有一定的组织性。具体体现在有比较稳定的组织；人数众多；有明确的领导者，有比较固定的成员，内部成员之间有严格的身份等级和隶属关系；有比较明确严格的帮规等组织纪律等，并且，组织形成后，在一定时期内持续稳定存在。

一、黑社会性质组织是已形成较稳定的犯罪组织

黑社会性质组织形成较稳定的犯罪组织需要一定的时间。“较稳定”应从两方面来理解：一是指犯罪组织的结构与核心成员比较稳定；二是指犯罪组织应当在一定时期内持续存在。①

黑社会性质组织成员通常在较长时间内在某一区域或行业有组织地实施违法犯罪活动，组织成员并非临时纠集，组织结构比较稳定。组织者、领导者以及对组织运行、活动起着突出作用的积极参加者等骨干成员基本固定、联系紧密。黑社会性质组织违法犯罪行为的延续性是识别组织稳定性的重点。如果某一个犯罪

① 戴长林、朱和庆、刘广三、周川、张向东：《〈全国部分法院审理黑社会性质组织犯罪案件工作座谈会纪要〉的理解与适用》，载《刑事审判参考》2017年总第107集。

组织在较长时间内有组织地持续实施违法犯罪，其违法犯罪便是稳定的。即使成员有所变动，该组织对社会的破坏力仍然持续，应认定为较为稳定的犯罪组织。实践中，一些黑社会性质组织的组织者、领导者、骨干成员并不多，但控制着社会上的一些闲散人员并形成一个市场，需要实施违法犯罪时，通过这个市场雇用打手，形成“一呼即来，一哄而散”的活动方式。对以这种方式存在的黑社会性质组织，只要基本的组织者、领导者、骨干成员较为固定，就应认定其形成较稳定的犯罪组织。

二、黑社会性质组织的存在时间

黑社会性质组织一般在短时间内难以形成，而且成员人数较多，因此，一般有两种形成方式：一种是在“恶势力”团伙、普通犯罪集团的基础之上，通过建立或强化经济基础并实现对一定区域或行业的非法控制或重大影响而发生性质转变，其转变过程没有明显的节点，是在“恶势力”及普通犯罪集团违法犯罪活动的过程中逐渐发生质变。另一种形成的方式是无“恶势力”团伙、普通犯罪集团等原始犯罪组织作为依托，组织的形成经历了从发起、创建到发展、壮大的过程，呈现出明显发展轨迹，此种方式一般需经历较长时间，每一个案件的存在时间长短也各有差异。因此，从犯罪客观规律来看，不应对黑社会性质组织存在时间作出“一刀切”规定。

三、黑社会性质组织的成立时间

（一）成立时间一般按照足以反映其初步形成非法影响的标志性事件的发生时间认定

黑社会性质组织成立时间关系到黑社会性质组织罪行与非组织罪行的时间界线、首要分子的罪责范围、首要分子的罪责承担、存在时间如何起算等与定罪量刑相关的重大事项。一般以某一具有标志性的违法犯罪行为或其他组织活动作为黑社会性质组织形成的认定依据。然而，标志性事件或活动并不是在每一起黑社会性质组织犯罪中都有明显体现，并且一些事件或活动能否作为黑社会性质组织形成的标志难以准确认定。因此，在确定黑社会性质组织成立时间时，如果黑社会性质组织未举行成立仪式或者进行类似活动的，成立时间可以按照足以反映其初步形成非法影响的标志性事件的发生时间认定。

（二）没有明显标志性事件的，可将首次共同实施犯罪活动的时间认定为形成时间

黑社会性质组织的形成需经历一个复杂的过程，《刑法》第294条第5款所确立的“四个特征”是认定黑社会性质的法定标准，当该组织齐备“四个特征”之时，便是该组织的形成时间节点。该组织某一具有标志性的违法犯罪行为及其他组织活动的发生等均是考量“四个特征”是否齐备的重要内容。至于“形成时间点”的确定不应一概而论，“四个特征”齐备的时间界限往往不是非常清晰，相关组织仪式活动、标志性事件、违法犯罪等行为从预备到实施也有一定的时间跨度，所以，形成时间既可以是“时间点”也可以是“时间段”。因此，黑社会性质组织成立时间可以根据举行成立仪式或者进行类似活动的时间来认定。没有仪式活动的，可以根据足以反映其初步形成核心利益或者强势地位的重大事件发布时间进行审查判断。没有明显标志性事件的，可以按照黑社会性质组织违法犯罪活动认定范围的规定，将组织者、领导者与其他组织成员为维护、扩大组织势力、实力、影响、经济基础或者按照组织惯例、纪律、活动规约而首次共同实施该组织犯罪活动的时间认定为该组织的形成时间。该组织者、领导者因未到案或因死亡等法定情形未被起诉的，不影响认定。但应当注意的是，首次实施该组织犯罪活动并非仅指实施犯罪的方式具有组织性，更重要的是看该犯罪是否为了组织利益、按照组织意志而实施，以及犯罪能否体现该组织追求非法控制的意图。

四、黑社会性质组织的成员

2015年《纪要》指出：“黑社会性质组织应当具有一定规模，人数较多，组织成员一般在10人以上。”但黑社会性质组织一般在短时间内难以形成，而且成员人数较多，鉴于“恶势力”团伙和犯罪集团向黑社会性质组织发展是一个渐进的过程，没有明显的性质转变的节点，对黑社会性质组织存在时间、成员人数问题不宜作出“一刀切”的规定。因此，黑社会性质组织成员包括已有充分证据证明但尚未归案的组织成员，也包括虽有参加黑社会性质组织的行为但因尚未

达到刑事责任年龄或因其他法定情形而未被起诉，或者根据具体情节不作为犯罪处理的组织成员。

本节相关依据

《刑法》第294条第5款；《全国部分法院审理黑社会性质组织犯罪案件工作座谈会纪要》。

典型案例评析

如何认定已经形成较稳定的犯罪组织及黑社会性质组织的成立时间

——陈某伟等组织、领导、参加黑社会性质组织案①

【基本案情】

1998年起，陈某伟通过接触“混社会”人员，逐渐产生通过带领一帮兄弟“混社会”使自己出人头地、迅速发家致富的念头。2002年起，陈某伟在广州市原芳村区经营新××酒城（以下简称新××）、花××夜总会、游戏机室、网吧、餐厅期间，拉拢朱甲、陈某明以及陈某峰、郑甲、吴甲、李甲、王甲等人，在其经营的场所内纵容毒品贩卖、游戏机赌博，牟取非法利益，建立了以其为领导者的犯罪组织。该犯罪组织通过实施一系列违法犯罪活动，逐步发展壮大组织势力，在广州市荔湾区茶滘路、百花路、长堤路、芳村大道又陆续开设了夜×歌舞厅、本××酒吧、广州家×酒家有限公司（以下简称家×酒家）、广州市尚×假日酒店有限公司（以下简称尚×酒店，含尚××俱乐部）、广州市某区××酒楼（以下简称××酒楼）、广州市某区夜×酒吧、健××休闲阁等娱乐、餐饮场所，继续招揽了万某芝、邓某权、陈某杰、黎某德、宋某芳及李某强、邓甲（均另案处理）等人加入组织。陈某伟安排陈某峰招揽社会人员邓乙、彭甲、邓丙、李乙（均另案处理）等人，组织内保队伍，为其场所看场，充当职业打手。确

① 参见广东省高级人民法院（2016）粤刑终298、299号刑事附带民事判决书。

立了不许其他势力进入其场所贩卖毒品，打伤顾客后要声称是客人之间打架等组织纪律，拉拢保安公司派驻场所的保安员充当打手，纠集社会人员维护场所利益，并与当地其他黑恶组织争夺利益。该组织以经营上述场所为依托，招募打手做黑保安扩大势力和地盘，有组织地实施了盗窃、故意伤害、寻衅滋事、开设赌场、敲诈勒索、容留他人吸毒、行贿、绑架、高利转贷、窝藏、包庇、妨害作证、故意销毁会计凭证等一系违法犯罪活动，长期为所欲为，为非作歹，称霸一方，在广州市某区区域形成了非法控制和重大影响，严重破坏了当地正常的公共秩序、经济秩序、生产秩序和生活秩序，社会影响极其恶劣。

广东省广州市中级人民法院审理广东省广州市人民检察院指控陈某伟等人犯组织、领导黑社会性质组织罪，于 2015 年 12 月 28 日作出（2014）穗中法刑二初字第 133 号、（2014）穗中法刑二初字第 77 号刑事附带民事判决，判决被告人陈某伟犯组织、领导黑社会性质组织罪，判处有期徒刑十二年，并处没收财产 1000 万元，剥夺政治权利三年。

陈某伟及辩护人上诉、辩护提出：原审判决认定陈某伟犯组织、领导黑社会性质组织罪事实不清，证据不足，指控罪名均不成立。陈某伟和万某芝、朱某、邓某权、陈某杰、黎某德、宋某芳属于股东关系，不是黑社会性质组织成员关系。本案不符合黑社会性质组织的四个特征。没有任何证据可以证明组织特征，组织成立的时间、地点都无法证明。

广东省人民检察机关认为上诉人陈某伟为维护其违法犯罪活动或维系黑社会性质组织的发展，长期在其经营场所及周边实施故意伤害、寻衅滋事、敲诈勒索、绑架等暴力犯罪，事实清楚，证据充分，建议驳回上诉，维持原判。

广东省高级人民法院认为，上诉人陈某伟等人已经建立并发展起以依法登记的公司为外在形式，以职业打手队伍为暴力保障，拉拢负有查缉违法犯罪职责的公职人员为庇护，在其多个场所及周边大肆实施违法犯罪活动的黑社会性质组织。该组织在其多家场所及周边形成非法控制，严重扰乱社会治安，败坏社会风气，造成严重社会危害。原审判决认定事实清楚，证据确实、充分，对上诉人陈某伟等人及辩护人提出不构成组织、领导黑社会性质组织罪等意见，经查均不能成立，不予采纳。但原审判决认定陈某伟于 1998 年建立黑社会性质组织并不准确。陈某伟组织、领导的黑社会性质组织有一个建立、发展、壮大的过程。本案证据显示，在2002年陈某伟经营新××、花××夜总会等场所期间，逐渐形成了以陈某伟为首，以朱甲、陈某明、陈某峰等人为骨干，以郑甲、吴甲、李甲、王甲等场所职员为参加者，拉拢驻场所保安员和社会闲散人员充当打手的层次分明的组织体系，形成了组织纪律。陈某伟在其场所内纵容毒品贩卖、游戏机赌博，牟取非法利益；实施故意伤害等暴力性犯罪；指使手下人员提供假证，干扰司法机关正常的调查；与其他黑社会性质组织争夺非法利益，严重影响其多家场所内的正当秩序和周边群众的生活秩序。在此期间具备了黑社会性质组织的全部特征。本案可以确认陈某伟于2002年建立起黑社会性质组织并实施违法犯罪活动，予以纠正。上诉人陈某伟犯组织、领导黑社会性质组织罪，判处有期徒刑十二年，并处没收财产人民币1000万元，剥夺政治权利三年。

【评析】

黑社会性质组织的形成需经过一个复杂的过程，但其性质并非不可认知。《刑法》所确立的“四个特征”即是认定黑社会性质组织的法定标准，当该组织齐备“四个特征”之时，便是该组织的形成时间节点。黑社会性质组织未举行成立仪式或者进行类似活动的，成立时间可以按照足以反映其初步形成非法影响的标志性事件的发生时间认定。没有明显标志性事件的，可以按照《指导意见》中关于黑社会性质组织违法犯罪活动认定范围的规定，将组织者、领导者与其他组织成员首次共同实施该组织犯罪活动的时间认定为该组织的形成时间。

陈某伟组织、领导的黑社会性质组织有一个建立、发展、壮大的过程。本案证据显示，早在2002年陈某伟经营新××、花××夜总会等场所期间，就形成了以陈某伟为首，多人为骨干，多名场所职员为参加者，拉拢驻场所保安员和社会闲散人员充当打手的层次分明的组织体系，形成了组织纪律。陈某伟在其场所内纵容毒品贩卖、游戏机赌博，牟取非法利益；实施故意伤害等暴力性犯罪；指使手下人员提供假证，干扰司法机关正常的调查；与其他黑社会性质组织争夺非法利益，严重影响其多家场所内的正当秩序和周边群众的生活秩序。在此期间已经具备了黑社会性质组织的全部特征。因此，可以确认陈某伟于2002年已建立起黑社会性质组织并实施违法犯罪活动。

第五节 黑社会性质组织获取经济利益的认定标准

黑社会性质组织有组织地通过违法犯罪活动或者其他手段获取经济利益，具有一定的经济实力，以支持该组织的活动。黑社会性质组织获取经济利益的手段既可能是赌博、敲诈、贩毒等违法犯罪活动取得，也可能是通过开办公司、企业等形式合法的方式“以商养黑、以黑护商”，还可能是组织成员主动将个人或者家庭资产中的一部分或全部支持该组织活动。但不论其经济来源合法还是非法，只要用以支持该组织的活动，均符合黑社会性质组织的经济特征。

《刑法》第294条第5款第2项规定的黑社会性质组织的特征之一为：“有组织地通过违法犯罪活动或者其他手段获取经济利益，具有一定经济实力，以支持该组织的活动”。“一定经济实力”的取得方式应具备“有组织性”的特点。也就是说，无论是违法所得还是聚敛资产后进行合法投资的收益，都应当是通过与黑社会性质组织有关联的行为或方式而获取。包括黑社会性质组织通过实施违法犯罪活动而获取的资产，黑社会性质组织利用从事不法活动所确立的优势地位和影响力而获取的资产，黑社会性质组织聚敛资产后进行合法投资而获取的孳息、收益等。具体来说包括以下三种方式。

一、有组织地通过违法犯罪活动或其他不正当手段聚敛资产

有组织地通过违法犯罪活动或其他不正当手段聚敛资产是指黑社会性质组织通过与黑社会性质组织有关联的行为或方式而获取资产。包括黑社会性质组织通过实施抢劫、绑架、敲诈勒索、打击对手、抢夺市场等暴力犯罪获取不法利益；通过赌博、贩毒、打压、排挤同业经营者，迫使同业者放弃生产经营，进而独揽、独霸市场等非暴力犯罪扩充经济实力；利用强势地位和影响力，有组织地实施故意伤害、寻衅滋事、强迫交易、非法拘禁、串通投标等违法、犯罪行为获取资产及通过其他不正当手段聚敛资产，攫取经济利益。

二、有组织地以投资、控股、参股、合伙等方式通过合法的生产、经营活动获取经济利益

黑社会性质组织除了有组织地通过违法犯罪活动或其他不正当手段聚敛资产，还会将聚敛的资产进行合法投资而获取孳息、收益等。通过有组织地以投资、控股、参股、合伙等方式通过开办公司、企业等合法的生产、经营活动获取经济利益，“以商养黑、以黑护商”。因此，无论其财产是通过非法手段聚敛，还是通过合法的方式获取，只要将其中部分或全部用于违法犯罪活动或者维系犯罪组织的生存、发展，即可认定为有组织地通过违法犯罪活动或者其他手段获取经济利益。

三、由组织成员提供或通过其他单位、组织、个人资助取得经济利益

组织成员或其他单位、组织、个人主动将个人、家庭、单位、组织等的资产中的一部分或全部用以支持该组织活动，也应认定为通过其他手段获取经济利益。属于黑社会性质组织获取经济利益的方式之一。

本节相关依据

《刑法》第294条第5款；《办理黑社会性质组织犯罪案件座谈会纪要》；《全国部分法院审理黑社会性质组织犯罪案件工作座谈会纪要》。

典型案例评析

如何认定有组织地通过违法犯罪活动或者其他手段获取经济利益

——易某忠等组织、领导黑社会性质组织案①

【基本案情】

20世纪80年代末，易某忠离开他人的合金粉厂，自己经营合金粉等生意。

① 参见江西省高级人民法院（2014）赣刑3终字第65号刑事附带民事判决书。

1991 年，易某忠伙同其堂兄弟易某红、易某牙等人，将社会上“打罗”出了名的张甲的双脚砍断。为此，易某忠的名声大震，并在宜春市袁州区西村和源仙台一带树立了“威望”，易某红、易某牙及社会闲散人员胡某文、巫某春、吴某虎等人纷纷追随易某忠并为易某忠所差遣。2005 年左右，易某忠为获得西村××煤矿控股权，并利用分配西村××煤矿股份之机会，发展了在西村以“混社会”为生的易某生、胡某军等人为其组织成员，与易某生、胡某军常在一起“混”的西村本地人李某辉、范某勇、李某祥等人也随即加入该组织。尔后，李某辉又发展了彭某春、李某圣、李某忠和李甲（在逃）等人为其手下。该组织团伙通过暴力、威胁和其他手段，多次实施有组织的违法犯罪活动，逐步演变成了一个以被告人易某忠为组织者、领导者，以被告人易某红、易某生、胡某文、易某牙、胡某军、李某辉等人为积极参加者，以被告人彭某春、李某圣、李某忠、巫某春、范某勇、李某祥、吴某虎等人为一般参与者的组织结构较为稳定的犯罪组织。

以易某忠为首的组织团伙，在近 20 年的时间里，盘踞在西村、源仙台一带，利用组织的恶名或强势地位，有组织地通过暴力、威胁及串通投标等手段获取经济利益，先后侵吞了西村××煤矿及大量集体土地。此外，易某忠还先后承办过合金粉厂、××大酒店、××水泥厂、××休闲农庄、宜春市某区××实业有限公司等企业。该组织团伙不仅积累了巨大财富，同时还不惜重金花在维系组织的生存、发展和壮大上。如将西村××煤矿等实业中的股权分配给其他组织成员、为实施违法犯罪提供经费、为组织成员作案后处理善后事宜等。

以易某忠为首的黑社会性质组织及其成员，利用暴力、威胁和其他手段，多次实施违法犯罪行为，称霸一方，欺压、残害群众，并致人手脚严重残疾；利用组织的势力和影响，威胁当地党委政府工作人员，干扰基层组织选举，为组织和个人谋取非法利益；使用暴力、威胁或其他手段攫取他人钱财，致使他人敢怒不敢言；利用组织恶名或强势地位，压制被害群众举报、告发其组织成员违法犯罪行为，使刑事案件的被害人不敢举报，致使组织成员得以逃避法律追究；在西村和源仙台一带造成了重大的社会影响，严重破坏了当地的经济秩序和社会生活秩序。

江西省宜春市中级人民法院审理宜春市人民检察院指控原审被告人易某忠

犯组织、领导黑社会性质组织罪一案于2014年3月24日、9月16日分别作出(2013)宜中刑一初字第9号刑事附带民事判决和裁定。宣判后，原审被告人易某忠等对刑事部分及民事部分判决均不服，向江西省高级人民法院提出上诉。

易某忠及其辩护人提出，其不构成组织、领导黑社会性质组织罪，原判认定其犯有组织、领导黑社会性质组织罪没有事实依据。易某忠等人没有非法敛财并为组织犯罪提供资金支持的行为。现有证据没有一份客观证据能证明易某忠将其经济实体中的资金和盈利用来“豢养打手”“以商护黑”，易某忠等人不具有非法敛财，“为组织犯罪提供资金支持”的行为，一审判决关于“为实施犯罪提供经费，为组织成员作案后处理善后事宜”的结论没有客观证据支持，空洞而苍白无力。并且易某忠等人没有采用暴力手段或其他手段进行有组织的违法犯罪活动。

江西省高级人民法院经审理查明认定，在该黑社会性质组织发展和壮大过程中，易某忠为了严格控制、笼络、吸引其手下成员，不但给组织成员发放工资和生活费用，将其犯罪所得的股权分配给手下“兄弟”，而且当其手下人违法犯罪被扣押或被关押后，亲自出马或指使他人替其出钱“摆平”事端，使其组织成员长期逃避法律追究和制裁。从经济特征方面看，以易某忠为首的黑社会性质组织为发展和壮大其经济实力，采取了一系列暴力、威胁等手段进行敛财。他们威胁当地党委政府工作人员，破坏当地选举，强行安插骨干成员长期担任村小组组长，先后侵吞了当地大量集体土地；他们打压、排挤同业经营者，迫使同业者放弃生产经营，进而独揽、独霸市场；他们采用贿买他人标书的方法，压低国有土地的拍卖价格，从中获取非法利益。易某忠等人通过采取上述手段非法敛聚了大量财富。从行为特征方面看，以易某忠为首的黑社会性质组织在近20年的时间内，不断地采用暴力、威胁等手段，利用其“强势地位”，多次有组织地实施了故意伤害、寻衅滋事、强迫交易、非法拘禁、串通投标、非法处置查封的财产等违法、犯罪行为。在这些违法、犯罪行为中，易某忠不但亲自参与、策划，而且指使、怂恿其手下人易某红、易某牙、易某生、胡某文、胡某军、李某辉等人各自带领其下一级成员具体实施。原判认定易某忠等人犯有组织、领导、参加黑社会性质组织罪的事实清楚，证据确实、充分。易某忠及其辩护人所提出的辩解和辩护意见，均与本案事实、证据和法律规定不符，不能成立。维持江西省宜春市中级人民法院（2013）宜中刑一初字第9号刑事附带民事判决的第一项中关于被告人易某忠犯组织、领导黑社会性质组织罪的定罪量刑。即上诉人易元忠犯组织、领导黑社会性质组织罪，判处有期徒刑七年，并处没收财产五百万元。

【评析】

黑社会性质组织为了获取一定经济利益用于违法犯罪活动或者维系犯罪组织的生存、发展，通常有组织地采用与黑社会性质组织有关联的行为或方式。例如实施抢劫、绑架、敲诈勒索、打击对手、抢夺市场等暴力犯罪获取不法利益，通过赌博、贩毒等非暴力犯罪扩充经济实力，利用黑社会性质组织从事不法活动所确立的优势地位和影响力而获取资产或其他不正当手段聚敛资产，攫取经济利益。除此之外，还会将聚敛的资产进行合法投资而获取孳息、收益等。有组织地以投资、控股、参股、合伙等方式开办公司、企业等合法的生产、经营活动获取经济利益，“以商养黑、以黑护商”。因此，无论其财产是通过非法手段聚敛，还是将聚敛的资产进行合法投资而获取收益，只要将其中部分或全部用于违法犯罪活动或者维系犯罪组织的生存、发展即可认定为有组织地通过违法犯罪活动或者其他手段获取经济利益。

以易某忠为首的黑社会性质组织为发展和壮大其经济实力，采取了一系列暴力、威胁等手段进行敛财。不仅威胁当地党委政府工作人员，破坏当地选举，强行安插骨干成员长期担任村小组组长，侵吞大量集体土地；打压、排挤同业经营者，迫使同业者放弃生产经营，进而独揽、独霸市场；采用贿买他人标书的方法，压低国有土地的拍卖价格，从中获取非法利益；长期不断地采用暴力、威胁等手段，利用其“强势地位”，多次有组织地实施了故意伤害、寻衅滋事、强迫交易、非法拘禁、串通投标、非法处置查封的财产等违法、犯罪行为攫取经济利益。易某忠等人构成组织、领导黑社会性质组织罪，并通过采取上述手段非法敛聚了大量财富，为犯罪组织提供资金支持，可认定为有组织地通过违法犯罪活动或者其他手段获取经济利益。

第六节 黑社会性质组织具有一定的经济实力认定标准

一、关于黑社会性质组织一定的经济实力的认定标准

《刑法》第294条第5款规定："黑社会性质的组织应当同时具备以下特征：（一）形成较稳定的犯罪组织，人数较多，有明确的组织者、领导者，骨干成员基本固定；（二）有组织地通过违法犯罪活动或者其他手段获取经济利益，具有一定的经济实力，以支持该组织的活动；（三）以暴力、威胁或者其他手段，有组织地多次进行违法犯罪活动，为非作恶，欺压、残害群众；（四）通过实施违法犯罪活动，或者利用国家工作人员的包庇或者纵容，称霸一方，在一定区域或者行业内，形成非法控制或者重大影响，严重破坏经济、社会生活秩序。"经济基础是黑社会性质组织的内在构成要素之一。黑社会性质组织通过有组织的违法犯罪活动或其他不正当手段聚敛资产；有组织地通过合法的生产、经营活动获取资产；组织成员以及其他单位、个人资助黑社会性质组织的资产等方式获得一定数量的经济利益，同时也包括调动一定规模的经济资源用以支持该组织活动的能力。一定的经济实力是黑社会性质组织坐大成势、称霸一方的基础。为保证组织内部的运作，增强犯罪实力，必须具备一定的经济实力；同时，经济实力也是黑社会性质组织向主流社会渗透、发展壮大的资本。

（一）一定经济实力的概念及认定

经济实力是指掌控经济资源并随时为己所用的能力。① 根据2015年《纪要》的规定，一定的经济实力是指黑社会性质组织在形成、发展过程中获取的，足以支持该组织运行、发展以及实施违法犯罪活动的经济利益。根据《刑法》第294条第5款第2项的规定，"一定经济实力"的取得方式应具备"有组织性"的特

① 戴长林、朱和庆、刘广三、周川、张向东：《〈全国部分法院审理黑社会性质组织犯罪案件工作座谈会纪要〉的理解与适用》，载搜狐网，https://www.sohu.com/a/197247743-687863，最后访问时间：2019年2月16日。

点。也就是说，无论是违法所得还是利用违法所得进行合法投资获得的资产，都应当是通过与黑社会性质组织有关联的行为或方式获取，包括黑社会性质组织通过实施违法犯罪活动而获取的资产，黑社会性质组织利用从事不法活动所确立的优势地位和影响力而获取的资产，黑社会性质组织聚敛资产后进行合法投资而获取的孳息、收益等。为此，2015 年《纪要》对“一定经济实力”的概念和范围进行了说明，将黑社会性质组织形成之前获取或者组织成员完全通过个人行为获取的经济利益排除在外。同时还规定，只要是有组织地获取的经济利益，即使是由部分组织成员个人掌控，也应计入黑社会性质组织的经济实力。组织成员主动将个人或者家庭资产中的一部分用于支持该组织活动，其个人或者家庭资产可全部计入“一定的经济实力”。因为这些资产也属于调动一定规模的经济资源用以支持该组织活动的能力，但数额明显较小或者仅提供动产、不动产使用权的除外。

（二）一定经济实力的规模或数额

具备一定的经济实力是区别一般犯罪集团与黑社会性质的组织的重要特征之一，凡是不具有一定的经济实力的犯罪集团不能认定为黑社会性质组织。但是，认定具有一定的经济实力，不能一般性地明确具体的数额标准，也不要求存在现实的经济实体或特定规模，只要黑社会性质组织具有一定的经济来源以支持其组织活动，即可认定具有一定的经济实力。由于各地区经济发展水平、各行业利润空间存在较大差异，黑社会性质组织存在、发展时间也各有不同。因此，不能对经济实力的规模或数量设定绝对值。

关于经济实力的规模或数额，2009 年《纪要》考虑到黑社会性质组织违法犯罪司法实践的复杂性，没有明确规定“一定经济实力”的数额标准。2015 年《纪要》认为，由于《刑法》第 294 条规定黑社会性质组织需要具有“一定的经济实力”。具有“一定的经济实力”虽不是黑社会性质组织的本质特征，却可以反映出涉案犯罪组织的发展成熟程度。针对司法实践中，对“一定的经济实力”问题理解较为随意的情况须进行规范。根据调研并综合考虑各地经济发展水平的差异以及其他多方面因素后，2015 年《纪要》规定：“各高级人民法院可以根据本地区的实际情况，对黑社会性质组织所应具有的‘经济实力’在 20—50 万元幅度内，自行划定一般掌握的最低数额标准。”

而2018年出台的《指导意见》认为由于不同地区的经济发展水平、不同行业的利润空间均存在很大差异，加之黑社会性质组织存在、发展的时间也各有不同，在办案时不能一般性地要求黑社会性质组织所具有的经济实力必须达到特定规模或特定数额。经济实力的强弱是判断黑社会性质组织的重要因素之一，但并不是黑社会性质组织的本质特征，而且客观上证明经济实力来源、数额的证据很难收集，因此，不应对此问题予以量化。

本节相关依据

《刑法》第294条第5款；《办理黑社会性质组织犯罪案件座谈会纪要》；《全国部分法院审理黑社会性质组织犯罪案件工作座谈会纪要》。

典型案例评析

如何认定黑社会性质组织具有一定经济实力

——傅某威等组织、领导、参加黑社会性质组织案①

【基本案情】

1992年左右，傅某威从技校毕业后到衡阳市某烧碱厂工作，通过接触“混社会”人员，傅某威逐渐产生通过带领一帮兄弟“混社会”使自己出人头地、迅速发家致富的念头，傅某威遂于1998年左右纠集被告人刘甲、朱某军、罗某卫、王某强、王某军等人“歃血为盟”，为了通过帮人打架、“了难”的方式赚钱，建立自己的势力，傅某威经常组织上述人员到健身房进行体能训练，为了扩大影响和在“混社会”的人员中树立名头，傅某威购买了枪支和刀械用于从事违法犯罪活动及向“混社会”的人员逞强斗狠，傅某威将枪支和刀械等凶器交由朱某军统一保管。通过实施违法犯罪活动，逐步形成了一个以傅某威为首，以打架斗殴等暴力性犯罪为主的犯罪组织。

---

① 参见湖南省高级人民法院（2014）湘高法刑一终字第241号刑事判决书。

以傅某威为首的犯罪组织在形成和发展过程中，以暴力、威胁或者其他手段，有组织地实施多起违法犯罪活动，暴力特征明显。该组织为增强实力，先后购买枪支、刀具等凶器安排专人保管，并组织部分成员到衡东县的山上试枪。为了便于统一指挥“小弟”、快速反应，被告人刘乙租赁房屋供其手下“小弟”们集中食宿，随时候命；为逞凶斗狠、插手纠纷、报复他人、替人“了难”，动辄纠集十几人甚至几十人持刀枪实施聚众斗殴、故意伤害、寻衅滋事。该组织成员非法持有枪支、刀具等犯罪工具，先后实施有组织的暴力性犯罪14起，致2人死亡，5人轻伤，2人轻微伤。如1998年，刘甲等人持刀枪抢劫，致死1人；同月，傅某威带领刘甲等人持刀枪参与衡阳市××市场聚众斗殴，致死1人，多人受伤；2003年，正在服刑的傅某威为报复其管教干部而安排人员将其打伤；2005年，傅某威发话要教训蔡甲，其手下“小弟”在衡阳市××城堡发现蔡甲后即持刀将蔡甲砍成轻伤；同年，唐某平为与刘某平争夺衡阳市××城工程而纠集几十人持刀枪与刘某平、刘某红等人进行火拼，致3人轻伤；2008年，傅某威对高利贷借款人谭甲未按时还款不满即安排刘乙带人去教训谭甲，刘乙遂带蒋某清等人持刀将谭甲砍伤等。

为增强自己的经济实力，在2003年，傅某威凭借其在“混社会”时挣下的名声，利用服刑期间外出劳动之机承接××公司的土方工程，获利10万元。通过非法发放高利贷、聚众赌博、聚众斗殴、寻衅滋事、强揽工程等违法犯罪活动攫取巨额钱财，非法获利数千万元。如2006年8月至2009年期间，被告人李某国在衡阳市××假日宾馆等地多次组织人员以赌“三公”或者赌“斗牛”的方式聚众赌博，并从中抽取“水子”牟利，共计非法获利100余万元。该组织通过实施违法犯罪活动获取经济利益后将其中部分用于支持该组织的违法犯罪活动或者维系该组织的生存、发展。如2004年，傅某威从广州以2万元的价格购得2支自制转盘式猎枪等。2008年，傅某威交给刘乙5000元，安排刘乙去教训谭甲。刘乙租赁房屋供其“小弟”们统一食宿并支付“小弟”们的生活费用等。2010年，傅某威安排刘乙及其“小弟”向谭某友追逼高利贷，事后为奖励刘乙等人，为刘乙等人在衡阳市某某专卖店每人买了一套衣服，还安排刘乙等人去广东番禺旅游等等。

以傅某威为首的犯罪组织多次进行聚众赌博、强揽工程、非法发放高利贷攫取巨额钱财、危害社会，给当地人民群众形成了极强的心理威慑，造成了极其恶劣的影响。以傅某威为首的黑社会性质组织严重破坏了衡阳市的经济、社会生活秩序。

湖南省衡阳市中级人民法院审理衡阳市人民检察院指控被告人傅某威等人犯组织、领导、参加黑社会性质组织罪一案，于2013年3月9日作出（2011）衡中法刑一初字第58号刑事附带民事判决。宣判后，傅某威等人对本案刑事部分的判决不服，向湖南省高级人民法院提出上诉。

傅某威及辩护人认为其不构成组织、领导黑社会性质组织罪。在经济实力方面，傅某威并未有组织地通过违法犯罪活动获取经济利益来支持该组织活动。一审判决认定傅某威通过犯罪活动聚敛巨大的经济财富，具有一定经济实力这一认定不符合事实。

湖南省人民检察院提出：原审判决认定的犯罪事实清楚，证据确实、充分，傅某威构成组织、领导黑社会性质组织罪。

湖南省高级人民法院认为，上诉人傅某威为了牟取非法利益，称霸一方，在形成和发展过程中，有组织地通过聚众赌博、强揽工程、非法高利放贷等违法犯罪活动攫取巨额钱财，具备了一定的经济实力，并将其中的部分钱物用于该组织的违法犯罪活动或者维系该组织的生存、发展，已经具备黑社会性质组织的经济特征。综上，以上诉人傅某威为首的犯罪组织已经具备黑社会性质组织的构成要件。傅某威构成组织、领导黑社会性质组织罪。上诉人及其辩护人提出的该上诉理由和辩护意见不能成立，本院不予采纳。驳回上诉人傅某威上诉，维持衡阳市中级人民法院作出的（2011）衡中法刑一初字第58号刑事附带民事判决。被告人傅某威犯组织、领导黑社会性质组织罪，判处有期徒刑六年。

【评析】

黑社会性质组织通过有组织的违法犯罪活动或其他不正当手段聚敛资产；有组织地通过合法的生产、经营活动获取资产；组织成员以及其他单位、个人资助黑社会性质组织的资产等方式获得一定数量的经济利益，同时也包括调动一定规模的经济资源用以支持该组织违法犯罪活动或者维系该组织的生存、发展的能力。一定的经济实力是黑社会性质组织坐大成势，称霸一方的基础。为保证组织内部的运作，增强犯罪实力，必须具备一定的经济实力。同时，经济实力也是黑社会性质组织向主流社会渗透、发展壮大的资本。因此，经济基础是黑社会性质组织的内在构成要素之一。

本案中，以傅某威为首的黑社会性质组织为了牟取非法利益，称霸一方，在形成和发展过程中，有组织地通过聚众赌博、强揽工程、非法高利放贷等违法犯罪活动攫取巨额钱财，具备了一定的经济实力，并将其中的部分钱物用于该组织的违法犯罪活动或者维系该组织的生存、发展，已经具备黑社会性质组织的经济特征。综上，以傅某威为首的犯罪组织已经具备黑社会性质组织的构成要件。

第七节　“其他手段”的认定标准

黑社会性质组织犯罪中“其他手段”是以暴力、威胁的现实可能性为基础，足以使他人产生恐惧、恐慌进而形成心理强制或者足以影响、限制人身自由或者影响正常生产、工作、生活的手段。

《刑法》第294条及相关立法解释将黑社会性质组织的行为特征规定为，以暴力、威胁或者其他手段，有组织地多次进行违法犯罪活动，为非作恶，欺压、残害群众。2009年《纪要》根据立法解释精神进一步指出：“关于行为特征。暴力性、胁迫性和有组织性是黑社会性质组织行为方式的主要特征，但有时也会采取一些‘其他手段’。”2015年《纪要》规定：“黑社会性质组织实施的违法犯罪活动包括非暴力性的违法犯罪活动，但暴力或以暴力相威胁始终是黑社会性质组织实施违法犯罪活动的基本手段，并随时可能付诸实施。因此，在黑社会性质组织所实施的违法犯罪活动中，一般应有一部分能够较明显地体现出暴力或以暴力相威胁的基本特征。否则，定性时应当特别慎重。”

《指导意见》第9条规定：“黑社会性质组织实施的违法犯罪活动包括非暴力性的违法犯罪活动，但暴力或以暴力相威胁始终是黑社会性质组织实施违法犯罪活动的基本手段，并随时可能付诸实施。暴力、威胁色彩虽不明显，但实际是以组织的势力、影响和犯罪能力为依托，以暴力、威胁的现实可能性为基础，足以使他人产生恐惧、恐慌进而形成心理强制或者足以影响、限制人身自由、危及人身财产安全或者影响正常生产、工作、生活的手段，属于《刑法》第二百九十四条第五款第（三）项中的‘其他手段’，包括但不限于所谓的‘谈判’‘协商’‘调解’以及滋扰、纠缠、哄闹、聚众造势等手段。”

其他手段是以暴力性、威胁性行为为后盾，是加以掩饰的“软暴力”行为。另外，其他手段通常摒弃暴力性、胁迫性。因“打打杀杀”犯罪成本过高、风险较大，且并不一定能直接有效实现其非法控制的目的，反而采取聚众围堵、滋扰生事干扰、破坏正常经济、社会生活秩序的非暴力手段更容易规避风险和实现非法控制，这在本质上也是黑社会性质组织实现非法控制的行为方式。2009年《纪要》在总结司法实践经验的基础上，认为“其他手段”主要包括：“以暴力、威胁为基础，在利用组织势力和影响已对他人形成心理强制或威慑的情况下，进行所谓的‘谈判’、‘协商’、‘调解’；滋扰、哄闹、聚众等其他干扰、破坏正常经济、社会生活秩序的非暴力手段”。因此，“其他手段”应是暴力、威胁色彩虽不明显，但实际是以组织的势力、影响和犯罪能力为依托，以暴力、威胁的现实可能性为基础，足以使他人产生恐惧、恐慌进而形成心理强制或者足以影响、限制人身自由、危及人身财产安全或者影响正常生产、工作、生活的手段，就属于《刑法》第294条第5款第3项中的“其他手段”，包括但不限于所谓的“谈判”“协商”“调解”以及滋扰、纠缠、哄闹、聚众造势等手段。

虽然列举不可能穷尽，但不管黑社会性质组织如何变换手法，其在实施违法犯罪活动时始终是以暴力、威胁为基础，以干扰、破坏正常经济、社会生活秩序为目的。在分析某种具体情形是否属于“其他手段”时，应紧扣以上分析。

本节相关依据

《刑法》第294条第5款；《办理黑社会性质组织犯罪案件座谈会纪要》；《全国部分法院审理黑社会性质组织犯罪案件工作座谈会纪要》；《全国人民代表大会常务委员会关于〈中华人民共和国刑法〉第二百九十四条第一款的解释》。

典型案例评析

如何认定《刑法》第294条第5款第3项中的其他手段

——李某平等组织、领导、参加黑社会性质组织案①

【基本案情】

自2008年以来，李某平等人逐步形成以被告人李某平为首，被告人李某流、李甲、陈某文、张某雄、赵某盛为骨干，李乙、罗某生、杨甲、张甲、坝某才、“胖子”等人为一般成员的犯罪组织，该组织有明确的组织者、领导者，骨干成员基本固定，且已经形成不成文的规定，即要求组织成员“不准偷、不准抢、不准沾毒品，平时不准主动惹事，有事情要听李某平的安排，出了什么事由他出面解决”，组织成员如果不听李某平的安排，则会受其责骂、威胁甚至殴打。该组织在实施违法犯罪活动时由李某平召集李某流、李甲商量、策划，后再由李某流、李甲分别通知其他成员。李某流、李甲、陈某文、张某雄直接听命于李某平，陈某文帮李某平看守发廊，李某流带领赵某盛、坝某才、“胖子”等人，李甲带领罗某生、杨甲等人，张某雄带领张甲、李乙等人。该组织在玉溪市红塔区、江川县、峨山县等地通过违法犯罪活动和其他手段获取经济利益，具有一定的经济实力。一是通过组织卖淫，并为卖淫女提供保护，获取经济利益。李某平、李某流、李甲在红塔区大常井分别经营一个美容美发厅组织妇女卖淫，所得收益作为组织成员的主要生活来源、平时活动的开支及购买作案工具的费用。该组织被摧毁时，共收缴管制刀具13把、钢管7根、黑火药5克、铜炮53颗、80KV防爆器一个。二是利用组织的强势地位，多次实施聚众斗殴、敲诈勒索、寻衅滋事、助威造势、帮人讨债等违法犯罪活动获取经济利益，作为组织成员平时生活的一部分经济来源。为扩大组织的知名度及获取经济利益，李某平组织李某流、李甲、陈某文、张某雄、赵某盛等人多次实施违法活动。

2008年6月12日，云南玉溪××有限公司和易门××有限公司在江川县江城镇清水沟矿山举行开工仪式，之前因采矿用地问题与当地村民发生矛盾，为防

① 参见云南省高级人民法院（2017）云刑再2号刑事附带民事判决书。

止村民阻挠开工仪式，公司决定叫保安处长罗甲邀约社会闲散人员300余人来助威造势。李某平受他人之邀，召集了李某流、李甲、张某雄、赵某盛、杨甲等10余人到矿山助威造势。当地村民100余人与前来造势的300余人形成对峙局面，在当地政府及公安民警的劝导下，事态得以平息，后李某平等人每人得100元人民币。

2008年2月16日，红塔区某镇某村某组推选组长，乔甲怕其父落选，遂组织他人邀约社会闲散人员100余人到村子里干扰推选。李某平、李某流受他人之邀，召集豆某兵、杨甲、李丙等人前往助威造势，干扰推选秩序，公安民警处警后，前来造势的人才离开现场，后李某平等人每人得100元人民币。

2009年7月21日21时许，峨山县某派出所在调查李某学与普某川互殴一案时，陈乙等人认为派出所不能公正处理，遂邀约社会闲散人员100余人前往派出所助威造势。李某平受他人之邀，遂组织李某流、陈某文、张某雄、赵某盛、李乙、杨甲、罗某生等人到派出所造势，后李某平等人每人得100元人民币。

2009年6月，史甲委托屈甲找人向杨丙讨要债务，屈甲找到李某平叫其安排两个人24小时看守杨丙，费用由杨丙付，李某平安排陈某文、杨乙看守了杨丙20余天。其间，杨丙共付给李某平、李某流7500元，并出具了一张10000元的借条给李某流，后李某平分给李某流1500元、陈某文1000元、杨乙2000元。

2009年6月30日，郑某祥在红塔区文化路某招待所玩扑克时与谢甲发生吵打，郑某祥将此事告知李某流，李某流又通知李甲、赵某盛，并打电话让李某平喊陈某文、张某雄赶到现场，后李某流、李甲、赵某盛等人持刀对谢甲、谢乙等人实施砍、打。事后，郑某祥、李某平等人以谢乙打到李某流及手机摔坏为由，向谢甲勒索现金30000元，谢甲迫于李某平等人的淫威，请李某平、李甲、陈某文、张某雄等人吃饭并道歉。

李某平等人的行为严重扰乱了当地正常的生产、生活、经济秩序，迫于该组织的势力，致使当地群众担心受到报复、伤害，不敢指控该组织的违法犯罪行为。

云南省玉溪市中级人民法院审理了玉溪市人民检察院指控被告人李某平、李某流、陈某文等22人犯组织、领导、参加黑社会性质组织罪一案，于2010年12月16日作出（2010）玉中刑初字第125号刑事附带民事判决，宣判后，李某平等人对判决不服，向云南省高级人民法院提出上诉。

李某平及辩护人认为其不构成组织、领导黑社会性质组织罪。现有证据不足以认定其进行违法犯罪活动，不符合关于黑社会性质组织的基本特征。

云南省人民检察院提出：原审判决认定的犯罪事实清楚，证据确实、充分，李某平构成组织、领导黑社会性质组织罪。

云南省高级人民法院认为，自2008年以来，李某平等人逐步形成以被告人李某平为领导者，被告人李某流、李甲、陈某文、张某雄、赵某盛为骨干，李乙、罗某生、杨甲、张甲、坝某才、“胖子”等人为一般成员的犯罪组织。该组织利用其强势地位，多次实施聚众斗殴、敲诈勒索、寻衅滋事、助威造势、帮人讨债等违法犯罪活动获取经济利益。如2008年2月16日，红塔区某镇某村某组推选组长，李某平、李某流受他人之邀，召集豆某兵、杨甲、李甲等人前往助威造势，干扰推选秩序。2008年6月12日，为防止村民阻挠其公司开工仪式，李某平受他人之邀召集了李某流、李甲、张某雄、赵某盛、杨甲等10余人到矿山助威造势。李某平等人的行为严重扰乱了当地正常的生产、生活、经济秩序，迫于该组织的势力，致使当地群众担心受到报复、伤害，不敢指控该组织的违法犯罪行为。综上，以上诉人李某平为首的犯罪组织已经具备黑社会性质组织的构成要件，构成组织、领导黑社会性质组织罪。上诉人及其辩护人提出的该上诉理由和辩护意见不能成立，本院不予采纳。维持云南省高级人民法院（2011）云高刑终字第217号刑事附带民事裁定和玉溪市中级人民法院（2010）玉中刑初字第125号刑事附带民事判决中对李某平、李某流等原审被告人的定罪量刑，即被告人李某平犯组织、领导黑社会性质组织罪，判处有期徒刑七年。

【评析】

暴力、威胁手段虽然是黑社会性质组织的实施违法犯罪活动的主要行为方式，但黑社会性质组织实施的违法犯罪活动还包括非暴力性的“其他手段”。非暴力的“其他手段”虽然暴力、威胁色彩不明显，但实际是以组织的势力、影响和犯罪能力为依托，以暴力、威胁的现实可能性为基础，足以使他人产生恐惧、恐慌进而形成心理强制或者足以影响、限制人身自由、危及人身财产安全或者影响正常生产、工作、生活的手段，属于《刑法》第294条第5款第3项中的“其他手段”，包括但不限于所谓的“谈判”“协商”“调解”以及滋扰、纠缠、哄闹、聚众造势等手段。因此，不管黑社会性质组织如何变换手法，其在实施违法犯罪活动时始终以暴力、威胁为基础，以干扰、破坏正常经济、社会生活秩序为目的。

本案中，以李某平为首的黑社会性质组织利用其强势地位，多次实施聚众斗殴、敲诈勒索、寻衅滋事、助威造势、帮人讨债等违法犯罪活动获取经济利益。其中有暴力、威胁手段，也有非暴力的其他手段。如助威造势，干扰推选秩序等行为虽然暴力、威胁色彩不明显，但实际是以组织的势力、影响和犯罪能力为依托，以暴力、威胁的现实可能性为基础，足以使他人产生恐惧、恐慌进而形成心理强制或者足以影响、限制人身自由、危及人身财产安全或者影响正常生产、工作、生活，严重扰乱当地正常的生产、生活、经济秩序。因此，以李某平为首的犯罪组织已经具备黑社会性质组织的构成要件，构成组织、领导黑社会性质组织罪。

第八节　黑社会性质组织实施的违法犯罪活动的认定标准

一、黑社会性质组织“有组织地多次进行违法犯罪活动，为非作恶，欺压、残害群众”的认定标准

黑社会性质组织为确立、维护、扩大组织的势力、影响、利益或者按照纪律规约、组织惯例多次实施违法犯罪活动，侵犯不特定多数人的人身权利、民主权利、财产权利，破坏经济秩序、社会秩序，有组织地多次进行违法犯罪活动，为非作恶，欺压、残害群众等是实现黑社会性质组织非法控制或重大影响的主要罪行，是维护黑社会性质组织生存、发展、壮大等根本利益的需要，是“组织意志”的当然体现。

黑社会性质组织作为犯罪集团的高级形态，其组织罪行的认定不同于普通共同犯罪的认定。共同犯罪以各行为人对具体罪行是否基于共同犯意所实施为认定标准，要求共犯之间必须事前或事中形成共同犯意。而黑社会性质组织是为实施犯罪活动而建立并以违法犯罪活动为常业，其形成及发展阶段一般有总体性、概括性的犯罪计划、目标，即“组织意志”。因此，违法犯罪活动通常是具有组织

性的。

另外，黑社会性质组织要实现对一定区域或行业的非法控制或形成重大影响，该组织除必须实施一些体现“组织意志”的有组织违法犯罪活动外，还要通过多次实施违法犯罪，即实施一定数量的具备多样性、公开性的违法犯罪行为，施以对人民群众的打压、对经济利益的掠夺、对职能部门的渗透、对合法秩序的破坏等，才能形成和巩固其非法控制者的地位，建立和维护非法秩序。否则，不可能实现非法控制。而实现非法控制过程中所必须的多次实施一定数量的为非作恶，欺压、残害群众的违法犯罪行为，恰恰是黑社会性质组织的行为特征的典型表现。

因此，黑社会性质组织为确立、维护、扩大组织的势力、影响、利益，有组织地多次侵犯不特定多数人的人身权利、民主权利、财产权利，破坏经济秩序、社会秩序，应当认定为“有组织地多次进行违法犯罪活动，为非作恶，欺压、残害群众”。

二、黑社会性质组织实施的违法犯罪活动的类型

（一）为该组织争夺势力范围、打击竞争对手、形成强势地位、谋取经济利益、树立非法权威、扩大非法影响、寻求非法保护、增强犯罪能力等实施的行为

黑社会性质组织为争夺势力范围，为抢夺市场打击竞争对手，为形成强势地位、谋取经济利益、树立非法权威、扩大非法影响，实施暴力、威胁或其他违法犯罪行为。通过贿赂、威胁等手段向国家工作人员寻求非法保护；采取向政权机关渗透，取得某种身份，获取非法保护等情形，寻求“保护伞”，增强组织的犯罪能力等行为，是实现黑社会性质组织非法控制或重大影响的主要行为，是维护黑社会性质组织生存、发展、壮大等根本利益的需要，应当认定为黑社会性质组织实施的违法犯罪活动。

（二）按照该组织的纪律规约、组织惯例实施的行为

纪律规约、组织惯例是认定黑社会性质组织时的重要参考依据。黑社会性质组织的纪律规约、组织惯例是黑社会性质组织总体性、概括性“组织意志”的外化形式，纪律规约、组织惯例等一般由组织者、领导者制定、确立或为其所认

可，并对全体组织成员有约束力，是“组织意志”的当然体现。只要行为人按照该组织的纪律规约、组织惯例实施行为，均可认定为合乎黑社会性质组织“组织意志”的行为，认定为黑社会性质组织实施的违法犯罪活动。按2015年《纪要》的规定，组织者、领导者明知组织成员曾多次实施起因、性质类似的违法犯罪活动，但并未明确予以禁止的，如果该类行为对扩大组织影响起到一定作用，可以视为按照组织惯例实施的违法犯罪活动。

（三）组织者、领导者直接组织、策划、指挥、参与实施的行为

组织者、领导者统领黑社会性质组织，其主观意志即代表了黑社会性质组织的“组织意志”。因此，组织者、领导者直接组织、策划、指挥、参与实施违法犯罪活动，直接体现了明确的“组织意志”，应认定为黑社会性质组织违法犯罪活动。

（四）由组织成员以组织名义实施或者多名组织成员为逞强争霸、插手纠纷、报复他人、替人行凶、非法敛财而共同实施，并得到组织者、领导者认可或者默许的行为

组织成员以“组织名义”实施或“多名组织成员”共同参与的违法犯罪活动，尚不足以认定为“组织意志”的体现。但是，上述行为如得到组织者、领导者的认可或者默许，即从“个体意志”上升为“组织意志”。至于组织者、领导者的认可或者默许，必须发生在事前、事中，而不能在事后。组织者、领导者对于违法犯罪活动仅是事后知情，且违法犯罪活动本不在组织者、领导者的确认、指示或组织规约、惯例范围之内，则组织者、领导者在行为发生时并无主观罪过，也没有体现出“组织意志”，不应要求组织者、领导者承担责任，也不能认定组织罪行。如果组织者、领导者在组织成员首次实施上述违法犯罪活动后，并不反对，甚至赞同、怂恿，此后又有组织成员实施该种违法犯罪活动的，组织者、领导者对此后的违法犯罪活动明显存在认可或默许。虽首次犯罪不认定为组织罪行，但此后罪行应当认定。因此，多名组织成员为逞强争霸、插手纠纷、报复他人、替人行凶、非法敛财而共同实施，只要得到组织者、领导者认可或者默许的行为，也是“组织意志”的体现，也认定为黑社会性质组织实施的违法犯罪行为。

本节相关依据

《刑法》第294条第5款；《办理黑社会性质组织犯罪案件座谈会纪要》；《全国部分法院审理黑社会性质组织犯罪案件工作座谈会纪要》。

典型案例评析

如何认定黑社会性质组织实施的违法犯罪活动
——刘某富等组织、领导、参加黑社会性质组织案①

【基本案情】

自2002年以来，被告人刘某富、巩某建通过发展组织成员，实施违法犯罪活动，逐渐形成了以其二人为组织者、领导者，以被告人王某开、李某广、杨甲、齐某山、杜某庆、黄某强、孙某飞与孙甲（另案处理）为骨干成员的相对稳定的黑社会性质组织。在组织内，被告人巩某建被组织成员尊称为“大哥”，一般情况都是被告人刘某富直接指挥被告人巩某建，被告人巩某建具体负责指挥该组织违法犯罪活动的实施并进行日常管理。被告人刘某富、巩某建为维护组织利益，强化组织纪律，逃避公安机关打击，对准备实施的违法犯罪活动，从不主动跟手下成员说明原因，同时也明确要求手下成员不准询问、打听。如杨乙被杀、“××名烟、名酒店”被放火、姜甲被故意伤害等多起案件，手下成员实施侵害时均不知原因。被告人巩某建还多次在不同场合特别强调不准出卖组织领导和其他成员，2008年4月12日以来，骨干成员王某开、孙某飞等相继被抓获，在初期被审讯过程中不能如实供述，而是隐瞒或者回避被告人巩某建、刘某富参与、指使的违法犯罪事实，就是害怕违反组织纪律。

为了组织的壮大发展，被告人刘某富、巩某建通过开办公司、实施违法犯罪活动等方式获取经济利益。被告人刘某富成立的临沂××铅业有限公司为了垄断铁沫市场和铅业市场，将与其生意有竞争的惠某远及其连襟姜甲殴打致伤，并将

① 参见山东省临沂市中级人民法院（2009）临刑一初字第39号刑事附带民事判决书。

××金属城多家运输金属的货车砸坏。巩某建挂靠多家建筑公司搞建筑，为了争揽工程活索要建筑款，获得经济利益，先后在某工地将魏甲殴打致伤、在河东区××花园小区将他人的奥拓车砸坏并实施放火等。两人将获得的经济利益部分投入组织内部的活动，仅被告人刘某富为组织提供资金就近40余万元，用于被告人巩某建安排组织成员的衣食住行，被告人巩某建用获得的经济利益积极筹备了车辆、猎枪、砍刀、消防斧、镐把、头套、太阳帽等装备和作案工具，用于本组织实施违法犯罪活动。

为维护组织利益，被告人刘某富、巩某建领导组织成员大肆进行故意杀人、抢劫、盗窃、放火、寻衅滋事、故意伤害、故意毁坏公私财物以及非法持有、私藏枪支、弹药，非法储存爆炸物，妨碍公务等违法犯罪活动，为非作恶，欺压、残害百姓。自该组织成立以来，在临沂市社会上横行霸道，疯狂作案53起，形成了称霸一方的黑恶势力。在某区某镇，被告人刘某富、巩某建犯罪组织多次采用暴力、威胁手段"摆平"影响自己利益的人和事，如张甲、刘乙货车被砸案，就是为了控制电瓶回收市场而实施的犯罪活动。被告人刘某富经常打完人后接着赔钱调解，认为有钱就可以"摆平"一切。如被告人刘某富驾驶轿车与王甲驾驶的车辆发生刮碰后，便通知被告人巩某建等人将王甲的妻子李丙及过路行人李丁、李戊殴打致轻微伤，并将王甲的车砸坏，后刘某富进行协调，一次性赔偿7万元，出面摆平此事。群众感觉被告人刘某富惹事不被处理是自然而然的事，认为其组织势力强大，社会地位显著，以至于受侵害不敢报案、不敢作证，即使作证也不敢如实客观反映事实，更不敢检举揭发该组织的犯罪事实。如侦查人员在找受害人陈甲调查取证时，其拒不承认被刘某富、巩某建组织殴打的事实，后经多次做思想工作，才陈述了被被告人刘某富等人侵害的前后经过。事实上，其不敢报案不愿站出来作证的心理正是源于对该组织势力的惧怕以及担心报案后打击不力而再次遭到该组织的报复。被告人刘某富、巩某建组织正是利用这样的"办事"方式，通过实施违法犯罪活动，残害被认为对自己不利的"对手"，将工厂铁沫、旧电瓶回收、炼铅生意、建筑工地控制在自己手中。

公诉机关认为，该组织通过上述违法犯罪活动，为非作恶，欺压、残害群众，严重破坏了当地人民群众、公司企业的正常生产、生活秩序，影响了经济发展和社会稳定。被告人刘某富、巩某建等人的行为已构成组织、领导黑社会性质组织罪。

被告人刘某富、巩某建及其辩护人均辩称，其行为不构成组织、领导黑社会性质组织罪，指控其实施违法犯罪活动，事实不清、证据不足，其行为不符合黑社会性质组织犯罪的构成要件，指控刘某富、巩某建等人犯组织、领导黑社会性质组织罪不能成立。

山东省临沂市中级人民法院认为，以被告人刘某富、巩某建为首的组织，结构比较紧密，人员众多，有明确的组织者、领导者，骨干成员基本固定；有一定的纪律约束；通过开办公司、打砸与其有竞争的人和车辆、实施其他违法犯罪活动等方式实施垄断经营，谋取巨额利润，为其成员发工资、购买枪支、砍刀、棍棒，大肆进行违法犯罪活动；垄断铁沫市场和铅业市场，称霸一方，逐渐形成非法控制，严重破坏了当地的经济、社会生活秩序。为维护组织利益，被告人刘某富、巩某建领导组织成员大肆进行故意杀人、抢劫、盗窃、放火、寻衅滋事、故意伤害、故意毁坏公私财物以及非法持有、私藏枪支、弹药，非法储存爆炸物，妨碍公务等违法犯罪活动，为非作恶，欺压、残害百姓。其行为符合《刑法》第294条规定的“黑社会性质的组织”的基本特征，分别构成组织、领导或参加黑社会性质组织罪。被告人刘某富犯组织、领导黑社会性质组织罪，判处有期徒刑七年；被告人巩某建犯组织、领导黑社会性质组织罪，判处有期徒刑七年。

【评析】

黑社会性质组织为确立、维护、扩大组织的势力、影响、利益或者按照纪律规约、组织惯例多次实施违法犯罪活动，侵犯不特定多数人的人身权利、民主权利、财产权利，破坏经济秩序、社会秩序，应当认定为“有组织地多次进行违法犯罪活动，为非作恶，欺压、残害群众”。组织者、领导者统领黑社会性质组织，其主观意志即代表了黑社会性质组织的“组织意志”。因此，组织者、领导者直接组织、策划、指挥、参与实施违法犯罪活动，直接体现了明确的“组织意志”，应认定为黑社会性质组织违法犯罪活动。

本案中，以刘某富、巩某建为首的黑社会性质组织，为确立、维护、扩大组织的势力、影响、利益，多次领导组织成员，组织、策划、指挥、参与实施故意杀人、抢劫、盗窃、放火、寻衅滋事、故意伤害、故意毁坏公私财物以及非法持有、私藏枪支、弹药，非法储存爆炸物，妨碍公务等违法犯罪活动，为非作恶，欺压、残害百姓，破坏经济秩序、社会秩序。其行为属于黑社会性质组织的违法犯罪行为，符合《刑法》第294条规定的“黑社会性质的组织”的基本特征，构成组织、领导、参加黑社会性质组织罪。

第九节　一定区域或者行业内形成非法控制或者重大影响的认定

鉴于黑社会性质组织非法控制和影响的“一定区域”的大小具有相对性，不能简单地要求“一定区域”必须达到某一特定的空间范围，而应当根据具体案情，并结合黑社会性质组织对经济、社会生活秩序的危害程度加以综合分析判断。

一、对黑社会性质组织非法控制和影响的“一定区域”和“一定行业”的认定

（一）对“一定区域”评判标准

“一定区域”是指一定的地区范围，承载一定的社会功能。既包括一定数量的自然人共同居住、生活的区域，如乡镇、街道、较大的村庄等，也包括承载一定生产、经营或社会公共服务功能的区域，如矿山、工地、市场、车站、码头等。对此，应当结合一定地域范围内的人口数量、流量、经济规模等因素综合评判。如果涉案犯罪组织的控制和影响仅存在于一座酒店、一处娱乐会所等空间范围有限的场所或者人口数量、流量、经济规模较小的其他区域，则一般不能视为对“一定区域”的控制和影响。根据2009年《纪要》、2015年《纪要》及《指导意见》的规定及精神，在理解一定区域时需注意，区域的大小具有相对性，且黑社会性质组织非法控制和影响的对象并不是区域本身，而是在一定区域中生活的人，以及该区域内的经济、社会生活秩序。因此，不能简单地要求“一定区域”必须达到某一特定的空间范围，而应当根据具体案情，并结合黑社会性质组织对经济、社会生活秩序的危害程度加以综合判断分析。并且，考虑到不同区域的经济发展、社会环境、资源及人口分布等存在的客观差距，不能机械地以特定

的空间范围作为确定危害区域的绝对标准。在判断“一定区域”时，应结合黑社会性质组织犯罪的社会危害情况，以对人民群众合法权益、经济社会生活秩序的侵害范围为基准，确定危害的范围。

（二）对“一定行业”的评判标准

“一定行业”是指黑社会性质组织控制和影响的行业。2009 年《纪要》规定，黑社会性质组织所控制和影响的行业，既包括合法行业，也包括黄、赌、毒等非法行业。这些行业一般涉及生产、流通、交换、消费等一个或多个市场环节。但其并未明确这些行业是否属于同类行业。2015 年《纪要》规定，黑社会性质组织所控制和影响的“一定行业”是指在一定区域内存在的“同类”生产、经营活动。对一定行业的范围进行了限制。《指导意见》对于“一定行业”未作具体规定，因此，根据 2015 年《纪要》所规定的“一定行业”，即在一定区域内存在的“同类”生产、经营活动。①

二、“在一定区域或者行业内，形成非法控制或者重大影响，严重破坏经济、社会生活秩序”的认定标准

（一）对非法控制和重大影响的理解

“非法控制”与“重大影响”在社会危害程度上具有相当性。根据《刑法》条文及立法解释的规定，“非法控制”与“重大影响”表现为：一是直接对抗公权力，即通过实施违法犯罪活动，扰乱合法秩序，并由此建立非法秩序。黑社会性质组织所控制和影响的行业，既包括合法行业，也包括黄、赌、毒等非法行业，且一般应与市场经济活动直接相关，涉及生产、流通、交换、消费等一个或多个市场环节。黑社会性质组织实施违法犯罪活动，使行业内从事生产、经营人员的合法利益受到损害而不敢举报、控告，或者对行业的准入、生产、经营、竞争等经济活动形成重要影响甚至垄断等，从而形成非法控制或者重大影响。黑社会性质组织在一定行业或区域形成非法控制或重大影响后，不仅是在个案中“打

---

① 周光权：《黑社会性质组织非法控制特征的认定——黑社会性质组织与恶势力团伙的区分》，载《中国刑事法杂志》2018 年第 3 期。

打杀杀”，而且妄图代行社会公共管理职权，危及社会的整体稳定。二是间接对抗公权利，即在公然对抗政府管制力的同时，对职能部门进行渗透，通过贿买、威胁等手段，引诱、逼迫国家工作人员参加黑社会性质组织犯罪活动，或为其提供非法保护，从而削弱政府的合法控制。并且，随着黑社会性质组织经济实力的进一步增强，对国家工作人员的腐蚀也不断加剧。有些黑社会性质组织成员不择手段捞取“红帽子”，涂抹“保护色”；有些黑社会性质组织成员还直接掌控村委会、居委会等基层组织，甚至改变以往寻找“保护伞”进行庇护的方式，直接渗透进入国家机关掌握行政权力，形成非法控制或重大影响。①

（二）利用国家工作人员的包庇或者不依法履行职责，放纵黑社会性质组织进行违法犯罪活动的行为，称霸一方，并存在《指导意见》规定的情形之一的，即可认定

一般情况下，犯罪分子要在一定区域或者行业内，形成非法控制或者重大影响，如果没有国家机关工作人员包庇或者纵容是难以实现的。但也不排除尚未取得国家机关工作人员的包庇或者纵容，通过有组织地实施犯罪活动形成黑社会性质组织的情形。《指导意见》列举了八种黑社会性质组织通过实施违法犯罪活动或者利用国家工作人员的包庇或者不依法履行职责，放纵黑社会性质组织进行违法犯罪活动的行为，称霸一方，在一定区域或者行业内，形成非法控制或者重大影响，严重破坏经济、社会生活秩序的情形。包括：（1）致使在一定区域内生活或者在一定行业内从事生产、经营的多名群众，合法利益遭受犯罪或严重违法活动侵害后，不敢通过正当途径举报、控告的；（2）对一定行业的生产、经营形成垄断，或者对涉及一定行业的准入、经营、竞争等经济活动形成重要影响的；（3）插手民间纠纷、经济纠纷，在相关区域或者行业内造成严重影响的；（4）干扰、破坏他人正常生产、经营、生活，并在相关区域或者行业内造成严重影响的；（5）干扰、破坏公司、企业、事业单位及社会团体的正常生产、经营、工作秩序，在相关区域、行业内造成严重影响，或者致使其不能正常生产、经营、工作的；（6）多次干扰、破坏党和国家机关、行业管理部门以及村委会、

---

① 钟晋：《我对扫黑除恶专项斗争的一些认识》，载法律读库，https：//chuansongme. com/account/lawraders，2018 年 2 月 2 日，最后访问时间：2019 年 3 月 15 日。

居委会等基层群众自治组织的工作秩序，或者致使上述单位、组织的职能不能正常行使的；（7）利用组织的势力、影响，帮助组织成员或他人获取政治地位，或者在党政机关、基层群众自治组织中担任一定职务的；（8）其他形成非法控制或者重大影响，严重破坏经济、社会生活秩序的情形。即一方面是对人民群众生活、经济社会秩序的侵害。主要表现为欺压、残害群众形成心理强制、威慑。垄断一定行业生产经营，干扰、破坏正常生产、经营、工作、生活秩序，干预行业准入、经营、竞争等经济活动，造成重大影响等。另一方面是削弱国家管制力、对抗行政执法权、破坏社会管理秩序从而危及政府职权的正常行使的程度。主要表现为插手民间纠纷、经济纠纷，造成严重影响；多次干扰、破坏国家机关及基层组织工作秩序，使其职能不能正常行使；利用组织势力、影响，渗透到党政机关、基层群众自治组织中担任一定职务或者获取其他政治地位等。

需注意的是，黑社会性质组织“保护伞”的形成需要一个过程，有的黑社会性质组织已成熟壮大，通过贿赂、威胁等手段，拉拢腐蚀干部，建立起了密集的“关系网”和“保护伞”；有的黑社会性质组织正处于发展时期，尚未寻求到“保护伞”；有的黑社会性质组织的头目、骨干成员骗取了荣誉和称号，本身具有人大代表、政协委员、优秀企业家等“光环”作为“保护色”，客观上形成自我保护。因此，“保护伞”特征不是认定黑社会性质组织的必要条件，但绝不能因“保护伞”不是黑社会性质组织的必备要件便放松对“保护伞”的打击。①

针对《指导意见》的第11条，主要作以下分析：

1. “致使合法利益受损的群众不敢举报、控告的”，即致使一定区域内生活或者在一定行业内从事生产、经营的多名群众的合法利益遭受犯罪或者严重违法活动侵害而不敢通过控告举报等正当途径维护权益。

2. “形成垄断”是指操控、左右、决定与一定行业相关的准入、退出、经营、竞争等经济活动。

3. “形成重要影响”是指对与一定行业相关的准入、退出、经营、竞争等经济活动具有较大的干预和影响能力，或者具有在该行业内占有较大市场份额，

---

① 谢晋：《黑社会性质组织犯罪“四个特征”的认定问题综述——2000～2018年“扫黑”有关司法解释和规范性文件的梳理》，http://www.sohu.com/a/283686902_120032. 2018年12月7日，最后访问时间：2019年3月15日。

通过违法犯罪活动或以其他不正当手段在该行业内敛财数额巨大，给该行业内从事生产、经营活动的其他单位、组织、个人造成较大的直接经济损失等情节。

4. “造成严重影响”是指插手民间纠纷、经济纠纷；干扰、破坏他人正常生产、经营、生活；干扰、破坏公司、企业、事业单位及社会团体的正常生产、经营、工作秩序，在相关区域、行业内造成严重影响，或者致使其不能正常生产、经营、工作的情形。

5. “多次干扰、破坏国家机关、行业管理部门以及村委会、居委会等基层群众自治组织的工作秩序”，即指以拉拢、收买、威胁等手段多次得到国家机关工作人员包庇或纵容，或者多次对前述单位、组织中正常履行职务的工作人员进行打击、报复等情形，致使上述单位、组织的职能不能正常行使的。

6. “获取政治地位”是指利用组织的势力、影响，帮助组织成员或他人当选各级人大代表、政协委员，获取政治地位。“担任一定职务”，是指在各级党政机关及其职能部门、基层群众自治组织中担任具有组织、领导、监督、管理职权的职务。

本节相关依据

《刑法》第294条第5款；《办理黑社会性质组织犯罪案件座谈会纪要》；《全国部分法院审理黑社会性质组织犯罪案件工作座谈会纪要》。

典型案例评析

如何认定黑社会性质组织在一定区域或者行业内，形成非法控制或重大影响，严重破坏经济、社会生活秩序

——李某胜等组织、领导、参加黑社会性质组织案①

【基本案情】

2006年左右至2013年4月期间，被告人李某胜先后吸纳何某瑜、张某泽等

① 参见甘肃省兰州市中级人民法院（2014）兰刑一初字第107号刑事判决书。

社会闲散人员为麾下成员，通过长期在永登县城及周边开设赌场，强行向县城各茶府、KTV 等娱乐场所销售啤酒、茶叶等方式聚敛钱财，攫取的经济利益主要用于该组织生存、发展。为了便于组织行动、更好地控制手下成员，笼络人心，李某胜、何某瑜、张某泽均租有房屋供组织成员聚集并不定期组织聚会，将部分非法收入用于该组织购买作案工具，为成员发放工资、生活费、购置衣物、为受伤的成员承担医药费以及为逃避司法机关打击而支出“跑路费”等费用。该组织以暴力、威胁或其他手段，有组织地多次进行违法犯罪活动，逞强斗狠，为非作恶，逐渐坐大成势。

该组织通过开设赌场，放高利贷、抽头渔利以及采用威胁、滋扰等手段强迫交易，欺行霸市，称霸一方，从中聚敛钱财获取经济利益，如 2008 年至 2012 年 12 月间，被告人李某胜单独及伙同他人，在永登县城关镇“××大厦”“××大酒店”“×KTV”“××酒楼”“兆×小区”“华×小区”城关镇及中堡镇部分农户家中等处长期开设赌场，组织多人聚众赌博数十场（次），赌资巨大。其间，李某胜通过安排龙某水、何某瑜、张某泽、徐甲等人在赌场内向参赌人员放高利贷及抽头渔利等方式，非法获利近百万元。2012 年 8 月至 2012 年 10 月期间，被告人李某胜以收取保护费为名，先后四次向经营棋牌室的何甲敲诈勒索现金 33000 元。2011 年 3 月至 2013 年 4 月间，被告人何某瑜带领徐某红、何某伟、刘甲、王某凯、张某平及杨甲、翟甲、韩甲、胡甲（四人另案处理）等人，以驱赶客人、打砸物品、寻衅滋事、骚扰等手段，强行向永登县某镇“豹×KTV”“茶××茶府”“歌×KTV”“××人家”餐厅等数十家经营场所长期销售茶叶、啤酒。

该犯罪组织及组织成员实施的多次寻衅滋事犯罪，共致 6 人重伤，5 人轻伤，3 人轻微伤，另有多名被害人被殴打致伤，由于种种原因放弃伤情鉴定。如 2013 年 1 月某晚 21 时许，被告人张某泽得知“干妹”陈甲被打后，带领被告人王某云等人前往永登县城关镇“万×KTV”报复。张某泽在质问被害人马乙过程中与马乙发生争执，王某云遂持玻璃茶壶将马乙头部打伤。经鉴定马乙右顶叶脑挫裂伤，属重伤。2012 年 4 月某晚 22 时许，被告人何某瑜为迫使位于永登县城关镇“豹×KTV”使用其经销的啤酒，带领被告人徐某红、何某伟、周某基、张某平、王某凯及胡甲、杨甲（均另案处理）等人，对该 KTV 经营者马甲拳打脚踢殴打，并将一包厢内电视机、点歌机、茶几砸毁。经鉴定被毁物品价值5255元。

公诉机关认为，该组织在永登县城所谓“混社会”和“赌博”圈子，以及茶府、KTV等娱乐场所形成重大影响和一定控制，给群众造成心理强制，严重破坏了当地的经济和社会生活秩序。李某胜、何某瑜、张某泽等人的行为依法构成组织、领导或参加黑社会性质组织罪。

被告人李某胜、何某瑜、张某泽等人均辩称，其行为不构成组织、领导或参加黑社会性质组织罪；各辩护人均提出在影响上，该团伙不存在“保护伞”，且无充分证据证明其对永登当地一定区域、行业等娱乐场所形成非法控制或重大影响，不符合黑社会性质组织犯罪的构成要件，该项指控不能成立。

兰州市中级人民法院认为，2006年10月至2013年4月案发，在永登县城逐渐形成以被告人李某胜为首，以被告人何某瑜、张某泽为骨干，以被告人王某云、何某伟、李某海、马某亮、杨某乾、童某盛、保某祖、徐甲、徐某红、何某伟、王某凯、龙某水等为成员的犯罪组织。该组织人数较多，骨干成员基本固定，有明确的组织者和领导者，为争夺势力范围，确立强势地位，长期以来在李某胜、何某瑜、张某泽的指挥下，该组织多次进行故意伤害、非法拘禁、敲诈勒索、毁坏财物等有组织的违法犯罪活动，致伤群众多人；被告人李某胜等人还开设赌场，放高利贷、抽头渔利，该组织成员何某瑜等人还采用威胁、滋扰等手段强迫交易，欺行霸市，称霸一方，从中聚敛钱财获取经济利益，在当地形成非法控制并造成重大影响；该组织通过其暴力、威胁、滋扰或其他违法犯罪活动，在永登县城的势力范围内，对当地人民群众造成心理强制，形成重大社会影响，使群众的安全感下降，直接威胁到当地人民群众的人身、财产安全，严重破坏了当地正常的经济秩序、社会秩序和生活秩序，其行为符合《刑法》第294条规定的“黑社会性质的组织”的基本特征，分别构成组织、领导或参加黑社会性质组织罪。被告人李某胜犯组织、领导黑社会性质组织罪，判处有期徒刑八年，没收个人财产三万元；被告人何某瑜犯组织、领导黑社会性质组织罪，判处有期徒刑七年，没收个人财产三万元；被告人张某泽犯组织、领导黑社会性质组织罪，判处有期徒刑七年，没收个人财产三万元。

【评析】

黑社会性质组织通过实施违法犯罪活动致使在一定区域内生活或者在一定行

业内从事生产、经营的群众合法利益遭受犯罪或严重违法活动侵害后，不敢通过正当途径举报、控告的；对一定行业的生产、经营形成垄断，或者对涉及一定行业的准入、经营、竞争等经济活动形成重要影响的；干扰、破坏他人正常生产、经营、生活，并在相关区域或者行业内造成严重影响的，可认定为“在一定区域或者行业内，形成非法控制或者重大影响，严重破坏经济、社会生活秩序”。符合黑社会性质组织犯罪的有关特征。

以李某胜为首的黑社会性质组织，为争夺势力范围，确立强势地位，长期多次进行故意伤害、非法拘禁、敲诈勒索、毁坏财物等有组织的违法犯罪活动，致伤群众多人；开设赌场，放高利贷、抽头渔利，采用威胁、滋扰等手段强迫交易，欺行霸市，称霸一方，从中聚敛钱财获取经济利益，在当地形成非法控制并造成重大影响；该组织通过其暴力、威胁、滋扰或其他违法犯罪活动，在永登县城的势力范围内，对当地人民群众造成心理强制，形成重大社会影响，使群众的安全感下降，直接威胁到当地人民群众的人身、财产安全，严重破坏了当地正常的经济秩序、社会秩序和生活秩序，其行为符合《刑法》第294条规定的“黑社会性质的组织”的基本特征，李某胜等人构成组织、领导、参加黑社会性质组织罪。

第十节　黑社会性质组织犯罪相关刑罚的适用

一、黑社会性质组织犯罪的刑罚适用要点

（一）对严重破坏社会秩序的黑社会性质组织的犯罪分子，可附加剥夺政治权利

《指导意见》第12条第1款规定：“对于组织者、领导者和因犯参加黑社会性质组织罪被判处五年以上有期徒刑的积极参加者，可根据《刑法》第五十六条第一款的规定适用附加剥夺政治权利。对于符合《刑法》第三十七条之一规定的组织成员，应当依法禁止其从事相关职业。符合《刑法》第六十六条规定的组织成员，应当认定为累犯，依法从重处罚。”

剥夺政治权利是剥夺犯罪分子参加国家管理和政治活动权利的刑罚方法。主要剥夺犯罪分子的选举权和被选举权以及言论、出版、集会、结社、游行、示威自由等的权利。根据《刑法》第56条第1款规定，对于组织者、领导者和因犯参加黑社会性质组织罪被判处五年以上有期徒刑的积极参加者，其主观恶性较深，犯罪情节恶劣，罪行严重，对社会秩序造成严重破坏，可适用附加剥夺政治权利。

（二）根据犯罪情况或者预防再犯罪的需要，对符合条件的黑社会性质组织的犯罪分子予以职业禁止

《刑法》第37条之一主要是关于职业禁止的规定。职业禁止，是指人民法院对于利用职业便利实施犯罪，或实施违背职业要求的特定义务的犯罪被判刑罚的犯罪分子，根据其犯罪情况和预防再犯罪的需要，禁止其自刑罚完毕之日或假释之日起3年至5年内从事相关职业的一种非刑罚处理方法。

被禁止从事相关职业的人违反人民法院依照前款规定作出的决定的，由公安机关依法给予处罚；情节严重的，依照《刑法》第313条规定的拒不执行判决、裁定罪定罪处罚。其他法律、行政法规对其从事相关职业另有禁止或者限制性规定的，从其规定。

对于符合上述规定的黑社会性质组织成员，应当根据其犯罪情况和预防再犯罪的需要，适用职业禁止。

二、对属于特别累犯的黑社会性质组织的犯罪分子要依法从重处罚

《刑法》第66条规定："危害国家安全犯罪、恐怖活动犯罪、黑社会性质的组织犯罪的犯罪分子，在刑罚执行完毕或者赦免以后，在任何时候再犯上述任一类罪的，都以累犯论处。"这是《刑法》关于累犯的规定。而且相对于一般累犯而言，这一类累犯被称为特别累犯。特别累犯的成立需要具备以下条件：前罪和后罪都是危害国家安全罪或恐怖活动犯罪、黑社会性质的组织犯罪。前罪和后罪都必须是危害国家安全犯罪、恐怖活动犯罪、黑社会性质的组织犯罪其中之一的犯罪。如果前后罪都不是上述任一类，则不能构成特别累犯，但不影响成立一般累犯；前罪被判处的刑罚和后罪应当判处的刑罚种类及轻重不受限制；后罪发生

的时间不受限制，但必须是在前罪执行完毕或者赦免之后。对于累犯，我国《刑法》规定，应当从重处罚。

符合上述规定的黑社会性质组织成员，应当认定为累犯，依法从重处罚。

实践中受过刑事处罚的犯罪分子，大多能改恶从善，重新做人，重返社会成为一个守法公民，但也有少数受过刑事处罚的犯罪分子仍不思悔改，在刑罚执行完毕或赦免后再次实施犯罪，严重危害社会。为严厉惩处这类犯罪分子，《刑法》中设立了对累犯从重处罚的制度。

三、对因有组织的暴力性犯罪被判处死刑缓期执行的黑社会性质组织的犯罪分子可依法予以限制减刑

《指导意见》第12条第2款规定："对于因有组织的暴力性犯罪被判处死刑缓期执行的黑社会性质组织犯罪分子，可以根据《刑法》第五十条第二款的规定同时决定对其限制减刑。对于因有组织的暴力性犯罪被判处十年以上有期徒刑、无期徒刑的黑社会性质组织犯罪分子，应当根据《刑法》第八十一条第二款规定，不得假释。"

减刑是指对于被判处管制、拘役、有期徒刑和无期徒刑的犯罪分子，因其在刑罚执行期间，认真遵守监规，接受教育改造，确有悔改或者立功表现，因而将其原判刑罚予以适当减轻的一种刑罚执行制度。减刑制度对鼓励犯罪分子加速改造，化消极因素为积极因素，实现刑罚目的具有积极意义。刑罚的目的是教育改造罪犯，预防犯罪，对于一些主观恶性深，人身危险性大，罪行极其严重，犯罪性质、情节恶劣的犯罪分子，需要相当长时间的监禁，以便能够充分矫治、消除其主观恶性和再次犯罪的危险，因此《刑法》第50条第2款规定，对于有组织的暴力性犯罪被判处死刑缓期执行的黑社会性质组织犯罪分子，符合《刑法》相关规定的，人民法院可以根据犯罪情节、人身危险性等情况，在作出裁判的同时决定对其限制减刑。

四、对因有组织的暴力性犯罪被判处十年以上有期徒刑、无期徒刑的黑社会性质组织的犯罪分子应依法予以不得假释

假释是指是对被判处有期徒刑、无期徒刑的犯罪分子，在执行一定刑期之

后，因其认真遵守监规，接受教育改造，确有悔改表现，没有再犯罪的危险，而附条件地将其提前释放，在假释考验期内如不出现法定情形，就认为原判刑罚已经执行完毕的制度。假释和减刑都是刑罚的执行制度，对鼓励犯罪分子加速改造，化消极因素为积极因素，实现刑罚目的具有积极意义。刑罚的目的是教育改造罪犯，预防犯罪，对于一些主观恶性深，人身危险性大，罪行极其严重，犯罪性质、情节恶劣的黑社会性质组织的犯罪分子，实施有组织的暴力性犯罪被判处十年以上有期徒刑、无期徒刑的，依照《刑法》第81条第2款的规定不得假释。有组织的暴力性犯罪被判处十年以上有期徒刑、无期徒刑的犯罪分子，不仅其犯罪性质和对社会造成的危害均很严重，而且其采用攻击性很强或危害性很大的方法实施严重犯罪的事实，足以表明其主观恶性和人身危险性都很大，如果对其实行假释而提前释放到社会，仍有发生侵犯社会的危险。对这些犯罪分子，需要相当长时间的监禁，以便能够充分矫治、消除其主观恶性和再次犯罪的危险，因此《刑法》规定对这类犯罪分子不得假释。

本节相关依据

《刑法》第37条之一、第50条第2款、第56条第1款、第66条、第81条第2款、第313条。

典型案例评析

如何适用剥夺政治权利

——穆甲等组织、领导、参加黑社会性质组织案①

【基本案情】

穆甲自2015年年初非法成立万融××、鸿××、鸿业××等多家小额贷款公司，并先后网罗被告人王甲、邢某石、杨某发、王某芳、孙甲、李某瑞等人，形成以穆甲为首的较稳定的犯罪组织。组织内设“业务部”“风控部”“催收

① 参见天津市红桥区人民法院（2017）津0106刑初339号刑事判决书。

部”，分别负责寻找被害人、对贷款客户的资质进行审核以及以暴力、威胁等非法手段催收债务。

该组织为获取非法经济利益，通过“肆意认定违约”“虚增债务”“转单平账”“签订虚假借款协议”等方式，以暴力、威胁等手段有组织地进行10起抢劫、9起敲诈勒索等犯罪活动。如2015年6月，被害人安某炜向穆甲经营的公司借款人民币15万元（以下币种均为人民币），因安某炜逾期一天还款，穆甲、邢某石强迫安某炜写下65万元的欠条。同年7月4日，安某炜还款20万元。同年11月17日9时许，穆甲为强行索债，指使邢某石、张甲、李甲等人对安某炜进行人身控制，邢某石、李甲等人对安某炜进行殴打，穆甲持刀以挑断手筋进行威胁。被害人家属被迫交付一套红木家具及20万元现金。

2016年6月5日，被害人马某鉴向穆甲经营的公司借款1.59万元。同年8月25日，马某鉴欲提前还款，王甲以马某鉴违约为由，指使他人对其进行人身控制，穆甲、王某芳、杨某发、李某龙、于某文、许某华、孙甲、陈甲等人共同对马某鉴进行殴打、威胁，强迫马某鉴签订10万元的虚假借款协议，并当场劫取马某鉴随身携带的现金1.7万元，又向马某鉴母亲强行索取8.3万元。2016年9月9日，被害人王乙向穆甲的公司借款，王某军促成签订借款合同，韩甲、任甲下户核查。此后穆甲以王乙骗贷为由，指使李某瑞、李某龙等人对王乙进行殴打、威胁、恐吓，后强行借给王乙25万元。同年9月18日，穆甲以王乙提前还款构成违约为由，与王甲预谋通过暴力迫使王乙抵押房产，并指使韩甲、孙甲、李某瑞对王乙进行殴打、恐吓。后王甲假称将王乙债务转单给其他清账公司，杨某发、于某文、许某华、陈甲、卢甲等人将王乙挟持并威胁、殴打，向王乙强行索取房产证。之后穆甲来到租房处，假借帮王乙筹款的名义，将王乙接走。同年9月18日至21日间，穆甲、邢某石、韩某、王某芳、孙甲、庞甲、姚某龙等人对王乙持续进行人身控制。其间，强行将王乙农业银行账户内5万元转至王某芳银行账户。同年9月22日，穆甲、庞甲、彭某龙（在逃）等人持续对王乙实施人身控制，并将王乙房产抵押给广×投资有限公司，将抵押房产所得97万元转至穆甲控制的银行账户内。此外，该组织非法持有枪支，帮助毁灭证据，造成恶劣的社会影响，严重破坏经济、社会生活秩序。

公诉机关认为，被告人穆甲组织、领导黑社会性质组织，被告人邢某石、杨某发、王甲、李某瑞、王某芳、孙甲、任甲、于某文等积极参加黑社会性质组织。

天津市红桥区人民法院认为，被告人穆甲自2015年年初非法成立万融××、鸿××、鸿业××等多家小额贷款公司，并先后网罗被告人王甲、邢某石、杨某发、王某芳、孙甲、李某瑞等人，形成以穆甲为首的较稳定的犯罪组织。组织为获取非法经济利益，通过“肆意认定违约”“虚增债务”“转单平账”“签订虚假借款协议”等方式，以暴力、威胁等手段有组织地进行多起抢劫、敲诈勒索等犯罪活动，并非法持有枪支，造成恶劣的社会影响，严重破坏经济、社会生活秩序。穆甲犯组织、领导黑社会性质组织罪，判处有期徒刑十年，剥夺政治权利三年，并处没收个人全部财产。被告人邢某石、杨某发、王甲、王某芳、孙甲、李某瑞、任甲、于某文为积极参加者，分别判处邢某石犯参加黑社会性质组织罪，判处有期徒刑五年，剥夺政治权利一年，并处罚金五万元；被告人杨某发犯参加黑社会性质组织罪，判处有期徒刑六年，剥夺政治权利二年，并处罚金八万元；被告人王甲犯参加黑社会性质组织罪，判处有期徒刑七年，剥夺政治权利二年，并处罚金八万元；被告人王某芳犯参加黑社会性质组织罪，判处有期徒刑六年，剥夺政治权利二年，并处罚金八万元；被告人孙甲犯参加黑社会性质组织罪，判处有期徒刑五年，剥夺政治权利一年，并处罚金五万元；被告人李某瑞犯参加黑社会性质组织罪，判处有期徒刑四年六个月，并处罚金五万元；被告人任甲犯参加黑社会性质组织罪，判处有期徒刑五年，剥夺政治权利一年，并处罚金五万元；被告人于某文犯参加黑社会性质组织罪，判处有期徒刑四年，并处罚金五万元。

【评析】

剥夺政治权利是剥夺犯罪分子参加国家管理和政治活动权利的刑罚方法。对于组织者、领导者和因犯参加黑社会性质组织罪被判处五年以上有期徒刑的积极参加者，其主观恶性较深，犯罪情节恶劣，罪行严重，对社会秩序造成严重破坏，符合《刑法》第56条第1款规定的，可以适用附加剥夺政治权利。

以穆甲为首的黑社会性质组织为获取非法经济利益，通过肆意认定违约：虚增债务、转单平账、签订虚假借款协议等方式，以暴力、威胁等手段有组织地进行多起抢劫、敲诈勒索等犯罪活动，并非法持有枪支，造成恶劣的社会影响，严重破坏经济、社会生活秩序。因此法院对于组织者、领导者穆甲和参加黑社会性质组织罪被判处五年以上有期徒刑的积极参加者邢某石等人，因主观恶性较深，犯罪情节恶劣，罪行严重，对社会秩序造成严重破坏，根据《刑法》的规定适用附加剥夺政治权利。

第十一节　黑社会性质组织犯罪财产刑的适用

黑社会性质组织犯罪案件中甄别涉案财产来源、性质的难度极大，仅靠追缴、没收违法所得和犯罪工具不足以彻底摧毁黑社会性质组织的经济基础。因此，应当充分运用现有法律规定加大惩治力度。但对于组织者、领导者和部分积极参与者并处没收个人全部财产的前提条件有较为严格的限定，并非可以随意适用，应符合罪刑法定和罪责刑相一致的基本原则。

一、对于组织者、领导者一般应当并处没收个人全部财产，对于确属骨干成员或者为该组织转移、隐匿资产的积极参加者，可以并处没收个人全部财产

没收财产是将犯罪分子个人所有财产的一部分或全部强制无偿收归国有的刑罚方法。没收财产时既可以没收金钱，也可以没收其他财物。犯罪分子个人所有财产，是指犯罪分子实际所有的一切财产以及在家庭共有财产中应得财产。没收全部财产的，应当对犯罪分子个人及其扶养的家属保留必需的生活费用。在判处没收财产的时候，不得没收属于犯罪分子家属所有或者应有的财产。家属所有的财产，是指犯罪分子家属实际所有的财产。所谓家属应有的财产，是指家庭共有财产中犯罪分子家属应分得的财产。

因此，对黑社会性质组织的组织者、领导者，由于是犯罪集团的首要分子，罪行恶劣，严重破坏社会秩序，应当并处没收个人全部财产。而对于确属黑社会性质组织的骨干成员或者为该组织转移、隐匿资产的积极参加者，根据其具体的犯罪性质、情节及在黑社会性质组织犯罪中所处的地位、所起的作用来决定是否并处没收个人全部财产。不论是组织者、领导者还是骨干分子及为该组织转移、

隐匿资产的积极参加者，一旦附加没收全部财产，都应当对犯罪分子个人及其扶养的家属保留必需的生活费用，不得没收属于犯罪分子家属所有或者应有的财产。这是人道主义的要求，也是维护社会稳定的需要。①

二、对于其他组织成员，应当根据所参与实施违法犯罪活动的次数、性质、地位、作用、违法所得数额以及造成损失的数额等情节，依法决定财产刑的适用

我国《刑法》中的财产刑主要包括没收财产和罚金。对犯罪分子适用财产刑，既可以剥夺犯罪分子继续犯罪的经济条件，也能对犯罪分子起到惩罚和教育的作用，从而预防犯罪分子再次实施犯罪。

没收财产是将犯罪分子个人所有财产的一部分或全部强制无偿收归国有的刑罚方法。仍需注意，没收犯罪分子全部财产的，应当对犯罪分子个人及其扶养的家属保留必需的生活费用。在判处没收财产的时候，不得没收属于犯罪分子家属所有或者应有的财产。

罚金是人民法院判处犯罪分子向国家交纳一定数额金钱的刑罚方法。

对于黑社会性质组织的其他成员，应当根据其所参与实施的违法犯罪活动的次数、性质，在有组织犯罪中所处的地位、所起的作用及违法所得数额以及造成损失的数额等情节，依法决定适用没收财产或罚金。

根据《指导意见》第13条中关于黑社会性质组织犯罪的财产刑适用的规定，即组织者、领导者是“应当”没收个人全部财产。而对于骨干成员以及为组织转移、隐匿资产的积极参加者则是“可以”没收个人全部财产。而对于其他组织成员则根据其在黑社会性质组织中的作用、地位等因素来决定是否适用财产刑，较好地体现和实践了宽严相济的刑事司法政策。

本节相关依据

《刑法》第59条、第60条；《最高人民法院关于审理黑社会性质组织犯罪的案件具体应用法律若干问题的解释》第7条。

---

① 高铭暄、马克昌：《刑法学》，北京大学出版社2019年版，第246页。

典型案例评析

如何适用财产刑

——连某胜等组织、领导、参加黑社会性质组织案[①]

【基本案情】

2006年以来，被告人连某胜纠集被告人郭某勇、肖某毛、郭某齐、章某飞、郭某军、王某平等人采取暴力、威胁、恐吓等手段，打压、排挤竞争对手，强迫他人转让砂场；逼迫他人提前终止经营和转让宅基地，非法控制孝感市孝南区肖港镇河砂开采行业和房地产行业，通过上述手段大肆聚敛钱财，为组织成员的犯罪活动提供资助，形成了以被告人连某胜为组织者、领导者，被告人郭某勇、肖某毛为积极参加者，被告人郭某齐、章某飞、郭某军、王某平等人为参加者的黑社会性质组织。

被告人连某胜是该组织的组织者、领导者，在该组织中处于绝对领导地位，该组织的违法犯罪活动均由被告人连某胜指使。在被告人连某胜的统一指挥下，由被告人郭某勇伙同被告人郭某齐、王某平及卢甲、卢乙、吴甲、黄乙、李甲、潘某刚等其他参加者具体实施寻衅滋事、敲诈勒索、强迫交易等违法犯罪活动；被告人肖某毛在被告人连某胜的指挥下，伙同被告人郭某军、章某飞等人参与上述犯罪活动，并在现场负责监督、协调，以便被告人连某胜即时调配被告人郭某勇等人采取犯罪手段清除该组织在掠夺、敛财过程中的“阻碍”，并将该组织以违法犯罪手段掠夺的河砂、土地资源以及聚敛的钱财进行整合，以公司管理、工程承建的名义，不断开设“公司”获取经营资质，为该组织进一步控制当地河砂、房地产行业创造条件、提供便利，逐步形成了“以商养黑，以黑护商”的组织模式。2006年至今，该组织通过实施寻衅滋事等非法手段，打伤某区村民唐甲，强迫原孝感××砂业公司转让股权，逐步掠取到孝感市孝南区某镇某河砂开采区中最大的开采区域。通过实施寻衅滋事打压竞争对手、强迫交易侵占村民宅基地，敲诈、勒索、威慑、干扰他人开发工程等违法手段，在孝感市孝南区某

---

① 参见湖北省高级人民法院（2017）鄂刑再6号刑事判决书。

镇重要城建开发区域内先后开发了“南×小区”“南×商贸城”“南×大酒店”；同时该组织在某某驾校扩建工程过程中欺压群众，强推村民土地、未经许可私自买卖共二村20余亩农田，使该组织在孝感市孝南区某镇河砂开采、房地产开发等经济领域形成了具有重大影响的非法控制。通过实施上述一系列非法手段敛财，该组织先后注资成立“湖北××砂业有限公司”“湖北××房地产开发有限公司”“湖北××大酒店有限公司”“湖北××壁纸集团有限公司”“湖北南港××制造有限公司”“孝感市××河砂有限责任公司”“孝感××精纺有限公司”，注册资本总计121826696.37元。

为了组织及成员的利益，被告人连某胜利用该组织的恶势力及其影响，组织、领导进行寻衅滋事、故意伤害、敲诈勒索、强迫交易等违法犯罪活动，为非作恶、肆意欺压群众，称霸一方，严重破坏了当地经济、社会生活秩序。

孝感市孝南区人民法院认为被告人连某胜组织、领导被告人郭某勇、肖某毛、郭某齐等人，以暴力、威胁等手段，有组织地实施多起违法犯罪活动，获取巨额非法经济利益，危害一方，在孝感市孝南区及周边地区形成非法势力及重大影响，严重扰乱了该地区的社会经济、治安生活秩序，其行为已构成组织、领导黑社会性质组织罪，判处有期徒刑七年，并处没收个人全部财产。法院认为被告人郭某勇、肖某毛、郭某齐等人积极实施多起违法犯罪活动，获取巨额非法经济利益，危害一方，在以连某胜为首的黑社会性质组织中为骨干人员，其行为已构成参加黑社会性质组织罪，分别判处被告人肖某毛犯参加黑社会性质组织罪，判处有期徒刑三年六个月，并处罚金人民币20000元；被告人郭某齐犯参加黑社会性质组织罪，判处有期徒刑三年，并处罚金人民币10000元；被告人章某飞犯参加黑社会性质组织罪，判处有期徒刑二年六个月，并处罚金人民币6000元；被告人郭某军犯参加黑社会性质组织罪，判处有期徒刑一年六个月，并处罚金人民币3000元；被告人王某平犯参加黑社会性质组织罪，判处有期徒刑一年，并处罚金人民币3000元。

孝感市孝南区人民法院于2014年10月20日作出（2014）鄂孝南刑初字第00162号刑事判决。宣判后，连某胜、郭某勇、肖某毛、郭某齐、章某飞、郭某军、王某平均不服，分别提出上诉。湖北省孝感市中级人民法院于2015年5月4日作出（2014）鄂孝感中刑终字第00248号刑事裁定，驳回上诉，维持原判。裁定发生法律效力后，连某胜不服，向湖北省孝感市中级人民法院提出申诉。该院于2016年7月21日作出（2016）鄂09刑申7号驳回申诉通知。连某胜仍不服，向湖北省高级人民法院提出申诉。

湖北省高级人民法院认为申诉人连某胜构成组织、领导黑社会性质组织。连某胜指使原审上诉人郭某勇、肖某毛、王某平随意殴打他人，指使原审上诉人章某飞随意损毁他人财物，指使原审上诉人郭某勇扰乱他人经营超市的正常秩序；指使原审上诉人郭某勇、郭某齐、郭某军以恐吓、威胁的手段逼迫他人转让宅基地，指使原审上诉人肖某毛、郭某齐以堵路的手段逼迫他人转让砂场股份；指使原审上诉人肖某毛、郭某齐以非法占有为目的，采取要挟的方法勒索他人钱财，数额较大；指使原审上诉人郭某勇报复伤害他人，并致被害人轻伤的结果，其诸多行为已构成组织、领导黑社会性质组织罪。原审定罪准确，量刑适当，维持对于连某胜等人组织、领导、参加黑社会性质组织的定罪量刑。

【评析】

以连某胜为首的黑社会性质组织，以暴力、威胁等手段，有组织地实施多起违法犯罪活动，获取巨额非法经济利益，危害一方，在孝感市孝南区及周边地区形成非法势力及重大影响，严重扰乱了该地区的社会经济、治安生活秩序，其行为已构成组织、领导黑社会性质组织罪。因此，法院对组织、领导者连某胜认为其有组织地以暴力、威胁等手段实施多起违法犯罪活动，获取巨额非法经济利益，危害一方，在孝感市孝南区及周边地区形成非法势力及重大影响，严重扰乱了该地区的社会经济、治安生活秩序，其行为已构成组织、领导黑社会性质组织罪，判处有期徒刑七年，并处没收个人全部财产。认为被告人郭某勇等人积极实施多起违法犯罪活动，获取巨额非法经济利益，危害一方，在以连某胜为首的黑社会性质组织中为骨干人员，行为已构成参加黑社会性质组织罪，根据他们所参与实施的违法犯罪活动的次数、性质，在有组织犯罪中所处的地位、所起的作用及违法所得及造成损失的数额等情节，分别判处数名被告人参加黑社会性质组织罪，分别判处相应的有期徒刑和并处金额不等的罚金。

第三章　恶势力犯罪的认定与惩处

本章导读

2018年1月16日，最高人民法院、最高人民检察院、公安部、司法部联合出台《关于办理黑恶势力犯罪案件若干问题的指导意见》（以下简称《指导意见》），2019年4月9日最高人民法院、最高人民检察院、公安部、司法部又联合发布了《关于办理恶势力刑事案件若干问题的意见》（以下简称《恶势力若干问题的意见》），《恶势力若干问题的意见》是《指导意见》在恶势力犯罪认定问题上的具体细化落实，由此做到相应案件处理有章可循，有矩可论，进而依法严惩黑恶势力犯罪，保障人民安居乐业、社会稳定和谐，实现国家的长治久安。《恶势力若干问题的意见》还对公安机关、人民检察院、人民法院和司法行政机关提出了如下的办理要求：一是要毫不动摇地坚持依法严惩方针，运用多种法律手段全面体现依法从严惩处精神，旨在有效打击和预防恶势力违法犯罪。二是要充分贯彻落实宽严相济的刑事政策，切实做到宽严有据，罚当其罪，坚决防止人为拔高或者降低认定标准。三是坚持以审判为中心的刑事诉讼制度的改革要求，不断强化程序和证据意识，加强法律监督，充分保障当事人和诉讼参与人的各项诉讼权利。

《指导意见》第14条、第15条中出现“恶势力组织”及“恶势力犯罪集团”的术语，首次规定了恶势力组织、恶势力犯罪集团的概念与特征及其认定问题。第16条中规定了公检法三机关在办理恶势力犯罪案件中应当结合《刑法》的相关规定，相互配合，依法从严处理。以下结合《恶势力若干问题的意见》等相关规定进行分析。

第一节 恶势力组织的认定标准

一、恶势力犯罪的认定标准

《指导意见》第14条规定：“具有下列情形的组织，应当认定为‘恶势力’：经常纠集在一起，以暴力、威胁或者其他手段，在一定区域或者行业内多次实施违法犯罪活动，为非作恶，欺压百姓，扰乱经济、社会生活秩序，造成较为恶劣的社会影响，但尚未形成黑社会性质组织的违法犯罪组织。恶势力一般为三人以上，纠集者相对固定，违法犯罪活动主要为强迫交易、故意伤害、非法拘禁、敲诈勒索、故意毁坏财物、聚众斗殴、寻衅滋事等，同时还可能伴随实施开设赌场、组织卖淫、强迫卖淫、贩卖毒品、运输毒品、制造毒品、抢劫、抢夺、聚众扰乱社会秩序、聚众扰乱公共场所秩序、交通秩序以及聚众‘打砸抢’等。在相关法律文书中的犯罪事实认定部分，可使用‘恶势力’等表述加以描述。”

《恶势力若干问题的意见》第4条规定：“恶势力，是指经常纠集在一起，以暴力、威胁或者其他手段，在一定区域或者行业内多次实施违法犯罪活动，为非作恶，欺压百姓，扰乱经济、社会生活秩序，造成较为恶劣的社会影响，但尚未形成黑社会性质组织的违法犯罪组织。”

“恶势力”作为黑社会性质组织的雏形阶段，可能在具备相应条件下发展为黑社会性质组织。它可能也会符合黑社会性质组织的一个或者多个特征，只是在组织演进发展程度上不及黑社会性质组织，犯罪行为的实施随意性较大，组织结构相对松散。因在犯罪事实层面与黑社会性质组织犯罪具有一定的关联，为了更好地在办案实践中对相关案件事实予以认定，有必要进一步明确“恶势力”的基本特征，从而明确认定标准。

根据《指导意见》和《恶势力若干问题的意见》的相关规定，“恶势力”组织具有以下特征。

（一）组织特征

《恶势力若干问题的意见》第6条规定：“恶势力一般为3人以上，纠集者相对固定……”

1. 恶势力一般为三人以上。“恶势力”一般三人以上，成员相对固定。人数在三人以上，是指相对固定的人数三人以上，不是指与纠集者临时吸纳的人数共为三人以上。

2. 纠集者相对固定。纠集者，是指在恶势力实施的违法犯罪活动中起组织、策划、指挥作用的违法犯罪分子。

成员较为固定且符合恶势力其他认定条件，但多次实施违法犯罪活动是由不同的成员组织、策划、指挥，也可以认定为恶势力，有前述行为的成员均可以认定为纠集者。不同的成员组织、策划、指挥犯罪活动也能认定为恶势力犯罪的纠集者，这样一来，扩大了纠集者的认定范围，加大了对恶势力犯罪的打击力度。

3. 恶势力组织的其他成员。《恶势力若干问题的意见》第6条第2款规定，恶势力的其他成员，是指知道或应当知道与他人经常纠集在一起是为了共同实施违法犯罪，仍按照纠集者的组织、策划、指挥参与违法犯罪活动的违法犯罪分子，包括已有充分证据证明但尚未归案的人员，以及因法定情形不予追究法律责任，或者因参与实施恶势力违法犯罪活动已受到行政或刑事处罚的人员。这些相对固定的成员明知或者应当知道纠集者的犯罪计划，仍纠集在一起进行违法犯罪活动。

如果仅因临时雇佣或被雇佣、利用或被利用以及受蒙蔽参与少量恶势力违法犯罪活动的，一般不应认定为恶势力成员。

（二）行为特征

“恶势力”的行为特征：经常纠集在一起，以暴力、威胁或者其他手段，在一定区域或者行业内多次实施违法犯罪活动。

1. 对“经常纠集在一起”的认定。所谓“经常”指于2年之内，多次实施违法犯罪活动。且包括纠集者在内，至少应有2名相同的成员多次参与实施违法犯罪活动。这也就意味着，多次实施违法犯罪活动的“2名相同的成员”其组成必须是“1名以上纠集者”再加其他成员。

对于“纠集在一起”时间明显较短，实施违法犯罪活动刚刚达到“多次”标准，且尚不足以造成较为恶劣影响的，一般不应认定为恶势力。

2. “恶势力”主要以暴力、威胁或者其他手段实施违法犯罪。《恶势力若干问题的意见》第8条规定，恶势力实施的违法犯罪活动，主要为强迫交易、故意伤害、非法拘禁、敲诈勒索、故意毁坏财物、聚众斗殴、寻衅滋事，但也包括具有为非作恶、欺压百姓特征，主要以暴力、威胁为手段的其他违法犯罪活动。

恶势力还可能伴随实施开设赌场、组织卖淫、强迫卖淫、贩卖毒品、运输毒品、制造毒品、抢劫、抢夺、聚众扰乱社会秩序、聚众扰乱公共场所秩序、交通秩序以及聚众“打砸抢”等违法犯罪活动。但仅有前述伴随实施的违法犯罪活动，且不能认定具有为非作恶、欺压百姓特征的，一般不应认定为“恶势力”。

3. “多次”实施违法犯罪活动。“多次”一般理解为三次以上（其中“以上”包括本数），即达到三次或者多于三次。

对于《指导意见》中的“多次实施违法犯罪活动”，实施的是违法还是犯罪活动?《恶势力若干问题的意见》第9条规定，至少应包括1次犯罪活动。对于反复实施强迫交易、非法拘禁、敲诈勒索、寻衅滋事等单一性质的违法行为，单次情节、数额尚不构成犯罪，但按照刑法或者有关司法解释、规范性文件的规定累加后应作为犯罪处理的，在认定是否属于“多次实施违法犯罪活动”时，可将已用于累加的违法行为计为1次犯罪活动，用于累加的违法行为不再另作违法活动评价，其他违法行为单独计算违法活动的次数。

如果上述违法行为已经被有关机关视作民间纠纷处理，后来经过查证具有为非作恶、欺压百姓特征的属于恶势力违法犯罪活动的，可以作为认定恶势力的事实依据，可以予以累加计算作为衡量是否成立恶势力的依据。但不符合法定情形的，不得重新追究法律责任，以防止对于同一行为重复评价。

（三）社会危害性特征

“恶势力”的社会危害性表现为：为非作恶，欺压百姓，扰乱经济、社会生活秩序，造成较为恶劣的社会影响。

1. “恶势力”的行为目的是为非作恶，欺压百姓。如果单纯为牟取不法经济利益而实施的“黄、赌、毒、盗、抢、骗”等违法犯罪活动，不具有为非作恶、欺压百姓特征的，或者因本人及近亲属的婚恋纠纷、家庭纠纷、邻里纠纷、劳动纠纷、合法债务纠纷而引发以及其他确属事出有因的违法犯罪活动，不应作为恶势力案件处理。[1]

2. 造成扰乱经济、社会生活秩序等较为恶劣的社会影响。根据《恶势力若干问题的意见》第10条规定，认定“扰乱经济、社会生活秩序，造成较为恶劣的社会影响”，应当结合侵害对象及其数量、违法犯罪次数、手段、规模、人身损害后果、经济损失数额、违法所得数额、引起社会秩序混乱的程度以及对人民群众安全感的影响程度等因素综合把握。

（四）尚未形成黑社会性质组织

“恶势力”一定是尚未形成黑社会性质组织的。这是“恶势力”组织与黑社会性质组织的区别所在。但已是雏形阶段，“恶势力”组织具有演进、变化成黑社会性质组织的巨大可能性。恶势力组织是否演变为黑社会性质组织，根据其是否在一定行业或领域内已经形成了垄断，形成了较为恶劣的非法影响来判断。“恶势力”组织如果继续违法犯罪，可能会在一定行业或者领域内形成强大的非法控制力或者更为恶劣的影响，进而满足黑社会性质组织的诸多特征，因此极有可能发展成为黑社会性质组织。这也是《通知》要求，要坚持依法严惩、“打早打小”、除恶务尽，始终保持对各类黑恶势力违法犯罪的严打高压态势的原因。

二、在法律文书中可使用“恶势力”等表述加以描述

《恶势力若干问题的意见》第17条第1款规定：“人民法院、人民检察院、公安机关经审查认为案件符合恶势力认定标准的，应当在起诉意见书、起诉书、判决书、裁定书等法律文书中的案件事实部分明确表述，列明恶势力的纠集者、其他成员、违法犯罪事实以及据以认定的证据；符合恶势力犯罪集团认定标准的，应当在上述法律文书中明确定性，列明首要分子、其他成员、违法犯罪事实以及据以认定的证据……”

对于恶势力刑事案件的各项法律文书的内容安排上，可以在案件事实部分先概述恶势力的概括事实，再分述具体的恶势力违法犯罪事实。

---

① 参见《恶势力若干问题的意见》第5条。

在作为相关统计数据使用时，应当以公安机关、人民法院、人民检察院在起诉意见书、起诉书、裁判文书中所明确的恶势力、恶势力犯罪集团，作为相关违法犯罪统计依据。

本节相关依据

《关于办理恶势力刑事案件若干问题的意见》。

典型案例评析

恶势力组织的认定

——于某、张某甲寻衅滋事案①

【基本案情】

辽宁省黑山县人民法院审理辽宁省黑山县人民检察院指控原审被告人于某等人犯寻衅滋事罪一案，分别作出刑事判决及刑事裁定。宣判后，原审被告人不服，提出上诉。二审法院审查受理后依法组成合议庭，通过阅卷，讯问上诉人，并听取上诉人张某甲辩护人的意见，认为符合规定，遂决定不开庭审理。

原判决认定，被告人于某陆续招募被告人张某甲、董某、马某甲等人，后通过张某甲陆续招募到李某甲、秦某、尤某甲、高某等人，并为上述人员提供工资及食宿，这些人经常纠集在一起，形成以于某为首的恶势力犯罪组织，该组织在公共场所辱骂、殴打他人，扰乱社会秩序，造成恶劣的社会影响。具体违法犯罪事实如下：

2016年11月期间，因于某向吴丙借款120万元未全部还清，吴丙将于某的翻斗车扣留在其经营的砖厂院内，并告知钱还清后将车取走。于某得知此事后，于2016年12月9日13时40分左右，带领郭某等20余人手持镐把等工具来到吴丙经营的砖厂院内，强行将翻斗车开走。在此期间，砖厂打更人员吴甲进行阻拦，于某手下人员持镐把将吴甲打伤。后于某等人驾车离开。

① 辽宁省锦州市中级人民法院（2019）辽（07）刑终50号刑事裁定书。

2018年2月8日晚8时许，于某与张某甲、董某、马某甲、尤某甲、李某甲、秦某、高某等10余人在黑山县演艺广场观看演艺过程中，于某对演艺广场内邻桌被害人姚某、杜某、张某、陈甲四人为演艺人员打赏金额超出其打赏金额表示不满。随后，董某经于某同意后，带领李某甲、马某甲、秦某、尤某甲、高某等10余人来到姚某桌前，用拳头和酒瓶子对姚某、杜某、张某三人进行殴打。其间，董某用随身携带的水果刀将杜某、张某二人扎伤。经鉴定，张某的伤情构成轻微伤。杜某的伤情为：头皮瘢痕评定为轻微伤、右大腿皮肤瘢痕评定为轻微伤。

于某在黑山县经营采石场，因采石场运输石料货车长期通过太和镇白台子村拐屯村道路，加之道路年久失修，车辆路过时尘土飞扬。为此，附近村民将该路用石头拦住，阻止大型货车通过。2017年8月2日中午12时许，于某带领董某、张某甲、马某甲三人及其他人员合计20余人来到太和镇白台子村拐屯，并指使董某等人驾驶轿车佯装撞到村民摆放的石头上，对路两侧村民进行辱骂、威胁，并对村民住宅大门进行踢踹。

另查明，本案审理期间，于某家属主动偿还了拖欠吴丙的借款40万元，同时对吴甲予以赔偿，于某等人的行为取得了吴丙、吴甲的谅解；另外于某家属赔偿了姚某、张某、杜某及××酒店的经济损失，取得了被害人的谅解；同时也取得了太和镇白台子村被踢踹门的百姓的谅解。

二审法院认为原判决认定事实和适用法律正确、量刑适当，诉讼程序合法。依照《中华人民共和国刑事诉讼法》第236条第1款1项之规定，裁定驳回上诉，维持原判。

【评析】

1. 从组织特征看，被告人于某陆续招募被告人张某甲、董某、马某甲等人，后通过张某甲陆续招募到李某甲、秦某、尤某甲、高某等人，这些人经常纠集在一起，聚集在于某身边，多次实施违法犯罪活动。本组织的其他成员李某甲等人知道或者应当知道与于某纠集在一起是为了共同实施违法犯罪，并同时依旧按照纠集者于某的组织、策划、指挥参与违法犯罪活动，符合了“恶势力”组织纠集者相对固定的规定。

2. 从行为特征看，恶势力组织成员经常纠集在一起，以暴力、威胁或者其他手段，在一定区域或者行业内多次实施违法犯罪活动。“经常”，指“纠集在一起”的时间较长，且包括纠集者在内，至少应有2名相同的成员多次参与实施违法犯罪活动。

本案中于某与张某甲、李某甲等人一起参与强行开走债权人吴丙扣押的车辆，在文化广场观看表演与人发生冲突并持械打斗，以及为采石场的卡车强行通过他人村落而叫嚣辱骂的三起寻衅滋事的行为。行为发生在2016—2018年连续的三年内，而且包括纠集者于某在内，多名相同的被告人共同实施这三起违法犯罪活动，符合了“恶势力”犯罪中规定的行为特征的规定。

3. 从社会危害性特征看，于某伙同其他人打伤了打更人吴甲；当众在闹市区持械斗殴打伤了观看表演的张某、杜某；为使卡车通过他人村庄，对当地村民进行辱骂，并踢踹他人的大门。这三起违法犯罪行为引起了居民群众的心理恐慌，严重影响了社会治安，其目的就是为非作恶，欺压百姓，让群众丧失了安全感，社会影响极其恶劣。符合了“恶势力”组织的社会危害性特征。

4. 从演变特征来看，以于某为首的组织，并未在一定的行业和领域中形成一定的强大控制力，他们只是为了在社会中迅速“上位”立足。同时不符合《刑法》第294条第5款规定的构成黑社会性质的组织应当具备的其他条件。

综上所述，本案于某等人应当认定为“恶势力”组织犯罪。

第二节 恶势力犯罪集团的认定标准

一、犯罪集团的概念与特征

犯罪集团是指三人以上为共同实施犯罪而组成的较为固定的犯罪组织。其具有以下特征。

（一）组织特征

人数应为三人以上。在实践中可能会更多，不过最少为三人，少于三人不足以成立一个集团。

（二）组织结构严密且较为固定

一是在犯罪集团内部具有领导、组织实施犯罪活动的首要分子。他们形成时间多数是在纠集的过程中，也有的是在纠集实施犯罪活动前就是首要分子。二是经由犯罪集团首要分子纠集组成犯罪集团并参与实施犯罪行为的重要成员固定或者基本固定，并紧紧围绕在首要分子周围。在相当一部分犯罪集团中人员分工明确，并具有严格的等级之分。三是犯罪集团的组织较为固定，在犯罪行为实施完毕后不会解散，仍然存在。但也不排除因为某种原因解散的，仍会被认定为犯罪集团的可能。

（三）目的明确

犯罪集团的目的是共同实施犯罪。多次反复实施固定的一种或者多种犯罪行为，有的为了获取不正当利益，有的为了扰乱社会秩序。这些犯罪行为多在实施前就已经进行了谋划，或者某些犯罪虽未进行预谋、计划，属于突发性作案，但是支配控制集团内部成员的犯罪故意也应当是犯罪集团总体性、概括性的犯罪故意。

（四）危害后果

犯罪集团相较于单个犯罪人或者一般由少数人实施的共同犯罪来说，其可能拥有更严密的犯罪计划，犯罪手段更丰富，侵害的法益更大，且犯罪后的脱逃更容易隐匿犯罪工具并窝藏犯罪赃物，对社会具有极大的危害性。

二、恶势力犯罪集团的基本特征

恶势力犯罪集团，是指符合恶势力全部认定条件，同时又符合犯罪集团法定条件的犯罪组织。《指导意见》第 15 条规定：“恶势力犯罪集团是符合犯罪集团法定条件的恶势力犯罪组织，其特征表现为：有三名以上的组织成员，有明显的首要分子，重要成员较为固定，组织成员经常纠集在一起，共同故意实施三次以上恶势力惯常实施的犯罪活动或者其他犯罪活动。”结合《恶势力若干问题的意见》第11条，恶势力犯罪集团除应具备犯罪集团的特征外，还具备：

（一）组织特征：有三名以上的组织成员，有明显的首要分子，重要成员较为固定

恶势力犯罪集团的首要分子是指在恶势力犯罪集团中起组织、策划、指挥作用的犯罪分子。恶势力犯罪集团的其他成员，是指知道或者应当知道是为共同实施犯罪而组成的较为固定的犯罪组织，仍接受首要分子领导、管理、指挥，并参与该组织犯罪活动的犯罪分子。

全部成员或者首要分子、纠集者以及其他重要成员均为未成年人、老年人、残疾人的，认定恶势力、恶势力犯罪集团时应当特别慎重。

（二）行为特征：经常纠集在一起，共同故意实施三次以上恶势力惯常实施的犯罪活动或者其他犯罪活动

恶势力集团成员于2年之内，以暴力、威胁或者其他手段，在一定区域或者行业内共同故意实施三次以上恶势力惯常实施的犯罪活动或者其他犯罪活动。恶势力惯常实施的犯罪活动在上一节中已经论述，这里不再累述。

恶势力犯罪集团应当有组织地实施多次犯罪活动，同时还可能伴随实施违法活动。恶势力犯罪集团所实施的违法犯罪活动，参照《指导意见》第10条第2款的规定认定。

三、恶势力与恶势力犯罪集团的区别

（一）组织特征

恶势力在组织特征上表现为：纠集者（是指在恶势力实施的违法犯罪活动中起组织、策划、指挥作用的违法犯罪分子）相对固定。组织成员一般不固定，成员经常地发生变化；恶势力组织不稳定，一般没有明显的纪律性和领导与被领导关系。而恶势力犯罪集团的组织特征表现为：犯罪集团的重要成员固定，有明显的首要分子。集团内部成员相对稳定，犯罪集团组织有稳定性。犯罪集团在首要分子的组织、领导下形成统一组织，具有纪律性，实施各种较为严重的犯罪活动。

（二）行为特征

恶势力的行为特征表现为：在一定区域或行业内多次实施违法犯罪活动，即恶势力组织实施的既可能是违法行为，也可能是犯罪行为；恶势力犯罪集团实施的多为犯罪，而且往往是需要较多人共同完成的重大犯罪。

（三）计划性

恶势力实施的违法犯罪目的是为非作恶、欺压百姓，行为的计划性不强，实施的违法犯罪种类也是多种多样。恶势力犯罪集团往往是有预谋、有计划地实施犯罪活动。犯罪集团在首要分子的组织、领导下，在相对较长的时期内，多次有组织地实施各种各样的犯罪活动。

本节相关依据

《刑法》第97条；《关于办理恶势力刑事案件若干问题的意见》第11条、第12条。

典型案例评析

恶势力犯罪集团的认定

——李某民等强迫交易、敲诈勒索案①

【基本案情】

李某民、李某国、李某法三人都是濮阳市华龙区某乡某队村民，三人从村大队借款24万余元用于启动资金，对106国道景观绿化项目的施工单位进行强迫交易和敲诈勒索。2017年9月，在李某民、李某国、李某法三人预谋后，于北京××市政工程公司进驻施工前，私自安排人驾驶挖掘机在106国道某村路段两侧进行垃圾清运、填埋、挖土方。2018年1月，施工单位进驻施工后，三人多次

① 参见河南省濮阳市中级人民法院（2018）豫（09）刑终292号刑事裁定书。

采用阻工之手段，强迫该公司项目负责人支付前期施工费用共计68890元。同年1月至3月期间，三人又采用阻工的形式，强迫该公司项目负责人张某将土方开挖项目交给其三人施工，欲与施工单位结算施工费共计59540元，未得逞，其间双方发生争执，李某国、李某奇等人将工人刘某殴打致伤。2018年1月至3月，李某民、李某国、李某法预谋后，多次到施工路段，以阻工相威胁，欲向该公司项目负责人张某强行索要施工机械管理费、土方提成款共计63990元，未得逞。

河南省濮阳市华龙区人民检察院指控李某民、李某国、李某法构成强迫交易罪、敲诈勒索罪，李某奇构成强迫交易罪。

河南省濮阳市华龙区人民法院一审认为，被告人李某民、李某国、李某法以共同的犯罪故意采取暴力、威胁手段，强迫他人接受本不存在的垃圾清理、土地埋填服务，要求支付的数额巨大属于情节特别严重，李某奇参与强迫交易的行为致一人轻微伤属情节严重，四名被告人系共同犯罪，依照《刑法》规定，已构成强迫交易罪。被告人李某民、李某国、李某法以非法占有为目的，采取威胁向通告（通告的意思指以语言或者动作到达受害对象）的手段，勒索他人财物，数额巨大，已构成敲诈勒索罪。

李某民、李某国、李某法、李某奇系为共同实施犯罪行为而组成较为固定的犯罪组织，且以暴力、威胁手段多次实施违法犯罪行为，已经构成恶势力犯罪集团，其中李某民为整个犯罪行为积极谋划、指挥系首要分子。四名被告人均一人犯数罪，应数罪并罚。同时依据其他犯罪情节综合全案证据予以量刑。

一审宣判后，被告人不服从判决，依法提出上诉。

被告人李某民辩称：其不是犯罪集团的首要分子，且不属于情节特别严重的情形，一审量刑过重。

被告人李某国辩称：原判认定事实不清，证据不足；认定犯罪数额有误；一审量刑不当。

被告人李某法辩称：其行为不属于恶势力犯罪集团；认定犯罪的数额有误；一审量刑过重。

出庭检察员的意见：本案事实清楚，证据确实、充分，审判程序合法，量刑适当，建议维持原判。

经河南省濮阳市中级人民法院二审审理查明的事实与一审判决认定的事实相同，且原判认定的证据均经两级法院开庭举证、质证，查证属实，故濮阳市中级人民法院认为原判认定事实和适用法律正确，量刑适当，审判程序合法。依照《中华人民共和国刑事诉讼法》第225条第1款第1项之规定，裁定驳回上诉，维持原判。

【评析】

《刑法》第274条规定敲诈勒索罪，敲诈勒索公私财物，数额较大或者多次敲诈勒索的，处三年以下有期徒刑、拘役或者管制，并处或者单处罚金；数额巨大或者有其他严重情节的，处三年以上十年以下有期徒刑，并处罚金；数额特别巨大或者有其他特别严重情节的，处十年以上有期徒刑，并处罚金。《最高人民法院、最高人民检察院关于办理敲诈勒索刑事案件适用法律若干问题的解释》第1条规定了相关“数额”的认定标准：敲诈勒索公私财物价值二千元至五千元以上、三万元至十万元以上、三十万元至五十万元以上的，应当分别认定为《刑法》第274条规定的“数额较大”“数额巨大”“数额特别巨大”。同时依据各地市的经济发展水平会存在差异，各省、自治区、直辖市高级人民法院、人民检察院在前款规定的数额幅度内，在报最高人民法院、最高人民检察院批准后，可以确定本地区执行的具体数额标准。

在本案中，依据侦查机关收集的证据以及与被害人的供述、犯罪嫌疑人的供述以及相关的书证物证的相互印证下，在庭审阶段遵守法定程序举证、质证的情况下，能够证明四名被告人以暴力、威胁的手段强迫被害单位接收服务，情节严重，事实清楚、证据确实、充分，已经构成强迫交易罪；同时李某民、李某国、李某法以非法占有为目的，以威胁相通告，强行索要财物，其中事实清楚，证据确实充分，已经构成敲诈勒索罪。原审法院和二审法院在认定上准确无误。

以下对是否构成恶势力犯罪集团的裁判观点进行评析。

李某国、李某法在李某民的号召之下，经常纠集在一起，以暴力、威胁等手段多次实施惯常性的诸如敲诈勒索的违法犯罪活动，严重扰乱了社会秩序，造成了较为恶劣的社会影响，符合了恶势力犯罪组织在前章归纳的四个特征，已经达到了恶势力犯罪组织的认定标准，应当认定为恶势力犯罪组织。

李某国、李某法和李某民以共同的犯罪故意实施犯罪行为，构成了《刑法》规定的犯罪集团。首先，符合三人以上的人数要求。其次，在以李某民为首的首要分子的纠集下，李某国、李某法成为犯罪集团的重要成员，以李某民为核心，组织形式相对紧密，较为固定。再次，其三人多次反复实施一种或者多种惯常或者伴随发生的犯罪活动，本案中多次实施强迫交易和敲诈勒索的行为，达到三次以上，同时他们的犯罪活动是有事先预谋的，通过首要分子李某民的积极策划、指挥得以完成（李某民也积极实施预谋后的犯罪行为）。最后，其三人组成的犯罪集团造成了一定区域内的恶劣影响，社会危害性较大。

综上所述，依据《指导意见》第15条的规定，本案中，李某民、李某国、李某法构成恶势力犯罪集团，他们符合成立犯罪集团的法定条件，同时也符合恶势力犯罪组织的认定标准。在前述讨论总结归纳的恶势力犯罪集团的组织特征、行为特征具体到本案中可以清楚判断：本恶势力犯罪集团的组织成员有三人，为实施犯罪经常纠集在一起，有明显的首要分子李某民，为本犯罪集团的强迫交易和敲诈勒索行为积极出谋划策，李某国、李某法作为重要成员（李某奇仅参加了强迫交易行为）积极参与犯罪，且在几个月时间里实施了超过三次的强迫交易和敲诈勒索的行为，符合相应犯罪的构成要件，构成了强迫交易罪和敲诈勒索罪。

故本案涉案组织应当认定为恶势力犯罪集团。

第三节　恶势力犯罪的惩处要求

一、恶势力犯罪与普通刑事案件的区别

《指导意见》相较于2009年《纪要》、2015年《纪要》在对“恶势力”的定位方面有了新的调整，赋予了“恶势力”更明确的属性，在刑事诉讼的过程中，不仅要对恶势力的犯罪事实进行认定，而且《指导意见》第14条还规定，恶势力的措辞可以适用在法律文书的犯罪事实认定部分。《恶势力若干问题的意见》对《指导意见》的规定细化，实践中具备了可操作性。恶势力并非一种犯罪行为，也不是刑法分则规定的众多罪名类型之一，它是一种尚未形成黑社会犯

罪组织的违法犯罪组织，它通过纠集者多次惯常实施同时也可能伴随实施多类型违法犯罪活动。恶势力的认定和恶势力犯罪所构成的具体刑事犯罪，在案件事实的认定、证据的质证、评价依据上会存在诸多重合之处，也就是说具备恶势力的情节会成为恶势力犯罪定性量刑的酌定情节。2010 年最高人民法院发布的《最高人民法院关于贯彻宽严相济刑事政策的若干意见》规定，对黑社会性质组织犯罪、恶势力犯罪，必须毫不动摇地坚持依法严惩严重刑事犯罪的方针。《指导意见》第 1 条规定："……正确运用法律规定加大对黑恶势力违法犯罪以及'保护伞'惩处力度，在侦查、起诉、审判、执行各阶段体现依法从严惩处精神……"《恶势力若干问题的意见》第 2 条也规定："……要坚持贯彻落实宽严相济刑事政策，根据犯罪嫌疑人、被告人的主观恶性、人身危险性、在恶势力、恶势力犯罪集团中的地位、作用以及在具体犯罪中的罪责，切实做到宽严有据，罚当其罪，实现政治效果、法律效果和社会效果的统一。"区分普通刑事犯罪与恶势力犯罪，为的是严格贯彻执行宽严相济的刑事政策，同时也为正确适用司法解释和量刑规范。与普通犯罪相比较，恶势力犯罪具有以下特征：

（一）恶势力犯罪属于共同犯罪。恶势力一般为 3 人以上，纠集者相对固定。所以恶势力实施的犯罪皆为共同犯罪，符合犯罪集团条件的，构成恶势力犯罪集团犯罪。而普通刑事犯罪还包括大量的非共同犯罪。

（二）恶势力成员经常纠集在一起，多次实施违法犯罪活动。"恶势力"的行为特征要求成员经常纠集在一起，以暴力、威胁或者其他手段，在一定区域或者行业内多次实施违法犯罪活动。在普通刑事犯罪中，除犯罪集团外，即使共同犯罪也不要求成员长期纠集在一起。

（三）恶势力犯罪主要以暴力、威胁或者具有为非作恶、欺压百姓特征的其他手段实施的违法犯罪。普通共同犯罪或犯罪集团的手段包括但不限于以暴力、威胁手段。

（四）恶势力犯罪是在一定区域或者行业内多次实施违法犯罪活动。但在该区域或者行业尚未形成垄断。这也是其与黑社会性质组织犯罪的区别。普通共同犯罪无此特征。

（五）恶势力犯罪扰乱经济、社会生活秩序，造成较为恶劣的社会影响。普通共同犯罪具有社会危害性，但社会影响不一定如此恶劣。

二、充分运用《刑法》总则关于共同犯罪和犯罪集团的规定，依法从严惩处

（一）对恶势力的纠集者、首要分子、重要成员等的处罚原则

《刑法》第26条第1款规定："组织、领导犯罪集团进行犯罪活动的或者在共同犯罪中起主要作用的，是主犯。"这里的主犯不仅包括在恶势力犯罪集团中，组织、领导集团成员进行犯罪活动的犯罪分子即首要分子，还包括在恶势力犯罪集团中，除首要分子外的在其共同实施的犯罪中对犯罪行为的实施或者完成起着主要作用的犯罪分子。该条第3款规定："对组织、领导犯罪集团的首要分子，按照集团所犯的全部罪行处罚。"第4款规定："对于第三款规定以外的主犯，应当按照其所参与的或者组织、指挥的全部犯罪处罚。"结合《恶势力若干问题的意见》第13条的规定分析如下：

1. 恶势力犯罪中的主犯或者首要分子的处罚原则

对于恶势力的纠集者、恶势力犯罪集团的首要分子、重要成员以及恶势力、恶势力犯罪集团共同犯罪中罪责严重的主犯，要正确运用法律规定加大惩处力度，对依法应当判处重刑或死刑的，坚决判处重刑或死刑。同时要严格掌握取保候审、不起诉、缓刑、减刑、假释、保外就医的适用条件，充分利用资格刑、财产刑等法律手段全方位从严惩处。对于符合《刑法》第37条之一规定的，可以依法禁止其从事相关职业。

2. 恶势力犯罪中其他成员的处罚原则

对于恶势力、恶势力犯罪集团的其他成员，在共同犯罪中罪责相对较小、人身危险性、主观恶性相对不大的，具有自首、立功、坦白、初犯等法定或酌定从宽处罚情节的，可以依法从轻、减轻或免除处罚。认罪认罚或者仅参与实施少量的犯罪活动且只起次要、辅助作用，符合缓刑条件的，可以适用缓刑。

（二）正确运用宽严相济刑事政策，处理恶势力成员立功问题

结合《恶势力若干问题的意见》第14条的规定进行分析：

1. 对恶势力犯罪集团的首要分子立功的处理

恶势力犯罪集团的首要分子检举揭发与该犯罪集团及其违法犯罪活动有关联

的其他犯罪线索，如果在认定立功的问题上存在事实、证据或法律适用方面的争议，应当严格把握。依法应认定为立功或者重大立功的，在决定是否从宽处罚、如何从宽处罚时，应当根据罪责刑相一致原则从严掌握。可能导致全案量刑明显失衡的，不予从宽处罚。

2. 恶势力犯罪集团的其他成员立功的处理

恶势力犯罪集团的其他成员如果能够配合司法机关查办案件，有提供线索、帮助收集证据或者其他协助行为，并在侦破恶势力犯罪集团案件、查处“保护伞”等方面起到较大作用的，依法认定为立功或者重大立功的，可以从轻、减轻处罚或者免除处罚。即使依法不能认定立功，一般也应酌情对其从轻处罚。

（三）正确运用宽严相济刑事政策，处理恶势力成员的认罪认罚

恶势力刑事案件的犯罪嫌疑人、被告人自愿如实供述自己的罪行，承认指控的犯罪事实，愿意接受处罚的，可以依法从宽处理，并适用认罪认罚从宽处理制度。对于犯罪性质恶劣、犯罪手段残忍、社会危害严重的犯罪嫌疑人、被告人，虽然认罪认罚，但不足以从轻处罚的，不适用该制度。

（四）处罚情节的适用原则

恶势力犯罪嫌疑人、被告人同时具有法定、酌定从严和法定、酌定从宽处罚情节的，量刑时要根据所犯具体罪行的严重程度，结合被告人在恶势力、恶势力犯罪集团中的地位、作用、主观恶性、人身危险性等因素整体把握。对于恶势力的纠集者、恶势力犯罪集团的首要分子、重要成员，量刑时要体现总体从严。对于在共同犯罪中罪责相对较小、人身危险性、主观恶性相对不大，且能够真诚认罪悔罪的其他成员，量刑时要体现总体从宽。

本节相关依据

《刑法》第 13 条、第 26 条、第 27 条；《关于贯彻宽严相济刑事政策的若干意见》；《关于常见犯罪的量刑指导意见》；《关于办理恶势力刑事案件若干问题的意见》第 13—16 条。

典型案例评析

恶势力犯罪的惩处要求

——王某锋、王某山等强迫交易案①

【基本案情】

2017 年 9 月中旬，王某锋预谋控制濮阳县产业集聚区 × × 小区内的 8 号和 9 号楼业主装修房屋所需沙子、水泥及“背楼”的生意，遂与王某豪（已经另案处理）纠集王某山、王某剑、王某稳等人。他们在小区大门附近堆积由其六人出资购买的沙子和水泥，同时王某锋、王某山、王某剑、王某豪四人以小区门口放置的铁屋作为经营场所，采取轮换值班的形式拦截来小区送沙子、水泥等建筑材料的车辆。他们以小区 8 号和 9 号楼占据村土地为借口，要求业主高价购买其几人囤积在小区门口的沙子、水泥，并要求业主接受其提供的高价“背楼”服务。对自行购进沙子、水泥的业主，王某锋等人不让运输人进入小区，或者要求业主接受“背楼”服务，或者不让业主使用电梯运输，以及强行索要香烟等方式才允许放行等手段进行阻挠。业主迫于王某锋的强迫买卖、强制服务等行为，不得不购买王某锋等人的沙子、水泥，被迫接受提供的高价“背楼”服务。在 × × 小区经营中，王某锋等人强迫交易数额达 10 余万元。2018 年 3 月 3 日上午，周某和王某去 × × 小区送沙子和水泥时，遭到王某锋、王某山等人阻拦，引起双方互殴厮打，致周某右侧鼻腔损伤，经鉴定已构成轻微伤。

另查明，王某稳系主动投案。

原公诉机关河南省濮阳县人民检察院认为王某锋等人的上述行为已经构成《刑法》第 226 条规定的强迫交易罪，故向濮阳县人民法院提起诉讼。

原审濮阳县人民法院经审理认为，被告人王某锋、王某山、王某剑、王某豪、王某稳经常纠集在一起，以暴力、胁迫手段，在一定区域内多次强卖商品、强迫他人接受服务，扰乱市场秩序，造成较为恶劣的社会影响，情节特别严重，

① 参见河南省濮阳市中级人民法院（2018）豫刑（09）终 245 号刑事裁定书。

其行为已构成强迫交易罪。本案系共同犯罪，王某锋等人已形成恶势力犯罪集团，王某锋组织该犯罪团伙实施犯罪，系首要分子，王某山和王某剑系积极参加者，三人均系主犯。王某豪系从犯、归案后如实供述犯罪事实并积极退赃，对其可减轻处罚。王某稳起次要作用，系从犯，投案后如实供述犯罪事实，系自首，又积极退赃，对其可减轻处罚。

一审宣判后，被告人不服，向濮阳市中级人民法院提起上诉。

经二审审理查明的事实与一审判决认定的事实相同，且原判认定的证据均经原审法院开庭举证、质证，查证属实，濮阳市中级人民法院认为原判认定事实和适用法律正确，量刑适当，审判程序合法。依照《中华人民共和国刑事诉讼法》第225条第1款第1项之规定，裁定驳回上诉，维持原判。

【评析】

本案中，王某锋等人为谋取不法利益而相互纠集，以暴力、胁迫等手段强卖沙子、水泥等小区业主急需的建筑材料、强迫他人接受“背楼”服务，同时禁止或者阻挠其他水泥运输者进入小区，这扰乱了市场秩序，在一定区域内造成了较为恶劣的社会影响，已经符合了《指导意见》中关于恶势力犯罪集团的认定，同时也符合《刑法》第226条强迫交易罪的构成要件，构成强迫交易罪。所以应当结合《刑法》总则有关共同犯罪和犯罪集团的相关处罚原则，在贯彻宽严相济的刑事政策下，依法从严惩处。

在经过法庭阶段的举证质证环节，证据之间能够相互印证，而且原审判决在量刑时已充分考虑各上诉人的法定、酌定的从轻或减轻的量刑情节。在此，依据二审终审判决作简要评析：

王某锋组织策划强卖、强迫接受服务的犯罪行为系本恶势力犯罪集团的首要分子，依据《刑法》第26条，其应当按照集团所犯的全部罪行进行处罚。

王某山和王某剑是积极参加此恶势力犯罪集团的集团成员，他们积极出资购买沙子和水泥，并强迫业主进行购买，对共同的强迫交易行为的实施和完成起到了主要的作用，也是该犯罪集团的主犯，对他们的处罚原则也应当是按照集团所犯全部罪行进行惩处。

王某豪和王某稳在此犯罪集团中，为强迫交易的共犯行为创造条件和制造便利，他们在该案中是起到辅助作用的犯罪人员，应当认定为从犯，依据《刑法》

第27条的规定，按照其参与的犯罪事实进行从轻、减轻处罚。同时王某豪归案后积极退赃并如实供述犯罪事实，王某稳主动归案，认定为自首情节，同时也积极退赃，故也具有减轻处罚的酌定量刑情节，可以减轻处罚。

第四章 依法惩处利用“软暴力”实施的犯罪

本章导读

《通知》要求，既有力打击震慑黑恶势力犯罪，形成压倒性态势，又有效铲除黑恶势力滋生土壤，形成长效机制，不断增强人民获得感、幸福感、安全感，维护社会和谐稳定，巩固党的执政基础，为决胜全面建成小康社会、夺取新时代中国特色社会主义伟大胜利、实现中华民族伟大复兴的中国梦创造安全稳定的社会环境。为深入贯彻落实中央关于开展扫黑除恶专项斗争的决策部署，《指导意见》专门规定了依法惩处利用“软暴力”实施的犯罪。采用“软暴力”手段实施的行为是否构成犯罪，理论和实践中一直存在争议。为了正确理解和适用《指导意见》，2019 年 4 月 9 日最高人民法院、最高人民检察院、公安部、司法部又联合出台了《关于办理实施“软暴力”的刑事案件若干问题的意见》（以下简称《“软暴力”若干问题的意见》）。下面，我们将根据《刑法》《刑事诉讼法》以及《“软暴力”若干问题的意见》等规范性文件，对“软暴力”，以及利用“软暴力”实施犯罪的认定进行具体解读。

第一节　利用“软暴力”手段实施犯罪的认定

一、“软暴力”的认定

（一）“软暴力”的含义

根据《“软暴力”若干问题的意见》，“软暴力”是指行为人为谋取不法利益或形成非法影响，对他人或者在有关场所进行滋扰、纠缠、哄闹、聚众造势等，足以使他人产生恐惧、恐慌进而形成心理强制，或者足以影响、限制人身自由、危及人身财产安全，影响正常生活、工作、生产、经营的违法犯罪手段。

理解“软暴力”的概念，应注意以下方面：(1)“软暴力”是一种违法犯罪的手段。“软暴力”本身不是违法行为，也不是犯罪行为，它是实施违法犯罪的一种手段。以软暴力手段实施的行为，可能构成违法，也可能构成犯罪。而以软暴力手段实施的犯罪的，既可能是黑恶势力组织，也可能是一般的犯罪主体。《“软暴力”若干问题的意见》第4条规定，“软暴力”手段属于《刑法》第294条第5款第3项“黑社会性质组织行为特征”以及《指导意见》第14条“恶势力”概念中的“其他手段”。(2)“软暴力”的目的是谋取不法利益或形成非法影响。(3)“软暴力”的对象往往是自然人或有关场所。(4)“软暴力”的表现形式主要有滋扰、纠缠、哄闹、聚众造势等。(5)“软暴力”的后果是足以使他人产生恐惧、恐慌进而形成心理强制，或者足以影响、限制人身自由、危及人身财产安全，影响正常生活、工作、生产、经营。

（二）“软暴力”的特征

与其他违法犯罪手段相比较，“软暴力”具有以下特征。

1. 目的特征。“软暴力”的目的是行为人为谋取不法利益或形成非法影响。软暴力的行为方式多种多样，如跟踪贴靠、拦路闹事、断水断电、“谈判”等，无论何种行为方式，其最终目的是谋取不法利益或形成非法影响。

2. 行为特征。区别于暴力或者以暴力相威胁，“软暴力”不以肢体暴力造成他人身体伤害和财产损失特征，而是采取滋扰、纠缠、哄闹、聚众造势等表面没有暴力性，但足以使他人产生恐惧、恐慌心理的手段。

3. 危害特征。实施“软暴力”的后果是足以使他人产生恐惧、恐慌进而形成心理强制，或者足以影响、限制人身自由、危及人身财产安全，影响正常生活、工作、生产、经营。

关于何为“足以”使他人产生恐惧、恐慌，我们一般采用“一般公认”原则判断，包括但不限于以下情形：（1）黑恶势力实施的；（2）以黑恶势力名义实施的；[①]（3）曾因组织、领导、参加黑社会性质组织、恶势力犯罪集团、恶势力以及因强迫交易、非法拘禁、敲诈勒索、聚众斗殴、寻衅滋事等犯罪受过刑事处罚后又实施的；（4）携带凶器实施的；（5）有组织地实施的或者足以使他人认为暴力、威胁具有现实可能性的；（6）其他足以使他人产生恐惧、恐慌进而形成心理强制或者足以影响、限制人身自由、危及人身财产安全或者影响正常生活、工作、生产、经营的情形。虽然具体实施“软暴力”的行为人不符合前述第1项、第3项所列情形，但雇佣者、指使者或者纠集者符合的，该项成立。[②]

（三）“软暴力”的通常表现形式

“软暴力”违法犯罪手段通常的表现形式有[③]：

1. 侵犯人身权利、民主权利、财产权利的手段，包括但不限于跟踪贴靠、扬言传播疾病、揭发隐私、恶意举报、诬告陷害、破坏、霸占财物等；

2. 扰乱正常生活、工作、生产、经营秩序的手段，包括但不限于非法侵入他人住宅、破坏生活设施、设置生活障碍、贴报喷字、拉挂横幅、燃放鞭炮、播放哀乐、摆放花圈、泼洒污物、断水断电、堵门阻工，以及通过驱赶从业人员、派驻人员据守等方式直接或间接地控制厂房、办公区、经营场所等；

---

① 根据《“软暴力”若干问题的意见》第3条的规定，由多人实施的，编造或明示暴力违法犯罪经历进行恐吓的，或者以自报组织、头目名号、统一着装、显露纹身、特殊标识以及其他明示、暗示方式，足以使他人感知相关行为的有组织性的，应当认定为“以黑恶势力名义实施”。

② 参见《“软暴力”若干问题的意见》第3条的规定。

③ 参见《“软暴力”若干问题的意见》第2条的规定。

3. 扰乱社会秩序的手段，包括但不限于摆场架势示威、聚众哄闹滋扰、拦路闹事等；

4. 其他符合《“软暴力”若干问题的意见》第1条规定的“软暴力”手段。

通过信息网络或者通讯工具实施，符合《“软暴力”若干问题的意见》第1条规定的违法犯罪手段，应当认定为“软暴力”。

二、采取“软暴力”手段实施寻衅滋事罪的认定

根据《指导意见》第17条、《“软暴力”若干问题的意见》第5条规定，采用“软暴力”手段，使他人产生心理恐惧或者形成心理强制，属于《刑法》第293条第1款第2项规定的“恐吓”，同时符合其他犯罪构成要件的，应当以寻衅滋事罪定罪处罚。故采取“软暴力”手段实施的寻衅滋事罪应当具备以下条件：

（一）主体方面。已经年满16周岁而且具备刑事责任能力的自然人都能构成寻衅滋事罪。

（二）主观方面。本罪只能是故意构成。根据《最高人民法院、最高人民检察院关于办理寻衅滋事刑事案件适用法律若干问题的解释》第1条规定，寻衅滋事行为人的主观方面主要表现为：寻求刺激、发泄情绪、逞强耍横、无事生非等。

（三）本罪的客体主要是社会公共秩序。虽然寻衅滋事的行为有时会侵犯公民的人身权利或者财产权利，但是也不宜认为其侵犯的是复杂客体。因为并不是所有的寻衅滋事都侵犯复杂客体，如在公共场所起哄闹事，造成公共场所秩序混乱的行为不一定就会侵犯公民的身体或者财产权利。

（四）本罪的客观方面表现为行为人实施了寻衅滋事，严重破坏社会公共秩序的行为。根据《刑法》第293条，寻衅滋事主要表现为：随意殴打他人，情节恶劣的；追逐、拦截、辱骂、恐吓他人，情节恶劣的；强拿硬要或者任意损毁、占用公私财物，情节严重的；在公共场所起哄闹事，造成公共场所秩序严重混乱的。其中“软暴力”手段构成寻衅滋事主要表现中的“恐吓”，和在公共场所起哄闹事。

1. 对“恐吓”他人，情节恶劣的理解。“恐吓”是以害他人权益或公共利益

等事项威胁他人，使他人心理感到畏惧恐慌。黑社会性质组织发展后期，达到非法控制后，也会以“恐吓”作为使他人产生心理恐惧或者心理强制的手段实施违法犯罪。恶势力所采取的滋扰、纠缠、哄闹、聚众造势等手段应是不具有暴力性质且多为不法性质的恶害，使得他人产生心理上的波动，进而产生心理恐惧或者形成心理强制或者足以影响、限制人身自由、危及人身财产安全，影响正常生活、工作、生产、经营。

《指导意见》第17条以及《“软暴力”若干问题意见》第5条规定，采用“软暴力”手段，使他人产生心理恐惧或者形成心理强制，属于《刑法》第293条第1款第2项规定的“恐吓”。

关于“情节恶劣”。根据《最高人民法院、最高人民检察院关于办理寻衅滋事刑事案件适用法律若干问题的解释》《最高人民检察院公安部关于公安机关管辖的刑事案件立案追诉标准的规定（一）的补充规定》，追逐、拦截、辱骂、恐吓他人，破坏社会秩序，涉嫌下列情形之一的，应予立案追诉：（1）多次追逐、拦截、辱骂、恐吓他人，造成恶劣社会影响的；（2）持凶器追逐、拦截、辱骂、恐吓他人的；（3）追逐、拦截、辱骂、恐吓精神病人、残疾人、流浪乞讨人员、老年人、孕妇、未成年人，造成恶劣社会影响的；（4）引起他人精神失常、自杀等严重后果的；（5）严重影响他人的工作、生活、生产、经营的；（6）其他情节恶劣的情形。以上情形即构成《刑法》第293条规定的追逐、拦截、辱骂、恐吓他人，情节恶劣的情形。

《“软暴力”若干问题意见》第5条第2款规定，《最高人民法院、最高人民检察院关于办理寻衅滋事刑事案件适用法律若干问题的解释》第2条至第4条中的“多次”一般应当理解为二年内实施寻衅滋事行为三次以上。三次以上寻衅滋事行为既包括同一类别的行为，也包括不同类别的行为；既包括未受行政处罚的行为，也包括已受行政处罚的行为。

2. 对在公共场所起哄闹事，造成公共场所秩序严重混乱的理解。以法益受到侵害或者受到威胁的程度，作为衡量情节恶劣的依据。根据《最高人民法院、最高人民检察院关于办理寻衅滋事刑事案件适用法律若干问题的解释》《最高人民检察院公安部关于公安机关管辖的刑事案件立案追诉标准的规定（一）的补充规定》，在车站、码头、机场、医院、商场、公园、影剧院、展览会、运动场或者其他公共场所起哄闹事，应当根据公共场所的性质、公共活动的重要程度、公共场所的人数、起哄闹事的时间、公共场所受影响的范围与程度等因素，综合判断是否造成公共场所秩序严重混乱。

三、采取“软暴力”手段实施强迫交易罪的认定

根据《指导意见》第17条、《“软暴力”若干问题的意见》第5条规定，采用“软暴力”手段，使他人产生心理恐惧或者形成心理强制，属于《刑法》第226条规定的“威胁”，同时符合其他犯罪构成要件的，应当以强迫交易罪定罪处罚。故采取“软暴力”手段实施的强迫交易罪应符合以下条件：

（一）主体方面。本罪的主体是一般主体，只要是年满16周岁，具备刑事责任能力的自然人，均可构成本罪。

（二）主观方面。本罪要求主观上存在犯罪的故意。

（三）客体方面。本罪侵犯的客体是市场交易秩序。

（四）客观方面。根据《刑法》第226条规定，强迫交易罪主要表现为以暴力、威胁手段，实施下列行为之一，情节严重的：实施强买强卖商品；强迫他人提供或者接受服务；强迫他人参与或者退出投标、拍卖；强迫他人转让或者收购公司、企业的股份、债券或者其他资产；强迫他人参与或者退出特定的经营活动。

1. 对“威胁”的理解。威胁，指的是某种行为或者手段达到对他人的心理强制或者震慑的作用。黑恶势力有组织地采用滋扰、纠缠、哄闹、聚众造势等手段扰乱正常的工作、生活秩序，强买强卖商品等的，使他人产生心理恐惧或者形成心理强制，构成这里的“威胁”。

根据《“软暴力”若干问题的意见》，采用“软暴力”手段，使他人产生心理恐惧或者形成心理强制，属于《刑法》第226条规定的“威胁”。

2. 对“情节严重”的理解。依据《最高人民检察院、公安部关于公安机关管辖的刑事案件立案追诉标准的规定（一）的补充规定》中的相关规定，达到下述立案标准的，应当追诉：“（一）造成被害人轻微伤的；（二）造成直接经济损失二千元以上的；（三）强迫交易三次以上或者强迫三人以上交易的；（四）强迫交易数额一万元以上，或者违法所得数额二千元以上的；（五）强

迫他人购买伪劣商品数额五千元以上，或者违法所得数额一千元以上的；（六）其他情节严重的情形。”

四、对采取“软暴力”手段实施敲诈勒索罪的认定

根据《刑法》第274条的规定，敲诈勒索罪，指的是以非法占有为目的，对他人实施威胁（恐吓），索取公私财产数额较大或者多次敲诈勒索的行为。根据《指导意见》第17条、《“软暴力”若干问题的意见》第8条规定，采取“软暴力”手段实施的敲诈勒索罪，应当具备以下条件：

（一）主体方面。本罪的主体是一般主体，只要是年满16周岁，具有刑事责任能力的自然人都能构成本罪。

（二）主观方面。成立本罪要求主观上应当是故意，而且应当是以非法占有为目的。如果是为了主张合法债务的，则不能构成本罪。

（三）客体方面。本罪的客体是复杂客体，主要客体是公私财产所有权，次要客体是他人的人身权利或者其他权益。本罪的犯罪对象是公私财物。

（四）客观方面。表现为以威胁或者要挟的方法，向公私财物的所有人或者持有人索要财物数额较大或多次敲诈勒索财物。

1. 对使用威胁或要挟的手段，使对方产生恐惧心理，进而取得财产的理解。威胁或者要挟，都是对受害人予以精神强制的方法，引起他人的心理恐惧。恶害的种类没有加以限制，包括被害人的身体、自由、名誉等。所加害对象可以是交付财物的被害人，也可能是与被害人有密切联系的第三人。威胁的方式既可以是明示也可以是暗示的。

有组织地采用滋扰、纠缠、哄闹、聚众造势等“软暴力”手段对受害人予以恶害相通告，使其产生心理恐惧或者心理强制，也是构成本罪的方法行为。

黑恶势力以非法占有为目的强行索取公私财物，有组织地采用滋扰、纠缠、哄闹、聚众造势等手段扰乱正常的工作、生活秩序，使对方产生恐惧心理，进而形成心理强制或者震慑作用，取得被害人的财产的，应当以敲诈勒索罪定罪处罚。

2. 对“数额较大或者多次敲诈勒索”的理解。《最高人民法院、最高人民检察院关于办理敲诈勒索刑事案件适用法律若干问题的解释》规定，敲诈勒索公私财物价值2000元至5000元以上，应当认定为数额较大。或者具有下列情形之一

的，“数额较大”的标准可以按照1000元至2500元确定：曾因敲诈勒索受过刑事处罚的；一年内曾因敲诈勒索受过行政处罚的；对未成年人、残疾人、老年人或者丧失劳动能力人敲诈勒索的；以将要实施放火、爆炸等危害公共安全犯罪或者故意杀人、绑架等严重侵犯公民人身权利犯罪相威胁敲诈勒索的；以黑恶势力名义敲诈勒索的；利用或者冒充国家机关工作人员、军人、新闻工作者等特殊身份敲诈勒索的；造成其他严重后果的。

《指导意见》第17条第1款第2项规定：“以非法占有为目的强行索取公私财物，有组织地采用滋扰、纠缠、哄闹、聚众造势等手段扰乱正常的工作、生活秩序，同时符合《刑法》第二百七十四条规定的其他犯罪构成条件的，应当以敲诈勒索罪定罪处罚。同时由多人实施或者以统一着装、显露纹身、特殊标识以及其他明示或者暗示方式，足以使对方感知相关行为的有组织性的，应当认定为《关于办理敲诈勒索刑事案件适用法律若干问题的解释》第二条第（五）项规定的‘以黑恶势力名义敲诈勒索’。”《“软暴力”若干问题的意见》第3条第2款规定：“由多人实施的，编造或明示暴力违法犯罪经历进行恐吓的，或者以自报组织、头目名号、统一着装、显露纹身、特殊标识以及其他明示、暗示方式，足以使他人感知相关行为有组织性的，应当认定为‘以黑恶势力名义实施’。”这种非暴力型的手段虽然不是类似滋扰、纠缠等常见的“软暴力”手段，但其达到了与威胁或者胁迫等质的使人产生恐惧心理的效果，让人感受到了黑恶势力的有组织性。只要主观上具备非法占有的目的，意在以此种手段强行索取财物的，符合其他构成要件的，应当以敲诈勒索罪定罪处罚。

五、采用“软暴力”手段实施非法侵入住宅罪的认定

根据《刑法》第245条规定，非法侵入住宅罪，指的是未经允许非法进入他人住宅或经要求退出无故拒不退出的行为。根据《“软暴力”若干问题的意见》第7条规定，采用“软暴力”手段实施的非法侵入住宅罪应当具备：

（一）客体方面。本罪的客体是公民住宅不可侵犯的权利。

（二）客观方面。本罪的客观方面表现为非法侵入他人住宅。一般来说，是在没有合法依据的情况下进入他人的住宅，再者就是虽然经过许可或者具有正当理由在进入他人的住宅后，经要求而不退出的行为。《“软暴力”若干问题的意

见》第7条规定："以'软暴力'手段非法进入或者滞留他人住宅的，应当认定为《刑法》第二百四十五条规定的'非法侵入他人住宅'，同时符合其他构成要件的，应当以非法侵入住宅罪定罪处罚。"即以"软暴力"为手段，以扰乱正常生活、工作、生产为目的，非法侵入他人住宅，或要求退出而不退出的，则符合本罪的客观方面。

（三）主体方面。本罪是一般主体，即只要年满16周岁，具备刑事责任能力的自然人都能构成本罪。

（四）主观方面。本罪要求的是故意，有非法滞留他人住宅的故意，如果经要求后立即退出，则不构成本罪。

六、采用"软暴力"手段，同时构成两种以上犯罪的处理

根据《指导意见》第17条、《"软暴力"若干问题的意见》第9条规定，采用"软暴力"手段，同时构成两种以上犯罪的，依法按照处罚较重的犯罪定罪处罚，法律另有规定的除外。

七、采用"软暴力"手段，共同犯罪的处理

根据《指导意见》第17条、《"软暴力"若干问题的意见》第11条规定，雇佣、指使他人采用"软暴力"手段强迫交易、敲诈勒索，构成强迫交易罪、敲诈勒索罪的，对雇佣者、指使者，一般应当以共同犯罪中的主犯论处。

为强索不受法律保护的债务或者因其他非法目的，雇佣、指使他人采用"软暴力"手段非法剥夺他人人身自由构成非法拘禁罪，或者非法侵入他人住宅、寻衅滋事，构成非法侵入住宅罪、寻衅滋事罪的，对雇佣者、指使者，一般应当以共同犯罪中的主犯论处；因本人及近亲属合法债务、婚恋、家庭、邻里纠纷等民间矛盾而雇佣、指使，没有造成严重后果的，一般不作为犯罪处理，但经有关部门批评制止或者处理处罚后仍继续实施的除外。

八、行政处罚与刑罚的折抵

《行政处罚法》第28条规定："违法行为构成犯罪，人民法院判处拘役或者有期徒刑时，行政机关已经给予当事人行政拘留的，应当依法折抵相应刑期。违

法行为构成犯罪，人民法院判处罚金时，行政机关已经给予当事人罚款的，应当依法折抵相应罚金。”这是行政处罚“一事不再罚”原则的具体应用，保障同一行为不受两次法律的否定性评价。《“软暴力”若干问题意见》第10条规定：“根据本意见第五条、第八条规定，对已受行政处罚的行为追究刑事责任的，行为人先前所受的行政拘留处罚应当折抵刑期，罚款应当抵扣罚金。”

软暴力是违法犯罪的一种手段，以软暴力手段实施的行为构成违法的，对行为人予以行政处罚。以软暴力手段实施的行为构成犯罪的，对犯罪人予以刑事处罚。如果案件暂时无法判断是违法还是犯罪的，先按照行政案件处理。如果发现违法行为构成犯罪，应当依法追究刑事责任。因同一行为已经被行政处罚的，行政处罚与刑罚折抵。根据法律的相关规定，可以折抵的包括人身罚和财产罚，行政拘留一日可以折抵拘役和有期徒刑一日；罚款可以折抵罚金。

本节相关依据

《刑法》第226条、第245条、第274条、第293条、第294条；《行政处罚法》第28条；《关于办理实施“软暴力”的刑事案件若干问题的意见》；《最高人民法院、最高人民检察院关于办理寻衅滋事刑事案件适用法律若干问题的解释》；《最高人民法院、最高人民检察院关于办理敲诈勒索刑事案件适用法律若干问题的解释》。

典型案例评析

黑恶势力“软暴力”犯罪的认定

——张某等寻衅滋事案①

【基本案情】

2017年1月1日，任某向仉某波（另案处理）借高利贷5万元，自同年1月至10月，任某每月支付利息5000元。后因2017年12月至2018年1月，任某无

① 参见山东省德州市中级人民法院（2018）鲁（14）刑终221号刑事判决书。

力继续偿还利息或本金，仉某波纠集张甲、杜某明、夏某贵、姜某、张乙等人，有组织地多次采取拉白色横幅、用喇叭喊话、用油漆在墙上写字、扔砖头、摔酒瓶、语言威胁等方式到任某妻子陈某（已经于2017年12月25日离婚）经营的美容店和任某父亲家中要账。

公诉机关山东省平原县人民检察院以被告人张甲、夏某贵犯寻衅滋事罪向平原县人民法院提起公诉。

平原县人民法院经一审认为被告人张甲、夏某贵、杜某明、姜某等人以谋取非法利益为目的，经常纠集在一起，采取拉白色横幅、用喇叭喊话、用红色油漆在墙上写字、扔砖头、摔酒瓶、语言威胁等一种或者数种软暴力方式索要债务，有组织地多次对他人进行恐吓、聚众造势、滋扰，有经依法质证的证据予以证实，其行为严重扰乱了受害人的正常生活、工作秩序，造成恶劣的社会影响，依据《刑法》第293条之规定构成寻衅滋事罪。

一审判决后，被告人不服，依法向德州市中级人民法院提起上诉。

经二审法院德州市中级人民法院审理查明：仉某波以任某未偿还欠款为由，指使上诉人张甲、原审被告人杜某明协助索要债务，上诉人张某纠集了上诉人夏某贵、姜某等人自2017年12月交叉作案，采取拉白色横幅、用喇叭喊话、用油漆在墙上写字、扔砖头、摔酒瓶、语言恐吓等方式多次到任某妻子陈某（2017年12月25日已离婚）经营的美容店和任某父亲家中要账，实施恶势力犯罪。上述事实经原审及二审庭审质证、认证的证据证实。遂依照《刑法》第293条第1款第2项、第25条第1款、第65条第1款、第67条第3款、第68条、第62条，《刑事诉讼法》第236条第1款第2项的规定，判决如下：

一、维持山东省平原县人民法院（2018）鲁1426刑初88号刑事判决第一项、第二项、第三项、第五项定罪量刑部分及第四项的定罪部分，即“被告人张甲犯寻衅滋事罪，判处有期徒刑四年六个月；被告人夏某贵犯寻衅滋事罪，判处有期徒刑四年四个月；被告人杜某明犯寻衅滋事罪，判处有期徒刑四年二个月；被告人张乙犯寻衅滋事罪，判处有期徒刑三年十个月；被告人姜某犯寻衅滋事罪”。

二、撤销山东省平原县人民法院（2018）鲁1426刑初88号刑事判决第四项的量刑部分，即“被告人姜某判处有期徒刑四年”。

三、上诉人姜某犯寻衅滋事罪，判处有期徒刑三年。

【评析】

在前述恶势力犯罪组织的认定标准中，提出了若干特征。在本案中被告人在组织形式上有五名参与人员，符合组织特征；在行为特征上，多次经常纠集在一起以扔砖头、摔酒瓶或者语言恐吓等威胁方式对受害人进行威胁，逼迫他们偿还高利贷的本金及利息；他们的行为导致一些顾客因为担心个人的安全，不再来美容院做美容，扰乱了经济、社会秩序，造成了较为恶劣的社会影响，符合社会危害性特征。综上，该五名被告人已经构成了恶势力犯罪组织的成立标准，构成了恶势力犯罪组织。

五名被告人在组成恶势力犯罪组织后，为了替仉某波讨要高利贷而意图从中谋取不法利益，有组织地在2017年12月至2018年1月期间采取拉白色横幅、用喇叭喊话、用油漆在墙上写字、扔砖头、摔酒瓶、语言恐吓等手段，以产生的恶害相通告，严重扰乱了任某已经离婚的妻子陈某及任某父亲的正常工作和生活秩序。这种有组织的滋扰、纠缠对陈某及来其美容店消费的顾客产生了心理上的强制和恐惧，属于恶势力“软暴力”犯罪，属于《刑法》第293条第1款第2项规定的“恐吓”，而且也符合寻衅滋事罪其他犯罪构成要件，应当以寻衅滋事罪定罪处罚。

第二节 非法拘禁罪的认定

《刑法》第238条规定：“非法拘禁他人或者以其他方法非法剥夺他人人身自由的，处三年以下有期徒刑、拘役、管制或者剥夺政治权利。具有殴打、侮辱情节的，从重处罚。犯前款罪，致人重伤的，处三年以上十年以下有期徒刑；致人死亡的，处十年以上有期徒刑。使用暴力致人伤残、死亡的，依照本法第二百三十四条、第二百三十二条的规定定罪处罚。为索取债务非法扣押、拘禁他人的，依照前两款的规定处罚。国家机关工作人员利用职权犯前三款罪的，依照前三款的规定从重处罚。”

《指导意见》第18条规定：“黑恶势力有组织地多次短时间非法拘禁他人的，应当认定为《刑法》第二百三十八条规定的‘以其他方法非法剥夺他人人身自由’。非法拘禁他人三次以上、每次持续时间在四小时以上，或者非法拘禁他人累计时间在十二小时以上的，应以非法拘禁罪定罪处罚。”

一、非法拘禁罪的概念与构成要件

（一）概念

非法拘禁罪，是指以拘押、禁闭或者其他强制方法，非法剥夺他人人身自由的犯罪行为。非法拘禁罪侵犯的客体是他人的人身自由权，即在法律范围内按照自己的意志决定自己身体行动的自由权利。公民的人身自由，是公民正常工作、生产、生活和学习的保证，失去身体自由，就失去了从事一切正常活动的可能。非法剥夺他人人身自由是一种持续行为，该行为在一段时间内处于继续状态，使他人在一定时间内失去身体自由，不具有间断性。

（二）构成要件

1. 本罪侵犯的客体是公民的人身自由权。人身自由权，是公民按照自己的意志自由支配自己身体活动的权利，是公民的一项基本权利。公民的人身自由权只有依法律规定被法律授权的单位才能依法剥夺，除此以外，任何单位和个人均不得剥夺公民的人身自由权。《宪法》第 37 条规定，中华人民共和国公民的人身自由不受侵犯。任何公民，非经人民检察院批准或者决定或者人民法院决定，并由公安机关执行，不受逮捕。禁止非法拘禁和以其他方法非法剥夺或者限制公民的人身自由，禁止非法搜查公民的身体。

2. 本罪在犯罪客观方面的表现是：行为人实施了非法拘禁行为，故意剥夺他人人身自由；该行为是违反法律法规规定的行为；行为人有造成非法剥夺他人人身自由的结果；行为人采用了捆绑、关押、禁闭等非法拘禁他人或者以其他方法非法剥夺他人人身自由。根据《“软暴力”若干问题的意见》第 6 条的规定，有组织地多次短时间非法拘禁他人的，应当认定为《刑法》第 238 条规定的“以其他方法非法剥夺他人人身自由”。

3. 本罪的犯罪主体为一般主体，包括无权行使拘禁权的人实施非法拘禁和有权行使拘禁权的人滥用职权非法拘禁。

4. 本罪在犯罪主观方面的表现是故意，过失不构成本罪。即行为人明知自已采取的行为会产生非法剥夺他人人身自由而故意为之，并积极追求这种结果产生的故意行为。

二、非法拘禁罪的认定标准

《治安管理处罚法》第40条第3项规定了非法限制人身自由的违法行为，其与非法拘禁罪在主体、主观方面、客体等方面都存在相似之处，那么如何认定非法拘禁罪？

（一）国家机关工作人员非法拘禁罪的认定标准

《最高人民检察院关于渎职侵权犯罪案件立案标准的规定》（高检发释字〔2006〕2号）规定，国家机关工作人员利用职权非法拘禁，涉嫌下列情形之一的，应予立案：（1）非法剥夺他人人身自由24小时以上的；（2）非法剥夺他人人身自由，并使用械具或者捆绑等恶劣手段，或者实施殴打、侮辱、虐待行为的；（3）非法拘禁，造成被拘禁人轻伤、重伤、死亡的；（4）非法拘禁，情节严重，导致被拘禁人自杀、自残造成重伤、死亡，或者精神失常的；（5）非法拘禁3人次以上的；（6）司法工作人员对明知是没有违法犯罪事实的人而非法拘禁的；（7）其他非法拘禁应予追究刑事责任的情形。国家机关工作人员具备上述条件之一的，即构成非法拘禁罪。

（二）一般主体非法拘禁罪的认定标准

我国法律中并没有对一般主体非法拘禁罪立案标准作出规定，实践中多参照国家机关工作人员犯此罪的立案标准处理。这意味着在非法拘禁罪认定上面，一般主体与特殊主体的立案标准是一样的，但是在处罚方面则有很大差异。《指导意见》和《“软暴力”若干问题的意见》在非法拘禁罪的认定标准上有所突破。

《“软暴力”若干问题的意见》第6条规定，有组织地多次短时间非法拘禁他人的，应当认定为《刑法》第238条规定的“以其他方法非法剥夺他人人身自由”。非法拘禁他人三次以上、每次持续时间在四小时以上，或者非法拘禁他人累计时间在十二小时以上的，应当以非法拘禁罪定罪处罚。

关于一般主体非法拘禁罪的认定标准还有待进一步研究完善。

三、不作为犯罪处理的情形

根据《“软暴力”若干问题的意见》第11条第2款规定，为强索不受法律保护的债务或者因其他非法目的，雇佣、指使他人采用“软暴力”手段非法剥夺他人人身自由构成非法拘禁罪……对雇佣者、指使者，一般应当以共同犯罪中的主犯论处；因本人及近亲属合法债务、婚恋、家庭、邻里纠纷等民间矛盾而雇佣、指使，没有造成严重后果的，一般不作为犯罪处理，但经有关部门批评制止或者处理处罚后仍继续实施的除外。

《最高人民法院关于对为索取法律不予保护的债务，非法拘禁他人行为如何定罪问题的解释》（法释〔2000〕19号）规定，行为人为索取高利贷、赌债等法律不予保护的债务，非法扣押、拘禁他人的，依照《刑法》第238条的规定定罪处罚。

本节相关依据

《刑法》238条；《关于办理实施“软暴力”的刑事案件若干问题的意见》第6条、第11条；《最高人民法院对为索取法律不予保护的债务，非法拘禁他人行为如何定罪问题的解释》；《最高人民检察院关于渎职侵权犯罪案件立案标准的规定》。

典型案例评析

黑恶势力非法拘禁罪的认定

——黄某等非法拘禁案①

【基本案情】

2017年9月，黄某应邓某（已另案处理）的邀约于2017年11月至12月中旬跟随邓某从事高利贷催收，催收所得由两人分成。2017年11月，邓某按公司催收指令，带领黄某前往苏甲家中催收欠款未果，同年11月14日，邓某联系苏

① 参见湖北省宜昌市中级人民法院（2018）鄂（05）刑终364号刑事裁定书。

甲，叫苏甲前往其住宿地某公寓房间商谈还款一事。苏甲到达该房间，邓某提出让苏甲还款，黄某同时威胁苏甲如果不还钱就不能离开，并让苏甲蹲到墙角，苏甲不从，黄某便对其实施威胁和殴打。2017 年 12 月初，严甲因未按规定时间还款，已经作为用贷公司催收工作人员的黄某带领望某杰多次找严甲催收债务。2018 年 1 月 5 日，黄某、望某杰将严甲带至某酒店房间限制其人身自由，其间二人多次对严甲实施殴打、冲冷水、罚跪、逼迫一次性抽多根香烟等行为，逼严甲筹钱还账。次日下午，黄某叫来从事放贷业务的杜某鹏，逼迫严甲向其贷款 1 万元（实际到账 5500 元），用于还款给黄某，并将严甲继续控制在酒店中。2018 年 1 月 7 日，严甲因未按被告人杜某鹏要求还款，杜某鹏邀约被告人黄某、刘某，黄某又带领望某杰于当日来到严甲家中催债。四人又将严甲从其家中带往其亲戚处借钱，途中逼迫严甲脱掉外衣（只剩秋衣秋裤）。后因借钱未果，在返回途中黄某、杜某鹏、望某杰、刘某对严甲实施言语恐吓、威胁、强迫严甲脱掉外衣站在雪地里并往严甲衣内塞雪团等行为，逼迫严甲想办法借钱还款。

公诉机关宜昌市猇亭区人民检察院指控被告人黄某、杜某鹏、望某杰、刘某犯非法拘禁罪，向宜昌市猇亭区人民法院提起诉讼。

宜昌市猇亭区人民法院一审认为被告人黄某、杜某鹏、望某杰、刘某为索取高利贷，非法剥夺他人人身自由，并对他人实施殴打、威胁、侮辱，其行为均已构成非法拘禁罪。同时在催收高利贷过程中，黄某等人以暴力、威胁等手段，多次实施违法犯罪活动，对他人非法拘禁，故意毁坏他人财物，欺压百姓，扰乱经济、社会生活秩序，造成他人精神紧张、恐慌等后果，造成较为恶劣的社会影响，依法构成了恶势力犯罪。

一审判决后，被告人黄某、杜某鹏不服，依法向湖北省宜昌市中级人民法院提起上诉。

二审法院经审理认为，上诉人黄某、杜某鹏、原审被告人望某杰、刘某为索取高利贷，多次非法剥夺他人人身自由，其行为均已构成非法拘禁罪。黄某等人在催收高利贷中多次使用暴力、威胁、侮辱等手段，非法剥夺他人自由、毁坏他人财物，社会影响恶劣，应认定为恶势力。且原判认定的事实清楚，证据确实、充分，定罪准确，量刑符合法律规定，审判程序合法。遂依据《中华人民共和国刑法》第 238 条第 1 款、第 3 款、第 25 条第 1 款、第 26 条、第 27 条、第 67 条第1款和第3款、第72条、第73条及《中华人民共和国刑事诉讼法》第236条第1款第1项的规定，裁定驳回上诉，维持原判。

【评析】

在本案中，首先，应当认定以黄某为首的四名被告人已经形成了恶势力犯罪集团。理由如下：本案中有四名被告人实施了违法犯罪行为，黄某作为主要的纠集者，是本犯罪集团的首要分子，其积极谋划多次犯罪计划、组织纠集望某杰、杜某鹏积极参加讨要非法高利贷债务，望某杰、杜某鹏在后几次讨要高利贷债务中积极参与，属于此犯罪集团固定的重要成员，此三人经常纠集在一起与后加入的刘某以共同的犯罪故意实施了三次以上为讨要高利贷债务而实施的非法拘禁行为。因此应当认定为恶势力犯罪集团。

其次，以黄某为首要分子的犯罪集团为索取高利贷，非法剥夺他人人身自由，并对严甲等人实施殴打、威胁、侮辱，同时他们多次以协商还钱事宜的借口，将严甲关在酒店房间内以限制其人身自由，非法拘禁的累计时间已经超过12小时，其行为均已构成非法拘禁罪。

最后，充分运用《刑法》分则关于共同犯罪和犯罪集团的规定，依法从严惩处。故共同犯罪过程中，黄某作为犯罪集团的首要分子，是主犯，望某杰、杜某鹏、刘某为积极参加者。故对黄某应当依法按照其所参与、组织、指挥的犯罪集团全部犯罪处罚；对杜某鹏和望某杰，依法应当按照其所参与的全部犯罪处罚；刘某在此共同犯罪中参与时间较短、次数较少起次要作用，是从犯，依法应当从轻处罚。

第五章　依法打击非法放贷讨债的犯罪活动

本章导读

近年来，随着经济不断发展，资金流动量大大增加，非法高利贷、暴力讨债逐渐渗透到多个领域，利息更是令人咋舌。因为不理性贷款而导致借贷人流落他乡、有家难回的不在少数，严重影响正常的金融秩序和社会安宁，给社会治安的稳定带来了极大的危害。《通知》强调，要聚焦涉黑涉恶问题突出的重点地区、重点行业、重点领域，把打击锋芒始终对准群众反映最强烈、最深恶痛绝的各类黑恶势力违法犯罪。《指导意见》对依法打击非法放贷讨债的犯罪活动做了专门的阐述，并将其列为与打击惩处黑恶势力犯罪、“村霸”、宗族恶势力、“保护伞”以及“软暴力”等犯罪并列的地位。因此，打击非法放贷设套骗赌、暴力讨债等黑恶势力犯罪活动势在必行。

为有效彻底地打击非法放贷讨债的犯罪活动，本章阐释了非法放贷的定义、非法放贷的认定标准、非法放贷讨债的具体手段、非法放贷讨债涉及的罪名、“套路贷”的一般步骤等内容，以确保政法各机关统一对违法犯罪的认定，加强协调配合，打击民生犯罪，实现政治效果、法律效果和社会效果的统一。

第一节 非法放贷讨债行为涉及的犯罪

一、非法放贷讨债涉及犯罪的认定

在民间借贷活动中，如有擅自设立金融机构、非法吸收公众存款、骗取贷款、套取金融机构资金发放高利贷以及为强索债务而实施故意杀人、故意伤害、非法拘禁、故意毁坏财物等行为的，应当按照具体犯罪侦查、起诉、审判。可能涉及的犯罪主要有：

（一）擅自设立金融机构罪

依据《刑法》第174条第1款规定："未经国家有关主管部门批准，擅自设立商业银行、证券交易所、期货交易所、证券公司、期货经纪公司、保险公司或者其他金融机构的，处三年以下有期徒刑或者拘役，并处或者单处二万元以上二十万元以下罚金；情节严重的，处三年以上十年以下有期徒刑，并处五万元以上五十万元以下罚金。"

现实中，有的非法放贷公司为拓展业务显示"正规化经营"，从而设立金融机构。按照《非法金融机构和非法金融业务活动取缔办法》第3条的规定，未经中国人民银行批准，擅自设立从事或者主要从事吸收存款、发放贷款、办理结算、票据贴现、资金拆借、信托投资、金融租赁、融资担保、外汇买卖等金融业务活动的机构为非法金融机构。擅自设立金融机构罪不同于吸收公众存款罪与从事资金支付结算业务的非法经营罪，该罪金融业务范围更广、组织机构形式更正规，且没有犯罪数额要求。

（二）非法吸收公众存款罪

依据《刑法》第176条第1款规定："非法吸收公众存款或者变相吸收公众存款，扰乱金融秩序的，处三年以下有期徒刑或者拘役，并处或者单处二万元以上二十万元以下罚金；数额巨大或者有其他严重情节的，处三年以上十年以下有期徒刑，并处五万元以上五十万元以下罚金。”个人非法吸收或者变相吸收公众存款数额在 20 万元以上，单位非法吸收或者变相吸收公众存款数额在 100 万元以上符合立案标准。①

非法吸收公众存款属于非法集资，是非法放贷从业者又一重要的资金来源，也是不折不扣的犯罪行为，依法严厉打击可以掐断非法放贷资金来源，净化民间借贷市场。如某市张某未经中国人民银行批准，擅自以高息名义公开向他人非法集资近 1000 多万元后再高息放贷给他人，由于放出去的贷款未能及时收回，导致资金链出现断裂，至案发还有将近 700 万元的债务未能偿还，法院以非法吸收公众存款罪，并连同其他犯罪，判处其有期徒刑八年九个月，并处罚金人民币十万元。②

（三）骗取贷款罪

依据《刑法》第 175 条之一规定：“以欺骗手段取得银行或者其他金融机构贷款、票据承兑、信用证、保函等，给银行或者其他金融机构造成重大损失或者有其他严重情节的，处三年以下有期徒刑或者拘役，并处或者单处罚金；给银行或者其他金融机构造成特别重大损失或者有其他特别严重情节的，处三年以上七年以下有期徒刑，并处罚金。单位犯前款罪的，对单位判处罚金，并对其直接负责的主管人员和其他直接责任人员，依照前款的规定处罚。”造成银行或者其他金融机构直接经济损失数额在 20 万元以上，或骗贷数额在 100 万元以上或多次骗贷的符合立案标准。③

骗取贷款虽然未必用于非法放贷行为，但是现实中通过骗取银行贷款非法放贷的情况也很普遍，与高利转贷罪不同的是，不仅贷款名义为假，甚至提交的贷款资料都是虚假的，实际并不符合贷款条件。此外，最重要的是给银行造成了重

---

① 参见《最高人民检察院、公安部关于公安机关管辖的刑事案件立案追诉标准的规定（二）》第 28 条。

② 参见《村主任非法集资千万放高利贷被举报案发》，载凤凰网，http：//finance. ifeng. com/roll/20120828/6953753. shtml，最后访问时间：2019 年 5 月 30 日。

③ 参见《最高人民检察院、公安部关于公安机关管辖的刑事案件立案追诉标准的规定（二）》第 27 条规定。

大损失才构成此罪，此罪往往存在与银行工作人员内外勾结的情况，因此，往往与受贿罪、违法发放贷款罪相牵连。

由于银行内部为了回避管理漏洞和责任，并寄希望于借款人能够最终偿还贷款，以及巨大损失不易认定等原因，此罪长期疏于严厉打击。

（四）高利转贷罪

根据《刑法》第175条规定："以转贷牟利为目的，套取金融机构信贷资金高利转贷他人，违法所得数额较大的，处三年以下有期徒刑或者拘役，并处违法所得一倍以上五倍以下罚金；数额巨大的，处三年以上七年以下有期徒刑，并处违法所得一倍以上五倍以下罚金。单位犯前款罪的，对单位判处罚金，并对其直接负责的主管人员和其他直接责任人员，处三年以下有期徒刑或者拘役。"违法所得10万元以上，或两年内因高利转贷受过行政处罚二次以上，又高利转贷的符合立案标准。①

目前非法放贷较多见，而实际少有以自有资金从事非法放贷的人，很多非法放贷的主要资金来源便是银行贷款，因此高利转贷行为的存在具有一定的普遍性，只是它往往披着合法借贷的外衣，暗地里用于非法放贷，不易被发现。这种行为严重地破坏了金融秩序，有很大的危害性。如沭阳周某，把个人房产抵给银行，以做工程的名义三次从银行贷款，并将贷来的款高利非法放贷给康某，从中获利28.8万余元。被法院以高利转贷罪，判处有期徒刑六个月，缓刑一年，并处罚金人民币32万元。②

（五）故意杀人罪、故意伤害罪、非法拘禁罪、故意毁坏财物罪等

为强索债务而实施故意杀人、故意伤害、非法拘禁、故意毁坏财物等行为，分别构成故意杀人罪、故意伤害罪、非法拘禁罪、故意毁坏财物罪等，应当按照具体犯罪侦查、起诉、审判。

除上述列举外，在民间借贷以及为强索债务中还可能构成集资诈骗罪、非法

---

① 参见《最高人民检察院公安部关于公安机关管辖的刑事案件立案追诉标准的规定（二）》第26条。

② 参见江苏省沭阳县人民法院刑事判决书（2015）沭刑初字第01385号刑事判决书。

经营罪等其他犯罪，都应当按照具体犯罪侦查、起诉、审判。

二、上述犯罪依法符合数罪并罚条件的，应当处以并罚

数罪并罚，是指一个人在判决宣告以前犯有数罪，或者在判决宣告以后、刑罚执行完毕以前，发现被判刑的犯罪分子在判决宣告以前还有其他罪没有判决，或者被判刑的犯罪分子在刑罚执行完毕以前又犯新罪，审判机关依照刑法规定的数罪并罚的原则和方法对一人所犯数罪的合并处罚。

（一）数罪并罚的原则

根据《刑法》第 69 条的规定，数罪并罚的原则有以下三种。

1. 吸收原则。数刑中只要有一个是死刑或者无期徒刑的，就应当执行死刑或者无期徒刑。

2. 限制加重原则。数刑中有两个以上有期徒刑、两个以上拘役或者两个以上管制的，应当在总和刑期以下、数刑中最高刑期以上，酌情决定应当执行的刑期。但是按照刑法的规定，管制最高不能超过 3 年，拘役最高不能超过 1 年，有期徒刑总和刑期不满 35 年的，最高不能超过 20 年，总和刑期在 35 年以上的，最高不能超过 25 年。

3. 并科原则。如果数罪中判处有附加刑的，附加刑仍须执行。

（二）数罪并罚的三种情况

1. 判决宣告以前，一个人犯有数罪的，应当对所犯各罪分别量刑，后按照《刑法》第 69 条规定决定应当执行的刑罚。

2. 判决宣告以后、刑罚执行完毕以前，发现被判刑的犯罪分子在判决宣告以前还有其他罪没有判决的，应当对新发现的罪作判决，把前后两个判决所判处的刑罚，在最高刑期以上总和刑期以下决定应当执行的刑罚，再减去已经执行的刑期。这就是数罪并罚计算刑期的“先并后减”方法。

3. 判决宣告以后，刑罚执行完毕以前，被判刑的犯罪分子又犯新罪的，应当对新犯的罪作出判决，把前罪没有执行的刑罚与新罪所判处的刑罚，在最高刑期以上总和刑期以下决定应当执行的刑罚。这就是数罪并罚计算刑期的

“先减后并”方法。

（三）数罪并罚刑期的规定

数罪并罚执行刑期有三种具体规定。

1. 数罪中有一罪被判处死刑或者无期徒刑的，执行死刑或者无期徒刑。

2. 数刑总和刑期以下，数刑中最高刑期以上，酌情决定执行刑期。例如，非法吸收公众存款罪被判有期徒刑七年，故意伤害罪被判有期徒刑九年，骗取贷款罪被判有期徒刑三年，该罪犯的数刑中总和刑期为十九年，决定执行的刑期为十九年以下，数罪中最高刑期为九年，该犯的实际执行期应为九年以上十九年以下酌情决定执行期。

3. 数罪并罚管制最高不超过三年，拘役不超过一年，有期徒刑总和刑期不满三十五年的，最高不能超过二十年，总和刑期在三十五年以上的，最高不能超过二十五年。这是数罪并罚最高执行刑期的规定。

另外，数罪中被判处有附加刑的，附加刑也应当执行，并且有几个执行几个。

本节相关依据

《刑法》第69条、第174条、第175条、第176条、第235条、第234条、第238条、第275条；《非法金融机构和非法金融业务活动取缔办法》第3条。

典型案例评析

擅自设立金融机构罪的认定

——陈某擅自设立金融机构案[①]

【基本案情】

2013年1月15日，被告人陈某成立福建省东山县甲金融信息咨询有限公司，

---

① 参见福建省漳州市中级人民法院（2014）漳刑终字第300号刑事裁定书。

同年6月7日设立乙分公司，被告人陈某作为该公司的法定代表人及总经理，全面负责公司事务。在公司运营期间，被告人陈某未经国家有关主管部门批准，将该公司按金融机构模式设立财务部、信贷部、营业部、投资部等八个部门，主要经营存贷款等金融业务，并在互联网及公司门口宣传该公司主要经营吸收个人理财存款及发放贷款等金融业务。自2013年3月正式营业至2013年7月案发时止，该公司共向陈某栋、陈某贞等人吸收个人理财存款15笔，合计人民币204.2万元，向林某武、陈某滨等人发放贷款合计人民币195.56万元。案发后，被告人陈某经公安机关电话通知后到案，归案后如实供述了自己的犯罪事实。

一审法院认为，被告人陈某未经国家有关主管部门批准，以合法设立的其他公司超经营范围非法从事存贷款等金融业务活动，其行为应视为未经批准，设立主要从事金融业务的其他金融机构，该行为已构成擅自设立金融机构罪。被告人陈某经公安机关电话通知后到案，归案后如实供述自己的犯罪事实，可以认定为自首，依法可以从轻处罚。依法判决：一、被告人陈某犯擅自设立金融机构罪，判处有期徒刑一年，并处罚金人民币80000元。二、责令被告人陈某将所得赃款退还被害人。

宣判后，被告人陈某不服，提出上诉。上诉人陈某提出的上诉理由为：1. 其没有犯罪的主观故意，一审法院判决量刑畸重；2. 其违法情节明显轻微，应当依法适用缓刑。上诉人陈某的辩护人提出辩护意见为：1. 一审判决认定事实不清，混淆单位犯罪与自然人犯罪的法律规定；2. 一审判决的定性错误，陈某的行为不构成擅自设立金融机构罪；3. 陈某违法情节明显轻微，不应当追究刑事责任。

【评析】

陈某未经国家有关主管部门批准，以合法设立的其他公司超经营范围，以委托理财的方式非法吸收资金计人民币204.2万元，因该公司系向亲友或单位内部人员等人员吸收资金，被吸收资金人员不是经该公司向社会公众传播而实施存款，根据现有证据，该公司的行为不属向社会公众吸收存款，不构成非法吸收公众存款，但是构成擅自设立金融机构。

陈某犯罪主观故意明显，犯罪情节不属轻微。

因陈某设立福建省东山县甲金融信息咨询有限公司后，以实施委托理财的方式非法吸收资金的犯罪为主要活动，不以单位犯罪论处。

上诉人陈某经公安机关电话通知后到案，归案后如实供述自己的犯罪事实，可以认定为自首，依法可以从轻处罚。原审东山县人民法院根据本案的具体事实、情节，依法对上诉人陈某进行定罪、处刑并处罚金、责令陈某将所得赃款退还被害人等并无不当。上诉人陈某及其辩护人分别提出，上诉人陈某的行为不构成擅自设立金融机构罪、一审法院判决量刑畸重、要求适用缓刑等的诉、辩意见，没有事实、法律依据，不予采纳。依照《中华人民共和国刑法》第174条第1款、第67条第1款、第52条、第53条、第64条及《最高人民法院关于处理自首和立功具体应用法律若干问题的解释》第1条、第3条及《中华人民共和国刑事诉讼法》第225条第1款第1项的规定，裁定驳回上诉，维持原判。

第二节 “套路贷”涉及犯罪的认定与刑罚

一、“套路贷”行为的认定

（一）“套路贷”的概念

关于“套路贷”，《指导意见》第20条规定：“对于以非法占有为目的，假借民间借贷之名，通过‘虚增债务’‘签订虚假借款协议’‘制造资金走账流水’‘肆意认定违约’‘转单平账’‘虚假诉讼’等手段非法占有他人财产，或者使用暴力、威胁手段强立债权、强行索债的，应当根据案件具体事实，以诈骗、强迫交易、敲诈勒索、抢劫、虚假诉讼等罪名侦查、起诉、审判。对于非法占有的被害人实际所得借款以外的虚高‘债务’和以‘保证金’‘中介费’‘服务费’等各种名目扣除或收取的额外费用，均应计入违法所得。对于名义上为被害人所得、但在案证据能够证明实际上却为犯罪嫌疑人、被告人实施后续犯罪所使用的‘借款’，应予以没收。”

2019年4月9日，最高人民法院、最高人民检察院、公安部、司法部印发《关于办理“套路贷”刑事案件若干问题的意见》，为持续深入开展扫黑除恶专项斗争，准确甄别和依法严厉惩处“套路贷”违法犯罪，提供了具体的指导意见。

“套路贷”是对以非法占有为目的，假借民间借贷之名，诱使或迫使被害人签订“借贷”或变相“借贷”“抵押”“担保”等相关协议，通过虚增借贷金额、恶意制造违约、肆意认定违约、毁匿还款证据等方式形成虚假债权债务，并借助诉讼、仲裁、公证或者采用暴力、威胁以及其他手段非法占有被害人财物的相关违法犯罪活动的概括性称谓。

上海市公安局在办案过程中曾总结此类案件犯罪嫌疑人作案套路为：“制造民间借贷假象—制造银行流水痕迹—单方面肆意认定被害人违约—恶意垒高借款金额—软硬兼施索债”①。中央电视台也播出了《今日说法》“套路”系列节目，首次在中央级媒体曝光了此类违法犯罪行为，并使用了“套路贷”一词。

（二）“套路贷”的常见犯罪手法

根据《关于办理“套路贷”刑事案件若干问题的意见》的规定，实践中“套路贷”的常见犯罪手法和步骤包括但不限于以下情形。

1. 制造民间借贷假象

犯罪嫌疑人、被告人往往以“小额贷款公司”“投资公司”“咨询公司”“担保公司”“网络借贷平台”等名义对外宣传，以低息、无抵押、无担保、快速放款等为诱饵吸引被害人借款，继而以“保证金”“行规”等虚假理由诱使被害人基于错误认识签订金额虚高的“借贷”协议或相关协议。有的犯罪嫌疑人、被告人还会以被害人先前借贷违约等理由，迫使对方签订金额虚高的“借贷”协议或相关协议。

2. 制造资金走账流水等虚假给付事实

犯罪嫌疑人、被告人按照虚高的“借贷”协议金额将资金转入被害人账户，制造已将全部借款交付被害人的银行流水痕迹，随后便采取各种手段将其中全部或者部分资金收回，被害人实际上并未取得或者未完全取得“借贷”协议、银行流水上显示的钱款。

---

① 参见《上海公安机关严厉打击“套路贷”犯罪》，载看看新闻 Knews，https：//baijiahao. baidu. com/s? id = 1637414031026236490&wfr = spider&for = pc，最后访问时间：2019 年 5 月 30 日。

3. 故意制造违约或者肆意认定违约

犯罪嫌疑人、被告人往往会以设置违约陷阱、制造还款障碍等方式，故意造成被害人违约，或者通过肆意认定违约，强行要求被害人偿还虚假债务。

4. 恶意垒高借款金额

当被害人无力偿还时，有的犯罪嫌疑人、被告人会安排其所属公司或者指定的关联公司、关联人员为被害人偿还“借款”，继而与被害人签订金额更大的虚高“借贷”协议或相关协议，通过这种“转单平账”“以贷还贷”的方式不断垒高“债务”。

5. 软硬兼施“索债”

在被害人未偿还虚高“借款”的情况下，犯罪嫌疑人、被告人借助诉讼、仲裁、公证或者采用暴力、威胁以及其他手段向被害人或者被害人的特定关系人索取“债务”。

（三）“套路贷”与相关概念辨析

1. “套路贷”与民间借贷的区别

“套路贷”，是对以非法占有为目的，假借民间借贷之名，诱使或迫使被害人签订“借贷”或变相“借贷”“抵押”“担保”等相关协议，通过虚增借贷金额、恶意制造违约、肆意认定违约、毁匿还款证据等方式形成虚假债权债务，并借助诉讼、仲裁、公证或者采用暴力、威胁以及其他手段非法占有被害人财物的相关违法犯罪活动的概括性称谓。

民间借贷的出借人是为了到期按照协议约定的内容收回本金并获取利息，不具有非法占有他人财物的目的，也不会在签订、履行借贷协议过程中实施虚增借贷金额、制造虚假给付痕迹、恶意制造违约、肆意认定违约、毁匿还款证据等行为。

2. 非法讨债引发的案件与“套路贷”案件的区别

犯罪嫌疑人、被告人不具有非法占有目的，也未使用“套路”与借款人形成虚假债权债务，不应视为“套路贷”。因使用暴力、威胁以及其他手段强行索债构成犯罪的，应当根据具体案件事实定罪处罚。

3. “套路贷”与高利贷的区别

（1）目的不同。“套路贷”的“借款”是被告人侵吞被害人财产的借口，所以“套路贷”是以“借款”为名行非法占有被害人财物之实。高利贷出借人希望借款人按约定支付高额利息并返还本金，目的是获取高额利息。

（2）手段方法不同。“套路贷”中虚增数额部分一般是以担保或类似名目出现。比如，签一个十年的房屋租赁合同，租金 60 万元，对应虚高借条的数额，如果借条数额讨不到，则派人去占被害人的房子，自己住或转租给他人从中获利。高利贷中本金之外的数额往往以利息名义设定。

（3）借款人主观认识不同。“套路贷”的借款人（被害人）往往在签订借款合同时被告知如正常还款，虚增数额不需归还，如果不正常还款才要还虚增的数额，被害人主观上认为对虚增部分不必偿还；高利贷的借款人对本金之外的高利息部分需要偿还在签订合同时即明知。

（4）出借人对“违约”的态度不同。“套路贷”中的犯罪人员为了达到占有虚增款项的目的，往往采取拒接电话、“失踪”等方式，让被害人在约定期限内无法还款，而不得不“违约”。高利贷的出借方一般希望借款人尽早还本付息，而不会故意制造违约。[①]

（5）侵害客体不同。“套路贷”侵害客体多、社会危害大，从诱骗或者强迫被害人签订合同到暴力讨债、虚假诉讼，不仅侵害被害人财产权、人身权，还危害公共秩序，破坏金融管理秩序，甚至挑战司法权威，严重妨害司法公正。高利贷主要是破坏金融管理秩序。

（6）法律后果不同。“套路贷”在本质上属于违法犯罪行为，借款本金和利息不受法律保护（本金是犯罪工具，利息作为违法所得予以没收）。高利贷体现了双方意思自治，借款行为本身及一定幅度内的利息是受法律保护的。根据《最高人民法院关于审理民间借贷案件适用法律若干问题的规定》，借贷双方约定的利率超过年利率 36%，超过部分的利息约定无效。即高利贷本金及法定利息受法律保护，超过法定的高额利息部分不受法律保护。

二、“套路贷”涉及的犯罪认定及处罚原则

对于以非法占有为目的，假借民间借贷之名，通过“虚增债务”“签订虚假

① 孙丽娟、孟庆华：《“套路贷”相关罪名与法律适用解析》，载《犯罪研究》2018 年第 1 期。

借款协议”“制造资金走账流水”“肆意认定违约”“转单平账”“虚假诉讼”等手段非法占有他人财产，或者使用暴力、威胁手段强立债权、强行索债的，应当根据案件具体事实，以诈骗、强迫交易、敲诈勒索、抢劫、虚假诉讼等罪名侦查、起诉、审判。

（一）以诈骗罪定罪处罚

犯罪嫌疑人、被告人实施“套路贷”犯罪时，未采用明显暴力或者威胁手段，则其行为特征从整体上属于以非法占有为目的，虚构事实、隐瞒真相骗取被害人财产的诈骗行为，一般可以诈骗罪追究刑事责任。

《刑法》第266条对诈骗罪进行了规定，是指以非法占有为目的，使用欺骗方法，骗取数额较大的公私财物的行为。一般而言，理论上认为，诈骗罪的客观方面表现为行为人使用欺诈手段，使他人在产生（或维持）错误认识的情况下处分财产从而遭受损失。具体而言，诈骗罪的客观构成要件要素主要包括：欺诈行为、认识错误、财产处分和财产损失四个要素。每前后两个要素之间，都具有一种紧密的、连续不断的、引起与被引起的因果关系，由此构成诈骗罪的特殊的构成要件结构。[①] 欺诈行为引起认识错误，认识错误引起财产处分，财产处分导致财产损失。主观构成要件要素除了一般针对客观构成要件要素的故意之外，还需要有非法占有的目的。诈骗罪中的非法占有目的，实际上是非法牟利目的。此外，还需要注意的是，诈骗结构中还存在着“三角诈骗”，即不仅存在着行为人与受骗人，还可能存在其他人，有可能受骗人并不是财产损失人。

例如：以上海市A区检察院办理的“套路贷”瞿某等诈骗案例中，中介团伙和资方团伙共同实施了欺诈行为，通过先散布“未成年人借钱不用还”等谣言后空放[②]的手段，诱使未成年人杭某写下虚高的借条，受害人因此形成了并不需要对借条上的高额数字进行还款，只对自己借的数额还款甚至不用还款的错误认识，接着犯罪嫌疑人通过利滚利、平账等方式使借款数额不断扩大，后又通过暴力手段索取债务，导致未成年人在恐惧中错误地处分了自己的房产（其以为是

---

① 陈兴良：《刑法各论精释》，人民法院出版社2015年版，第407页。

② 空放贷款是指借款人无需提供抵押、担保便可获贷，也可以说是信用贷款。不过，办理空放贷款的大多是民间借贷机构，利息相对较高，有些甚至已沦为高利贷。

抵押借款)，最终结果是未成年人杭某名下房产被诈骗团伙瞿某等合伙卖出。本案中，犯罪嫌疑人最初的目的就不是借款的高额利息，而是未成年写下的高额借条上的数额，而后目的演变成未成年人名下的房产，并一步步通过实施欺诈行为，使被害人产生错误认识，基于这种错误的认识以及犯罪嫌疑人的暴力手段恐吓等，被害人错误地处分了自己的财产从而导致了财产的损失。

这里需要注意虚假诉讼与诈骗罪的关系。《最高人民法院、最高人民检察院关于办理虚假诉讼刑事案件适用法律若干问题的解释》第 4 条规定："实施刑法第三百零七条之一第一款行为，非法占有他人财产或者逃避合法债务，又构成诈骗罪，职务侵占罪，拒不执行判决、裁定罪，贪污罪等犯罪的，依照处罚较重的规定定罪从重处罚。"例如，在上海市 F 区检察院办理的"套路贷"案件中，涉及律师在明知受害人没有取得借款的情况下，协助犯罪嫌疑人篡改借款合同，以捏造的事实向法院提起诉讼，申请诉讼保全被害人的相关财产，并在法庭上提供了虚假的证据，后因相关犯罪嫌疑人被采取强制措施，该律师才申请撤诉、解除诉讼保全。本案中，犯罪嫌疑人与律师以非法占有为目的，企图通过提起虚假诉讼的方式骗取他人财产，数额特别巨大，构成诈骗罪。本案中，律师的行为完全符合《刑法》第 307 条之一第 1 款的规定，"以捏造的事实提起民事诉讼，妨害司法秩序或者严重侵害他人合法权益的，处三年以下有期徒刑、拘役或者管制，并处或者单处罚金；情节严重的，处三年以上七年以下有期徒刑，并处罚金。"故构成虚假诉讼罪。但是本条第 3 款规定，"有第一款行为，非法占有他人财产或者逃避合法债务，又构成其他犯罪的，依照处罚较重的规定定罪从重处罚。"故而本案中，对涉案律师是以诈骗罪定罪量刑的。

（二）结合案件具体情况及法律规定，准确确定罪名

在"套路贷"犯罪案件中，相关犯罪嫌疑人、被告人不明知真实借贷情况，帮助实施故意伤害、非法拘禁或者滋扰被害人及其近亲属正常生活行为，或者帮助捏造事实提起民事诉讼，符合故意伤害罪、非法拘禁罪、寻衅滋事罪、非法侵入他人住宅罪、虚假诉讼罪的构成要件的，对该部分犯罪嫌疑人、被告人以相关罪名追究刑事责任。

根据《关于办理"套路贷"刑事案件若干问题的意见》的规定，是否为明

知他人实施“套路贷”犯罪，应当结合行为人的认知能力、既往经历、行为次数和手段、与同案人、被害人的关系、获利情况、是否曾因“套路贷”受过处罚、是否故意规避查处等主客观因素综合分析认定。

如在“套路贷”案例中，可能对整个债务关系并不清楚，仅参与其中一两次向被害人及其家属的辱骂、恐吓以及堵门等行为，在不构成敲诈勒索、诈骗的情况下，以寻衅滋事罪定罪。

三、“套路贷”涉及犯罪的处罚

（一）犯罪数额的认定①

根据《关于办理“套路贷”刑事案件若干问题的意见》的规定，在认定“套路贷”犯罪数额时，应当与民间借贷相区别，从整体上予以否定性评价。除犯罪嫌疑人、被告人实际给付被害人的本金数额，“虚高债务”和以“利息”“保证金”“中介费”“服务费”“违约金”等名目被犯罪嫌疑人、被告人非法占有的财物，均应计入犯罪数额。

（二）加大财产刑适用力度

根据《关于办理“套路贷”刑事案件若干问题的意见》的规定，对于“套路贷”犯罪分子，应当根据其所触犯的具体罪名，依法加大财产刑适用力度。符合《刑法》第37条之一规定的，可以依法禁止从事相关职业。

（三）追缴与没收

根据《关于办理“套路贷”刑事案件若干问题的意见》第7条的规定，犯罪嫌疑人、被告人实施“套路贷”违法所得的一切财物，应当予以追缴或者责令退赔；对被害人的合法财产，应当及时返还。有证据证明是犯罪嫌疑人、被告人为实施“套路贷”而交付给被害人的本金，赔偿被害人损失后如有剩余，应依法予以没收。

---

① 参见《关于办理“套路贷”刑事案件若干问题的意见》第6条。

犯罪嫌疑人、被告人已将违法所得的财物用于清偿债务、转让或者设置其他权利负担，具有下列情形之一的，应当依法追缴：（1）第三人明知是违法所得财物而接受的；（2）第三人无偿取得或者以明显低于市场的价格取得违法所得财物的；（3）第三人通过非法债务清偿或者违法犯罪活动取得违法所得财物的；（4）其他应当依法追缴的情形。

对于名义上为被害人所得、但在案证据能够证明实际上却为犯罪嫌疑人、被告人实施后续犯罪所使用的“借款”，是犯罪的工具，应予以没收。

（四）主犯、从犯的认定及处罚

根据《关于办理“套路贷”刑事案件若干问题的意见》的规定，多人共同实施“套路贷”犯罪，犯罪嫌疑人、被告人在所参与的犯罪中起主要作用的，应当认定为主犯，对其参与或组织、指挥的全部犯罪承担刑事责任；起次要或辅助作用的，应当认定为从犯。

明知他人实施“套路贷”犯罪，具有以下情形之一的，以相关犯罪的共犯论处，但刑法和司法解释等另有规定的除外：（1）组织发送“贷款”信息、广告，吸引、介绍被害人“借款”的；（2）提供资金、场所、银行卡、账号、交通工具等帮助的；（3）出售、提供、帮助获取公民个人信息的；（4）协助制造走账记录等虚假给付事实的；（5）协助办理公证的；（6）协助以虚假事实提起诉讼或者仲裁的；（7）协助套现、取现、办理动产或不动产过户等，转移犯罪所得及其产生的收益的；（8）其他符合共同犯罪规定的情形。

（五）从重与从宽处罚

1. 从重处罚或者数罪并罚

犯罪嫌疑人、被告人实施“套路贷”犯罪时，既采用了虚构事实、隐瞒真相的诈骗手段，又采用了暴力、“软暴力”、威胁、虚假诉讼等手段，同时构成诈骗、敲诈勒索、非法拘禁、虚假诉讼、寻衅滋事、强迫交易、抢劫、绑架等多种犯罪的，应当根据具体案件事实，区分不同情况，依照刑法及有关司法解释的规定数罪并罚或者择一重处。

根据《关于办理“套路贷”刑事案件若干问题的意见》第 8 条的规定，以老年人、未成年人、在校学生、丧失劳动能力的人为对象实施“套路贷”，或者因实施“套路贷”造成被害人或其特定关系人自杀、死亡、精神失常、为偿还“债务”而实施犯罪活动的，除刑法、司法解释另有规定的外，应当酌情从重处罚。

2. 从宽处罚

在坚持依法从严惩处的同时，对于认罪认罚、积极退赃、真诚悔罪或者具有其他法定、酌定从轻处罚情节的被告人，可以依法从宽处罚。

本节相关依据

《刑法》第266条；《关于办理“套路贷”刑事案件若干问题的意见》。

典型案例评析

“套路贷”犯罪的认定与处罚

——瞿某奇等诈骗案①

【基本案情】

2015年1月13日，在王某昱的居间介绍下，傅某、郝某伟等人带被害人范某（未成年人）至一家拉面店找到被告人唐某，双方谈妥借款人民币3万元后，由唐某在附近一家银行以资金走账的方式“空放”12万元给范某，范某当场全部取现，将其中10.5万元交给唐某，余款1.5万元被傅某等人以“中介费”名义瓜分，当日范某分文未得。次日，唐某以范某借条住址写错为由拒绝发放贷款余额1.5万元，并以借条和银行走账金额向范某索要全部借款12万元未果。尔后，唐某将上述12万元的虚假债权转至被告人应某处“平账”，由应某通过银行“空放”15万元给范某，并让范某写下借条，范某当场全部取现，将其中12万元归还唐某，3万元作为利息交应某，范某仍然分文未得。2015年1月14日晚起至案发，应某多次带多人至范某家中索要15万元“借款”。

① 参见上海市第二中级人民法院（2017）沪02刑终1198号刑事判决书。

2015 年 1 月 24 日 15 时许，在本市虹口区 × ×路上的一家馄饨店内，在被害人杭某（未成年人）原本只想借款 3000 元的情况下，傅某、郝某伟等人进一步诱骗杭某借款 4 万元，并通过王某昱、唐某将杭某介绍给被告人瞿某奇，谈妥由后者作为资方放贷。次日，瞿某奇、唐某在银行“空放”高利贷 16 万元给杭某，杭某当场取现 12 万元还给瞿某奇，余 4 万元交给傅某等人，其中 3.5 万元作为“中介费”由傅某、郝某伟、王某昱等人分赃花用，杭某实际得款 5000 元，唐某从瞿某奇处获得中介费 5000 元。同年 8 月 10 日，瞿某奇、应某向杭某索要上述 16 万元借款及高额利息，胁迫杭某以其名下房产抵押贷款归还欠款。8 月下旬，瞿某奇、应某至杭某居住地，找锁匠并诱骗杭某从家中偷出房产证，诱骗杭某将房产过户给马某培（另案处理），以马某培的名义贷款给杭某。8 月 28 日，瞿某奇、应某带杭某至中介公司签订房屋买卖合同，约定房价为 170 万元（后经评估价值为 194 万元）。杭某在收到马某培支付的 68 万元房款后，于 10 月 21 日将房产过户给马某培。10 月 29 日，马某培与杭某约定房价变更为 160 万元后，支付余款 90 万元。杭某于当日将 90 万元转入瞿某奇银行账户，其余钱款均于房款入账当日或次日以现金方式取款，另于 10 月 2 日汇款 5.2 万元给瞿某奇。同期，瞿某奇还先后于 2015 年 8 月 27 日、10 月 17 日转账 22 万元、42 万元给杭某进行资金走账，以对应其让杭某写的 90 万元借条数额。2016 年 2 月 4 日，马某培以 182.5 万元的价格将上述房产转售给了杨某。

公诉机关据此认为，被告人瞿某奇、应某、唐某互相结伙或结伙他人，骗取他人财物，其中被告人瞿某奇、应某诈骗数额特别巨大，被告人唐某诈骗数额巨大，其行为均构成诈骗罪，被告人瞿某奇、唐某系主犯，被告人应某系从犯且具有坦白情节，可以对应某从轻或减轻处罚。

【评析】

本案以民间借贷为诱饵，诱骗被害人签订虚高借款金额的借条，并以银行走账方式虚构债务骗取被害人钱款，构成诈骗犯罪。关于犯罪事实及行为性质的认定：根据傅某、郝某伟、王某昱等供述证实他们都清楚介绍给范某借款的资方唐某，以资金走账方式“空放”贷款，继而再向范某催讨虚假债务，唐某亦承认其实际放贷给范某仅有 1.5 万元，但让范某书写了与银行走账对应的 12 万元借条。唐某诱使借款人签下远高于实际借款金额的借条，后又以范某未提供正确住址为由，编造违约的借口向范某催讨虚假债务。另唐某、应某的供述印证，唐某在明知12万元是虚构债务的情况下，又将该债权转让给应某处“平账”，通过银行再次走账15万元，将其中12万元由被害人取现后交给唐某，另3万元交给应某，并让范某写下15万元的欠条，使得范某的借款数额不断翻倍，应某亦在明知唐某虚构12万元借款的情况下予以“平账”后向范某催讨债务，上述被告人的供述及证人证言均与被害人的报案陈述相印证，可以认定上述两名被告人的行为构成诈骗罪。

根据傅某、郝某伟、王某昱等供述证实了放贷人通过银行走账虚构债务继而以被害人书写的借条向被害人催讨高额债务的诈骗手段，另证实杭某向资方商谈的借款金额为4万元，被害人杭某陈述瞿某奇实际放贷4万元，被傅某等人瓜分3.5万元，杭取得5000元的内容，与事先资方与杭某谈妥放贷的金额相符，唐某的当庭供述也称其从瞿某奇处得知实际放贷4万元给杭某，银行走账16万元，故可以确定瞿某奇实际放贷杭某4万元的事实。

根据银行账户交易明细可以看出，马某培将房款汇入杭某银行账户后，钱款就于当日或次日从杭某账户内以现金方式取款，直至2015年10月，杭某将钱款5.2万元、90万元汇入瞿某奇后其本人银行账户已所剩无几。瞿某奇让杭某先后书写共计90万元的欠条以此对应银行流水，但杭某的90万元债务发生是在卖房过程中，其已拿到部分卖房款，被害人没有继续向瞿某奇借款的必要和理由。综上，瞿某奇通过银行走账虚构债务，即为瞿某奇等人实施的套路诈骗行为。

2017年8月28日，上海市宝山区人民法院对上述被告人作出如下判决：被告人瞿某奇犯诈骗罪，判处有期徒刑十三年，并处罚金二十六万元；被告人应某犯诈骗罪，判处有期徒刑六年，并处罚金十二万元；被告人唐某犯诈骗罪，判处有期徒刑四年，并处罚金八万元；被告人傅某犯诈骗罪，判处有期徒刑四年，并处罚金八万元；被告人郝某伟犯诈骗罪，判处有期徒刑三年六个月，并处罚金七万元；被告人王某昱犯诈骗罪，判处有期徒刑三年六个月，并处罚金七万元；责令被告人退赔被害人杭某经济损失。

第三节　“套路贷”中黑社会性质组织或犯罪集团的认定

一、对采用讨债公司、“地下执法队”等各种形式有组织地进行“套路贷”犯罪活动的理解

近年来，随着社会上各类债务纠纷大量增加，一些地区又出现了名目繁多的“讨债公司”，非法从事讨债活动，具体表现包括但不限于：以经济委托、商务代理、财务咨询等名义登记注册，而实际活动超出注册经营范围，开展讨债业务；或者未经登记注册，也未经有关部门批准，私下从事讨债活动。讨债公司承揽讨债追账业务，不具有法律赋予的权利和强制力，一般雇请社会闲散人员，采取上门催讨、死缠硬磨、跟踪或损坏债务人名誉等手段获取报酬；有的以威胁、恐吓、哄骗、敲诈甚至绑架等暴力手段危害债务人的人身安全，谋取非法收益。讨债公司的活动不仅干扰了企业、事业单位正常的生产经营活动，也影响了公民正常的工作和生活，危害社会治安、扰乱法律秩序，在社会上造成不良影响。

早在1995年11月28日，公安部、原国家工商行政管理局发布《关于禁止开办“讨债公司”的通知》，该通知明确表明禁止开办讨债公司，也明确了讨债公司的非法性。因而在实践当中，从事民间讨债业务的“讨债公司”多冠以“商务咨询”“商账催收”之名，这种以合法形式掩饰非法目的的机构，未获得法律认可。相关行政部门禁止注册“讨债公司”，是因为委托讨债的行为将可能导致暴力违法犯罪，危害社会治安、助长非法讨债活动。

“地下执法队”是指插手经济纠纷，帮助他人讨债，肆意跟踪、拦截、强扣他人车辆，收取巨额好处费，通过发布广告、向国家机关工作人员输送利益等方式，非法获取公民个人信息，以暴力、滋扰等手段，长期、多次实施寻衅滋事，严重侵害了公民的财产安全和人身权利，扰乱了正常的社会秩序和司法秩序，影响恶劣，成为危害一方的恶势力。

《指导意见》第21条规定就是对采用讨债公司、“地下执法队”等各种形式有组织地进行强立债权、强行索债行为的认定。

二、黑社会性质组织或者犯罪集团的认定

采用讨债公司、“地下执法队”等各种形式有组织地进行强立债权、强行索债活动的，根据具体情况做出如下处理：

（一）符合黑社会性质组织认定标准的，应当按照组织、领导、参加黑社会性质组织罪侦查、起诉、审判

关于黑社会性质组织认定标准，组织、领导、参加黑社会性质组织的认定标准，《指导意见》第3条、第4条、第5条作出了具体规定，本书第二章也有详细的解读，这里不再累述。

根据《关于办理“套路贷”刑事案件若干问题的意见》第10条规定：“……符合黑恶势力认定标准的，应当按照黑社会性质组织、恶势力或者恶势力犯罪集团侦查、起诉、审判。”

（二）符合犯罪集团认定标准的，应当按照犯罪集团侦查、起诉、审判

“犯罪集团”是指三人以上为共同实施犯罪而组成的较为固定的犯罪组织。是共同犯罪的一种特殊形式。犯罪集团由于人多势众，犯罪时间长，作案次数多，犯罪气焰嚣张，具有严重的社会危害性和危险性，历来都是我国刑法打击的重点。

根据《关于办理“套路贷”刑事案件若干问题的意见》第10条规定，三人以上为实施“套路贷”而组成的较为固定的犯罪组织，应当认定为犯罪集团。对首要分子应按照集团所犯全部罪行处罚。

（三）黑社会性质组织与普通犯罪集团的联系与区别

黑社会性质组织属于犯罪集团的一种，具有犯罪集团的所有特征，同时又具有决定、反映其自身本质的、其他普通犯罪集团所没有的特征。比如，普通犯罪集团一般是为了追求经济利益，进行的犯罪较为单一、固定，如走私集团、贩毒集团、抢劫集团、盗窃集团等；而黑社会性质组织为了极大限度地攫取经济利益，不仅直接从事一些违法犯罪的活动，而且通过控制、影响一定区域、一定行

业即建立一定的势力范围来进行。且黑社会性质组织实施的违法犯罪活动极为广泛，并且伴有欺压、残害群众的杀人、伤害、绑架、聚众斗殴、寻衅滋事等各种各样的暴力违法犯罪行为。

本节相关依据

《刑法》第294条第5款、第26条；《关于办理“套路贷”刑事案件若干问题的意见》第10条。

典型案例评析

“套路贷”中黑社会性质组织或犯罪集团认定

——谭某等组织、领导、参加黑社会性质组织、非法拘禁、敲诈勒索等案①

【基本案情】

从2007年开始至2015年，谭某、敖某韵依托广东甲投资担保有限公司（以下简称甲公司），以个人或甲公司名义，以2%—9%的月息发放高利贷给资金周转困难的不特定人。同时，有目的地发展某某直、朱某云、吴某华、褚某合为骨干成员，纠合隗某武、孙某涛、刘某翔、贺某涛、骆某、杨某贵、汪某龙、成某超、赵某军、李某、王某东、周某、龚某文、焦某文等人，对无法归还高利贷的被害人，采取非法拘禁、敲诈勒索、寻衅滋事、威胁、恐吓、殴打等手段追讨债务，或者逼迫债务人将高利贷利息包含在借款金额内重新写成借据，并借此侵吞被害人的房产、公司以及其他财产，逐步形成了以谭某、敖某韵为组织者、领导者，某某直、朱某云、吴某华、褚某合为骨干成员和积极参加者，隗某武、孙某涛、刘某翔、贺某涛为积极参加者，骆某、杨某贵、汪某龙、成某超、赵某军、周某、李某、王某东、龚某文、焦某文等人为一般参加者的黑社会性质组织。

作为该黑社会性质组织的组织者、领导者，被告人谭某、敖某韵对内明确等级、严格分工、统一管理，并将部分违法犯罪所得作为对组织成员的报酬；对外

---

① 参见广东省广州市中级人民法院（2018）粤01刑终42号刑事判决书。

承揽追债事务，从中收取30%—35%的高额回报，并且通过成立多个公司，扩大经营范围，在广州、鹤山、湛江、阳江等地多次进行违法犯罪活动，为黑社会性质组织的生存和发展聚敛巨额财产，严重破坏了社会生活秩序，影响恶劣。以下简述上述黑社会性质组织的违法犯罪事实：

2008年9月，被害人刘某为购买商铺物业向甲公司借贷，借款金额为人民币250万元，月息4.5%，期限2个月，九鼎公司扣除第一个月利息后，仅支付被害人人民币239万元。后因甲公司故意扣留被害人刘某的房产证，致使被害人无法向银行贷款，而未能按期归还欠款。谭某、敖某韵自2008年11月开始，以追讨欠款为名，先后组织、领导、指挥褚某合、骆某、周某、吴某华、隗某武、孙某涛、李某、赵某军、王某东、某某直、焦某文、龚某文、汪某龙等人多次到被害人刘某的住处对被害人及其家属进行拦截、恐吓、跟踪和阻止外出，并砸门、喷红漆、破坏监控设备，严重影响被害人的正常生活；到被害人刘某经营的本市海珠区同福中路××号××休闲中心及南华中路××号首层商铺打砸闹事、喷红漆，驱赶前来消费的客人，强拿硬要、任意损毁、占用财物，严重影响该休闲中心和商铺的正常经营。

2009年3月24日18时许，褚某合在广州市海珠区××号拦截到被害人刘某，随后被告人谭某、敖某韵、吴某华等人赶到，双方到海幢派出所处理纠纷。同月25日，被害人刘某从海幢派出所出来，立即被被告人谭某、敖某韵等人拦截带到广州市海珠区××大厦，其间对被害人刘某进行威胁、恐吓，强迫被害人签订空白合同。

2009年5月18日，为躲避被告人谭某等人的违法骚扰，刘某和姐姐、儿子余某逃至广州市番禺区××小区。同日22时许，谭某、敖某韵获悉该情况后，组织、领导、指挥吴某华、隗某武、赵某军、骆某、王某东、李某、孙某涛等人，驾车到本市番禺区××银行附近，将途经此处的被害人刘某笑、余某强行掳上车，先带至广州市××体育中心，后带至本市某宿舍非法限制其人身自由。其间，谭某、敖某韵、吴某华等人对两名被害人进行威胁、恐吓，并殴打被害人余某的头部，逼迫两名被害人签订空白借据合同。直至同月19日8时许，他们将被害人带至广州市××饭店登记开房继续控制。同日15时许，将两名被害人带至天河南派出所，利用逼迫被害人签订的合同制造经济纠纷的假象，并在派出所门口继续监视被害人。同月20日凌晨3时许，番禺区钟村派出所民警赶到，将被害人刘某笑、余某解救，并抓获在天河南派出所门口负责监视的孙某涛、骆某、李某。

2008年9月初，××有限公司（以下简称××集团）董事长封某军向甲公司借款人民币1000多万元，合同还款期届满后，××集团因资金链断裂而无力偿还。同年11月底，敖某韵受谭某指派，纠集褚某合、骆某等人将被害人封某（封某军的弟弟）从佛山市高明区强行掳至广州市天河区天河城周边路段进行拘禁。其间，谭某与敖某韵指挥褚某合、骆某等人轮流对封某进行看押，限制其人身自由并不断以暴力威胁其还款，封某只能在路边搭帐篷露宿。时至2009年3月，封某才借机逃脱。

【评析】

结合对被害人的寻衅滋事、非法拘禁、敲诈勒索的犯罪事实及案件的相关证据等，能够认定谭某等人的行为已经构成了组织、领导、参加黑社会性质犯罪。谭某组织、领导人数众多、骨干成员基本固定的较稳定的犯罪组织，有组织地通过“讨债公司”等手段进行违法犯罪活动并获取经济利益，具有支持该组织活动的经济实力，并以暴力、威胁或者其他手段，有组织地多次进行违法犯罪活动，为非作恶，欺压、残害群众，称霸一方，严重破坏当地经济、社会生活秩序，其行为已构成组织、领导黑社会性质组织罪。

作为该黑社会性质组织的组织者、领导者，谭某、敖某韵对内统一管理、明确等级、严格分工，对外承揽追债事务，从中收取30%—35%的高额回报，并将部分违法犯罪所得作为对组织成员的报酬。上诉人谭某、敖某韵还通过成立多个公司，扩大经营范围，在广州、鹤山、湛江、阳江等地多次进行违法犯罪活动，为黑社会性质组织的生存和发展聚敛巨额财产，严重破坏了当地的社会生活秩序，影响恶劣。

本案中，以谭某为首的犯罪分子已然构成了一个犯罪集团，其满足犯罪集团的构成要件，存在三人以上；组织结构严密且形式较为固定；目的明确即为获取不法利益；具有一定的危害影响。对犯罪集团的首要分子或者主犯以及其他积极参加者的处罚原则要严格按照《刑法》总则的相关规定准确适用。

在处罚原则上，《关于办理“套路贷”刑事案件若干问题的意见》规定在坚持依法从严惩处的同时，对于认罪认罚、积极退赃、真诚悔罪或者具有其他法定、酌定从轻处罚情节的被告人，可以依法从宽处罚。本案中，二审法院认为上诉人谭某犯行贿罪的罪名不当，认定上诉人贺某涛在非法拘禁被害人贾甲的过程中有殴打被害人的行为不当，且二审期间又查明上诉人谭某、敖某韵有立功表现，故依法作出部分改判。这是严格贯彻落实宽严相济的刑事政策的具体体现，也是对目前刑事诉讼体制改革的积极回应。

该案反映出黑社会性质组织借助公司形式“洗白”，主犯谭某通过成立九鼎公司，组织管理及犯罪手段参照现代公司管理形式进行，不采取黑社会传统的帮派模式管理，同时，涉黑涉恶犯罪呈现出新特点和苗头，黑恶势力开始涉足借贷领域，在“套路贷”涉黑涉恶犯罪中，呈现出暴力特征弱化、借公司形式“洗白”组织等特点。

法院认为，上述上诉人、原审被告人触犯积极组织、领导、参加黑社会性质组织犯罪、非法拘禁罪、敲诈勒索罪等罪名，依法均应当数罪并罚。

综上所述，原判认定的主要事实清楚，证据确实、充分，但认定上诉人谭某犯行贿罪的罪名不当，认定上诉人贺某涛在非法拘禁被害人贾某的过程中有殴打被害人的行为不当，且二审期间又查明上诉人谭某、敖某韵有立功表现，故本院依法作出部分改判。依照《中华人民共和国刑法》相关规定，《最高人民法院关于审理黑社会性质组织犯罪的案件具体应用法律若干问题的解释》第 1 条、第 3 条、第 7 条，《最高人民法院、最高人民检察院关于办理寻衅滋事刑事案件适用法律若干问题的解释》第 3 条、第 4 条，《最高人民法院、最高人民检察院关于办理敲诈勒索刑事案件适用法律若干问题的解释》第 1 条、第 8 条，《最高人民法院关于处理自首和立功具体应用法律若干问题的解释》第 5 条，以及《中华人民共和国刑事诉讼法》第 236 条第 1 款第 2 项的规定，作出如下判决：

谭某、敖某韵、贺某涛犯组织、领导黑社会性质组织罪、非法拘禁罪、敲诈勒索罪等，分别决定执行有期徒刑十七年，并处没收财产人民币二千万元，罚金人民币二万五千元；有期徒刑十年，并处没收财产人民币二千万元，罚金人民币一万三千元和有期徒刑五年，并处罚金人民币五万五千元。

第六章 依法严惩“保护伞”

本章导读

扫黑就要铲除黑恶势力的生存土壤，这个土壤就是“保护伞”。“保护伞”主要是指国家公职人员利用手中权力，参与涉黑涉恶违法犯罪，或包庇、纵容黑恶犯罪，有案不立、立案不查、查案不力，为黑恶势力违法犯罪提供便利条件，帮助黑恶势力逃避惩处等行为。凡是黑恶势力能够长期称霸一方、为非作恶，根本原因在于“保护伞”的存在。

从人民群众的切身感受来讲，发生在基层的、身边的腐败影响更深更大。因此《通知》要求要把扫黑除恶与反腐败斗争和基层“拍蝇”结合起来，深挖黑恶势力“保护伞”。扫黑除恶的着力点，除了打击黑恶势力本身，还要打击基层的腐败，查处“微腐败”，把打击“保护伞”与侦办涉黑涉恶案件结合起来，做到同步侦办，尤其要抓住涉黑涉恶和腐败长期、深度交织的案件以及脱贫攻坚领域涉黑涉恶腐败案件重点督办。

为了贯彻《通知》精神，严厉打击“保护伞”，本章将具体分析：包庇行为的认定、及时移送违法违纪线索的要求、严惩农村“两委”等人员犯罪的法律规定、律师会见制度等内容。

第一节 包庇行为的认定

《刑法》第294条第3款规定，国家机关工作人员包庇黑社会性质的组织，或者纵容黑社会性质的组织进行违法犯罪活动的，处五年以下有期徒刑；情节严重的，处五年以上有期徒刑。

《指导意见》第22条规定："《刑法》第二百九十四条第三款中规定的'包庇'行为，不要求相关国家机关工作人员利用职务便利。利用职务便利包庇黑社会性质组织的，酌情从重处罚。包庇、纵容黑社会性质组织，事先有通谋的，以具体犯罪的共犯论处。"

一、包庇、纵容黑社会性质的组织罪的认定

（一）行为的认定

《最高人民法院关于审理黑社会性质组织犯罪的案件具体应用法律若干问题的解释》第5条对《刑法》第294条中的"包庇"行为、"纵容"行为作了明确的规定。所谓"包庇"是指国家机关工作人员为使黑社会性质组织及其成员逃避查禁，而通风报信，隐匿、毁灭伪造证据，阻止他人作证、检举揭发、指使他人作伪证、帮助逃匿，或者阻挠其他国家机关工作人员依法查禁等行为。所谓"纵容"是指国家机关工作人员不依法履行职责，放纵黑社会性质组织进行违法犯罪活动的行为。

认定行为人的行为构成包庇、纵容黑社会性质组织罪，必须同时具备两个条件：

一是行为人具有国家机关工作人员身份。国家机关工作人员是指在党政机关、权力机关、政协机关、检察机关、审判机关、军队中依法执行公务的人员。包庇、纵容黑社会性质组织的犯罪主体是特殊主体，即只能是国家机关工作人员，否则不构成本罪。但应注意"包庇"行为不要求相关国家机关工作人员利用职务便利。利用职务便利包庇黑社会性质组织的，酌情从重处罚。

二是行为人为黑社会性质组织而实施了法律和司法解释所规定的行为。如果不是为黑社会性质组织实施了上述行为，即使主体身份相符，也不能以本罪论处。如行为人只是为一般的犯罪分子通风报信故意泄露了国家秘密或实施了帮助犯罪分子逃避处罚的行为，虽然行为人是国家机关工作人员，但亦只能按故意泄露国家秘密罪或帮助犯罪分子逃避处罚罪来定罪处罚。对行为人是否明知是黑社会性质组织的认定，应有充分证据来证明，不能简单推断，以维护执法的严

肃性。

（二）与相关犯罪的区别①

包庇、纵容黑社会性质组织罪与《刑法》第306条（辩护人、诉讼代理人毁灭证据、伪造证据、妨害作证罪）、第307条（妨害作证罪，帮助毁灭、伪造证据罪）、第310条（窝藏、包庇罪）、第398条（故意泄露国家秘密罪）、第417条（帮助犯罪分子逃避处罚罪）存在法条竞合情况。为了准确认定包庇、纵容黑社会性质组织罪，我们有必要了解各个犯罪之间的区别。

1. 包庇、纵容黑社会性质组织罪与妨害作证罪，帮助毁灭、伪造证据罪的区别

（1）主体有不同。包庇、纵容黑社会性质组织罪的犯罪主体是特殊主体，即只有国家机关工作人员才能构成，非国家机关工作人员不构成本罪的犯罪主体。

妨害作证罪，帮助毁灭、伪造证据罪的犯罪主体都是一般主体，即任何达到刑事责任年龄、具备刑事责任能力的自然人均可成为这两罪的犯罪主体。如果行为人是国家工作人员，其帮助黑社会性质组织及其成员隐匿、毁灭伪造证据以及阻止他人作证的行为不构成这两罪，直接可以构成包庇、纵容黑社会性质组织罪。

（2）犯罪行为特征不同。包庇、纵容黑社会性质组织罪的犯罪行为是指包庇行为、纵容行为，即包庇黑社会性质的组织的行为、纵容黑社会性质的组织违法犯罪的行为。

妨害作证罪的犯罪行为是指以暴力、威胁、贿买等手段阻止证人作证或者指使他人作伪证的行为，包庇、纵容黑社会性质组织罪与妨害作证罪均属于行为犯和结果加重犯，即只要行为人实施并完成相应的行为，就构成犯罪。

帮助毁灭、伪造证据罪的犯罪行为是指帮助当事人毁灭、伪造证据，情节严重的行为，属于结果犯。

---

① 参见覃珠坚：《试析包庇、纵容黑社会性质组织犯罪与他罪的界限》，载《广西社会科学》2002年第6期。

（3）犯罪目的不同。包庇、纵容黑社会性质组织罪在主观方面表现为故意犯罪，其中纵容黑社会性质组织罪可以存在间接故意，其目的主要是故意包庇黑社会性质组织、故意纵容黑社会性质组织违法犯罪。

妨害作证罪的犯罪故意是直接故意，其动机、目的主要是出于自身利益或他人利益，意图损害或伤害他人，使自己或他人逃避法律制裁等。

帮助毁灭、伪造证据罪主观上是直接故意，其目的是为了他人逃避法律制裁。

2. 包庇、纵容黑社会性质组织罪与窝藏、包庇罪的区别

（1）犯罪对象不同。包庇、纵容黑社会性质组织罪的犯罪对象是黑社会性质组织，包括组织者、领导者、积极参加者和一般参加者，当然还包括其组织形式的本身并含其组成部分如其所有的从事非法活动的公司。它属于特定的犯罪对象，包含特定的犯罪实体。包庇、纵容黑社会性质组织罪的犯罪对象是黑社会性质的组织违法犯罪，属于一种特定的行为，既包括违法行为，也包括犯罪行为。

窝藏、包庇罪的犯罪对象是犯罪分子，既包括未被司法机关发现的犯罪分子，也包括已被司法机关发现的犯罪分子，包括已被羁押、未被羁押而潜逃的犯罪分子、已服刑的犯罪分子，既包括未决犯，也包括已决犯。

（2）犯罪行为特征不同。包庇、纵容黑社会性质组织罪的犯罪行为是指包庇行为、纵容行为。所谓包庇行为就是指国家机关工作人员为使黑社会性质组织及其成员逃避查禁，而通风报信，隐匿、毁灭、伪造证据，阻止他人作证、检举揭发，指使他人作伪证，帮助逃匿，或者阻挠其他国家机关工作人员依法查禁等。所谓纵容行为就是指国家机关工作人员不履行职责，放纵、放任黑社会性质的组织进行违法犯罪。可见，包庇、纵容黑社会性质组织罪的犯罪行为几乎包括了包庇行为、纵容行为的所有外延。

窝藏、包庇罪与包庇、纵容黑社会性质组织罪在犯罪构成上存在着包容与被包容关系，如果在实务中遇到一行为既符合包庇、纵容黑社会性质组织罪的构成特征，又符合这两罪之一罪或多罪的构成特征，定罪时应遵循法条竞合处理原则。

（3）侵犯客体不同。包庇、纵容黑社会性质组织罪侵犯的客体主要是正常

的社会秩序；而窝藏、包庇罪侵犯的客体为司法机关查处、惩罚犯罪的正常活动。①

3. 包庇、纵容黑社会性质组织罪与帮助犯罪分子逃避处罚罪的区别

（1）犯罪主体有所不同。包庇、纵容黑社会性质组织罪的犯罪主体是国家机关工作人员。所谓国家机关工作人员是指各级国家权力机关、行政机关、检察机关、审判机关等机关中依法从事公务的人员。

帮助犯罪分子逃避处罚罪的犯罪主体是有查禁犯罪活动职责的国家机关工作人员。可见，包庇、纵容黑社会性质组织罪的犯罪主体范围包含了后者的犯罪主体，在犯罪构成上也可能存在包容与被包容的关系。如出现竞合，定罪时应遵循法条竞合处理原则。

（2）犯罪手段不同。帮助犯罪分子逃避处罚罪的犯罪行为具体表现为滥用职权和徇私舞弊的行为，这些行为的实施均与犯罪主体属于特殊犯罪主体有关，也就是犯罪行为人所拥有的职权渗透到其所实施的犯罪行为之中，因此其犯罪行为手段表现为利用职权或职务。如果行为人不利用自己直接办理、主管案件等所拥有的便利条件，其行为不构成帮助犯罪分子逃避处罚罪。若构成犯罪的，以其他罪论处。

包庇、纵容黑社会性质组织罪，其行为不涉及利用行为人的职务之便的问题，即不论行为人是否利用职务之便利条件，只要实施了包庇、纵容黑社会性质组织罪的违法犯罪行为，就可以构成本罪。

（3）犯罪目的不同。帮助犯罪分子逃避处罚罪的犯罪目的是故意帮助犯罪分子逃避处罚。

包庇、纵容黑社会性质组织罪的犯罪目的是故意包庇黑社会性质组织、纵容黑社会性质组织的违法犯罪活动。可见，包庇、纵容黑社会性质组织罪的犯罪目的内容大于帮助犯罪分子逃避处罚罪的犯罪目的的内容，在犯罪构成上也存在包容与被包容的关系，定罪时应遵循法条竞合处理原则。

---

① 范远旺：《包庇、纵容黑社会性质组织罪的司法疑难问题研究》，西南政法大学2011年硕士学位论文。

（三）包庇、纵容黑社会性质组织罪罪数形态的认定及处罚[①]

对于本罪的罪数形态认定问题，应当注意下列两种情形。

1. 行为人既有受贿行为，又实施了包庇、纵容黑社会性质组织的行为

对于此问题，学术、实务界观点看法不一。有的主张不实行数罪并罚，认为只认定受贿罪。因为受贿罪中有“情节严重的规定”，情节严重的规定就是指受贿以后用渎职的行为为他人谋取不正当利益。这说明立法者考虑到了受贿并渎职的情形，而且只用一个受贿罪就可以包含对这两种行为的处理。比如《刑法》中规定，“个人受贿数额在 10 万元以上的，处十年以上有期徒刑或者无期徒刑，可以并处没收财产；情节特别严重的，处死刑，并处没收财产”，这里的“情节特别严重的”就是指实施了渎职的行为，故认为受贿罪中能够包含这种行为。

但是，笔者认为上述观点存在一定的片面性，实则应该实施数罪并罚。

首先，受贿罪和本罪是两种行为，触犯了两个客体，侵犯了刑法所保障的两种社会关系。受贿罪是对国家工作人员职务廉洁性的一种侵犯。而本罪则侵犯了国家机关对公共秩序的管理活动及社会治安管理秩序。单单一个受贿罪无法完全评价这种包庇、纵容黑社会性质组织行为的渎职性以及带来的危害。

其次，上述观点认为只认定受贿罪是因为受贿罪中有“情节严重的规定”能够包含渎职行为的考量，明显不具有现实的可操作性。我们不可能真正要求受贿罪中只要行为人实施了渎职的行为就完全按照法律规定的“情节特别严重的，处死刑”来定罪处罚。如行为人受贿 10 万元并伴随着渎职行为的，是不可能直接就判处死刑的，这种对刑法的理解是不准确的。

2. 本罪与渎职类犯罪发生竞合时该如何认定罪数问题

在司法实践中，如果行为人的包庇、纵容行为构成本罪的同时还触犯了滥用职权罪、玩忽职守罪、枉法仲裁罪等渎职类犯罪，应当依照法条竞合的原则，从一重罪进行处罚。例如，行为人为了达到包庇黑社会性质组织的目的，实施的滥用职权的行为既构成了滥用职权罪也成立了包庇黑社会性质组织罪，由于滥用职权罪的法定刑低于本罪的法定刑，根据法条竞合理论从一重罪进行处罚，即以包

---

① 参见祝胤：《包庇、纵容黑社会性质组织罪的司法认定》，西南大学 2014 年硕士学位论文。

庇黑社会性质组织罪论处。

二、包庇、纵容黑社会性质组织罪的处罚及适用情节

《刑法》第294条第3款规定，包庇、纵容黑社会性质组织罪，国家机关工作人员包庇黑社会性质的组织，或者纵容黑社会性质的组织进行违法犯罪活动的，处五年以下有期徒刑；情节严重的，处五年以上有期徒刑。

（一）对“国家机关工作人员”的理解

2005年12月29日，根据《刑法》《刑事诉讼法》和其他法律的有关规定，最高人民检察院出台了《最高人民检察院关于渎职侵权犯罪案件立案标准的规定》，在规定的附则中对“国家机关工作人员”的概念进行了司法说明——“国家机关工作人员”，是指在国家机关中从事公务的人员，包括在各级国家权力机关、行政机关、司法机关和军事机关中从事公务的人员。

2002年，全国人民代表大会常务委员会发布了《关于〈中华人民共和国刑法〉第九章渎职罪主体适用问题的解释》（以下简称《渎职罪主体立法解释》），其实际上是关于国家机关工作人员的解释。因此根据《刑法》规定以及《渎职罪主体立法解释》，国家机关工作人员还包括以下五种情况：在依照法律、法规规定行使国家行政管理职权的组织中从事公务的人员；在受国家机关委托代表国家机关行使职权的组织中从事公务的人员；虽未列入国家机关人员编制但在国家机关中从事公务的人员；在乡镇以上共产党机关中从事公务的人员；在人民政协机关中从事公务的人员。

综上所述，根据法律的相关规定，我国国家机关工作人员主要指以下8类人员：

1. 中国共产党各级机关中从事公务的人员；

2. 国家各级权力机关中从事公务的人员，即全国与地方各级人民代表大会及其常务委员会中从事公务的人员；

3. 行政机关中从事公务的人员，即国务院及其所属部、委、局和地方各级人民政府及其所属工作部门中从事公务的人员；

4. 审判机关中从事公务的人员，即在最高人民法院和地方各级人民法院及

其派出法庭中从事公务的人员；

5. 检察、监察机关中从事公务的人员，即在最高人民检察院和地方各级人民检察院中从事公务的人员，以及各级监察机关中从事公务的人员；

6. 军事机关中从事公务的人员；

7. 人民政治协商会议各级机关中专职从事公务的人员；

8. 在依照法律、法规规定行使国家行政管理职权的组织中从事公务的人员，或者在受国家机关委托代表国家行使职权的组织中从事公务的人员，或者虽未列入国家机关人员编制但在国家机关中从事公务的人员，在代表国家机关行使职权时，视为国家机关工作人员。

（二）对“情节严重”的理解

根据《最高人民法院关于审理黑社会性质组织犯罪的案件具体应用法律若干问题的解释》第6条之规定：国家机关工作人员包庇、纵容黑社会性质的组织，有下列情形之一的，属于刑法第294条第4款规定的“情节严重”：

1. 包庇、纵容黑社会性质组织跨境实施违法犯罪活动的；

2. 包庇、纵容境外黑社会组织在境内实施违法犯罪活动的；

3. 多次实施包庇、纵容行为的；

4. 致使某一区域或者行业的经济、社会生活秩序遭受黑社会律性质组织特别严重破坏的；

5. 致使黑社会性质组织的组织者、领导者逃匿，或者致使对黑社会性质组织的查禁工作严重受阻的；

6. 具有其他严重情节的。

三、包庇、纵容黑社会性质组织，事先有通谋的，以具体犯罪的共犯论处

就包庇、纵容黑社会性质组织罪而言，如果行为人与黑社会性质组织进行违法犯罪活动事先无通谋的，应当将其认定为包庇、纵容黑社会性质组织罪。如果行为人与黑社会性质组织就进行违法犯罪活动事先有通谋的（包括事前通谋和事中通谋），以具体犯罪的共犯论处。

本节相关依据

《刑法》第294条第3款、第93条；《最高人民法院关于审理黑社会性质组

织犯罪的案件具体应用法律若干问题的解释》第5条、第6条；《刑法》第307条、第310条、第417条；《最高人民检察院关于渎职侵权犯罪案件立案标准的规定》；《全国人民代表大会常务委员会关于〈中华人民共和国刑法〉第九章渎职罪主体适用问题的解释》。

典型案例评析

包庇行为的认定

——刘某军等包庇、纵容黑社会性质组织案①

【基本案情】

刘某军、刘某伟、吕某身为国家机关工作人员，明知刘甲、刘乙等人在四川省广汉市、什邡市等地有组织地长期从事违法犯罪活动，却不依法履行职责，多次纵容刘甲、刘乙等人组织、领导的黑社会性质组织进行违法犯罪活动，或者积极帮助该组织成员逃避查禁或打击，为其充当“保护伞”。1997年左右，刘某伟受刘甲等人所托，为刘甲在什邡市经营带有赌博性质的游戏机厅寻找场所、疏通关系。在刘甲等人经营该游戏机厅过程中，刘某伟多次在公安机关检查前向刘甲通风报信。该游戏机厅被什邡市公安局城东派出所查处后，刘某伟出面帮刘甲要回了被查扣的游戏机主板。1999年左右，刘某伟明知刘甲没有持枪资格，仍应刘甲要求向其提供手枪子弹约30发。2001年下半年刘某军负责侦办1998年周某被杀案，其从广汉市公安局调取该案案卷，并将刘甲、闵某列为该案重要犯罪嫌疑人。同期，闵某因涉嫌犯非法持有、私藏枪支等罪被德阳市公安局抓获，刘甲唯恐其杀害周某的罪行败露，委托刘某伟帮忙打探。刘某伟从刘某军处得知闵某没有供出刘甲的情况后，通过陈某铭告诉刘甲。后刘某伟将刘某军介绍给刘甲认识。在侦办周某被杀案未能取得进展的情况下，刘某军长期隐匿该案案卷，不归还广汉市公安局。2010年年初，公安机关决定将周某被杀案和陈某伟等人被杀案并案侦查，多方查找周某被杀案原始案卷，最后在刘某军的办公室找到，发现

① 参见湖北省咸宁市中级人民法院（2014）鄂咸宁中刑初字第15号刑事判决书。

此案卷部分原始材料缺失。2002 年至 2009 年，被告人刘某军、刘某伟、吕某多次接受刘甲等人安排的吃请和娱乐活动，并多次与刘甲、陈某铭、旷某燕及旷某坪（另案处理）等人共同吸食毒品，对刘甲等人吸食毒品等行为不予制止和揭发。

2006 年左右，刘某伟找被告人吕某要来枪支配件，帮助刘甲将塑料卡口损坏的一支六四式手枪修复。

2008 年，陈某伟出狱后扬言要报复刘甲、刘乙及其家人。刘甲得知后，在刘某军、刘某伟、吕某面前反复提及此事，欲通过刘某军利用职权追究陈某伟刑事责任。之后刘某伟、吕某多次帮助刘甲督促刘某军，让刘某军加快侦办进度。其间，刘甲曾当着刘某军、刘某伟、吕某的面，扬言要报复陈某伟。2009 年年初，陈某伟等人被杀。德阳市公安局侦查陈某伟等人被杀案期间，以刘某军与刘甲交往密切为由，决定让刘某军回避。刘某军回避后，将公安机关正在侦查刘甲的情况故意泄露给刘甲。刘某军、刘某伟、吕某掌握了刘甲涉嫌杀害陈某伟等人重要情况后，直至 2013 年本案案发时仍隐瞒不报。

湖北省咸宁市人民检察院以被告人刘某军、刘某伟、吕某犯包庇、纵容黑社会性质组织罪，受贿罪，向咸宁市中级人民法院提起公诉。

咸宁市中级人民法院认为，被告人刘某军、刘某伟、吕某身为国家机关工作人员，包庇刘乙、刘甲等人组织、领导的黑社会性质组织，纵容该组织进行违法犯罪活动，三名被告人的行为均构成包庇、纵容黑社会性质组织罪。三名被告人的包庇、纵容行为致使该黑社会性质组织的组织者、领导者刘甲逃匿多年，且刘某军、刘某伟多次实施包庇、纵容行为，依法均应认定为情节严重……根据被告人刘某军、刘某伟、吕某犯罪的事实、性质、情节和对于社会的危害程度，依照《刑法》及《最高人民法院关于审理黑社会性质组织犯罪的案件具体应用法律若干问题的解释》相关条款之规定，判决如下：1. 被告人刘某军犯包庇、纵容黑社会性质组织罪，判处有期徒刑八年；犯受贿罪，判处有期徒刑十一年决定执行有期徒刑十六年。2. 被告人刘某伟犯包庇、纵容黑社会性质组织罪，判处有期徒刑六年；犯受贿罪，判处有期徒刑十年六个月，决定执行有期徒刑十三年。3. 被告人吕某犯包庇、纵容黑社会性质组织罪，判处有期徒刑五年；犯受贿罪，判处有期徒刑十年，决定执行有期徒刑十一年。

宣判后，被告人刘某军、刘某伟、吕某不服，向湖北省高级人民法院提出上诉。刘某军、刘某伟、吕某及其各自辩护人均提出：原判适用法律错误，三人的包庇、纵容行为都发生在《中华人民共和国刑法修正案（八）》施行前，应适用修正前的刑法对三人定罪处罚等上诉理由及辩护意见。

湖北省高级人民法院经审理认为，原审判决认定事实清楚，证据确实、充分，适用法律正确，量刑适当，审判程序合法。依法裁定驳回上诉，维持原判。

【评析】

一、行为人包庇、纵容黑社会性质组织的犯罪行为跨越刑法修正案施行日期的，应当适用修正后的刑法，一并进行追诉。

《刑法修正案（八）》明确了犯本罪又有其他犯罪行为的，依法实行数罪并罚。本案中，被告人刘某军、刘某伟、吕某均辩称包庇、纵容行为发生在《刑法修正案（八）》施行前，应适用修正前的刑法条款定罪量刑，且不能与受贿罪数罪并罚。而咸宁市中级人民法院及湖北省高级人民法院均未采纳该辩护观点。具体理由分析如下：

（一）被告人刘某军、刘某伟、吕某均实施了包庇、纵容黑社会性质组织的犯罪行为。依据《最高人民法院关于审理黑社会性质组织犯罪的案件具体应用法律若干问题的解释》第5条的规定，包庇、纵容黑社会性质组织罪中的“包庇”，是指国家机关工作人员为使黑社会性质组织及其成员逃避查禁，而通风报信，隐匿、毁灭、伪造证据，阻止他人作证、检举揭发，指使他人作伪证，帮助逃匿，或者阻挠其他国家机关工作人员依法查禁等行为；“纵容”，是指国家机关工作人员不依法履行职责，对黑社会性质组织的违法犯罪活动不依法制止，反而放纵其进行违法犯罪活动的行为。依照上述司法解释的规定，“包庇”一般表现为积极的作为，“纵容”则一般表现为消极的不作为。本案中，被告人刘某军、刘某伟、吕某的行为可细分为三类：一是意图帮助黑社会性质组织及其成员逃避查禁的积极作为，包括通风报信、隐匿证据等，如被告人刘某军故意将公安机关正在侦查刘甲的情况泄露给刘甲；二是非基于上述意图的其他帮助黑社会性质组织的积极作为，如刘某伟帮助要回被公安机关查扣的赌博机主板等；三是不依法履行职责，纵容黑社会性质组织犯罪的消极不作为。例如，明知刘甲等人有吸毒、非法持有枪支、杀害陈某伟的犯罪行为而知情不举、不查。上述三类行为均系包庇、纵容黑社会性质组织的具体表现形式，在犯罪形态上，属于连续犯。

有意见认为，被告人刘某军等人的前两类行为均发生在2011年5月1日《刑法修正案（八）》施行之前，第三类行为持续到2011年5月1日后。第三类行为的特点是国家机关工作人员不依法履行职责的行为与黑社会性质组织未被依法查禁的不法状态同时持续存在，属于刑法理论上的继续犯。

上述观点是值得商榷的。继续犯是指行为人所实施的实行行为与造成的不法状态（危害后果）在一定时间内同时持续存在，侵害了同一个客体的故意犯罪形态，最为典型的是非法拘禁罪。连续犯是指行为人基于同一的或者概括的犯罪故意，连续实施性质相同的数个行为，触犯同一罪名的犯罪形态。继续犯区别于连续犯的关键点在于：前者仅实施了一个可以单独评价为犯罪的行为；而后者实施了数个犯罪行为，每一个犯罪行为本可以单独评价为犯罪并追究刑事责任，只不过基于上述数个犯罪行为在主观目的上具有同一性或者概括性，客观上又系连续实施，因而在处断上将其作为一罪处理。这种做法仅系大陆法系国家的刑法理论学说，英美法系并不承认连续犯的概念，并且，德国刑法自1871年以后，日本刑法自1947年以后，均将连续犯删除。对于存在连续犯的场合，德、日刑法通常按照数罪并罚处理。我国刑法理论及刑法典等均承认连续犯的概念，如《刑法》第153条第3款规定："对多次走私未经处理的，按照累计走私货物、物品的偷逃应缴纳税额处罚。"审判实务中对于连续犯亦按一罪论处。

本案中，单一评价被告人刘某军实施的第三类行为，确实具有继续犯的某些特征，但对犯罪形态的评价，首先应从整体上把握全案犯罪事实，即是实施一个犯罪行为，还是多个犯罪行为。如果是一个犯罪行为，可能存在继续犯或者法条竞合的可能；如果是多个犯罪行为，则或者依法数罪并罚，或者依据刑法理论认定为连续犯、牵连犯、吸收犯等，按一罪论处。继续犯本质上是行为人实施了一个犯罪行为，该犯罪行为所造成的危害后果（不法状态）与行为同时持续存在，属于当然的一罪，不存在数罪并罚的可能性和理论争议。但本案中，被告人刘某军先后实施了多次包庇、纵容黑社会性质组织的犯罪行为，且每一起犯罪行为，均应依法予以追究刑事责任；换言之，均达到了刑事追诉的标准。此外，被告人刘某军等人实施上述行为时，其主观目的上具有同一性、概括性，均系包庇、纵容刘乙、刘甲黑社会性质组织。因此，将被告人刘某军等人实施的多起包庇、纵容黑社会性质组织的犯罪行为认定为连续犯是适当的。

（二）被告人刘某军等人连续实施的包庇、纵容黑社会性质组织的犯罪行为，应适用修正后的《刑法》追究刑事责任。本案中，被告人刘某军、刘某伟、吕某包庇、纵容黑社会性质组织的事实共有6起，始于1997年左右，终于2013年案发，跨越2011年5月1日《刑法修正案（八）》施行前后。三名被告人均辩称自己的包庇、纵容行为发生在《刑法修正案（八）》施行前，应适用修正前的1997年刑法对三人定罪量刑。

被告人的辩解能否成立，这就涉及对于连续犯行为跨越刑法修正前后两个时间段的，如何适用《刑法》的问题以及是否适用从旧兼从轻的原则等问题。这一问题在1997年《刑法》修订后已经凸显。针对此一问题，最高人民检察院于1998年作出《关于对跨越修订刑法施行日期的继续犯罪、连续犯罪以及其他同种数罪应如何具体适用刑法问题的批复》（以下简称《批复》），该批复针对继续犯、连续犯等犯罪形态跨越修订刑法如何适用刑法的问题作了明确。对于连续犯，《批复》规定：“对于开始于1997年9月30日以前，连续到1997年10月1日以后的连续犯罪，或者在1997年10月1日前后分别实施同种类数罪，其中罪名、构成要件、情节以及法定刑均没有变化的，应当适用修订刑法，一并进行追诉；罪名、构成要件、情节以及法定刑已经变化的，也应当适用修订刑法，一并进行追诉，但是修订刑法比原刑法所规定的构成要件和情节较为严格，或者法定刑较重的，在提起公诉时应当提出酌情从轻处理意见。”从这一规定足以看出，对于连续犯，原则上仍适用修订后的《刑法》追诉，如果修订后的刑法所对应的法定刑较重的，仍应当依法适用，只不过在提起公诉时应当提出酌情从轻处理意见。虽然《批复》针对的是1997年修订后的《刑法》，但其精神符合《刑法》第12条的规定，仍应参照适用。

本案中，至2011年5月1日《刑法修正案（八）》施行时，被告人刘某军、吕某对其掌握的刘甲等人涉嫌杀害陈某伟，刘某伟对其掌握的刘甲非法持有枪支、弹药的重要情况仍隐瞒不报，不依法履行职责，放纵黑社会性质组织进行违法犯罪活动，故三人的包庇、纵容黑社会性质组织的行为应适用修正后的刑法第294条。依据《最高人民法院关于审理黑社会性质组织犯罪的案件具体应用法律若干问题的解释》第6条的规定，“多次实施包庇、纵容行为的”“致使某一区域或者行业的经济、社会生活秩序遭受黑社会性质组织特别严重破坏的”“致使黑社会性质组织的组织者、领导者逃匿，或者致使对黑社会性质组织的查禁工作严重受阻的”，均属于包庇、纵容黑社会性质组织罪中“情节严重”。本案三名被告人连续多次实施包庇、纵容行为，不仅致使黑社会性质组织的组织者、领导者刘甲逃匿多年，且导致周某被杀案原始案卷材料缺失，给查证命案造成严重障碍，属“情节严重”，应依法严惩。一审、二审法院对三名被告人量刑时，同时又酌情考虑了三名被告人犯罪行为跨越《刑法修正案（八）》施行前后的客观事实，并结合三名被告人各自的罪责，分别从宽判处被告人刘某军有期徒刑八年、刘某伟有期徒刑六年、吕某有期徒刑五年的刑罚。笔者认为，一审、二审法院适用法律正确，对三名被告人的量刑是公正的，体现了罚当其罪。

二、被告人刘某军等人实施包庇、纵容黑社会性质组织犯罪的同时，又实施受贿犯罪的，应依法数罪并罚。

《刑法修正案（八）》对《刑法》第294条中关于数罪并罚的范围作出调整，规定“犯前三款罪又有其他犯罪行为的，依照数罪并罚的规定处罚”，从而明确了犯包庇、纵容黑社会性质组织罪，又有其他犯罪行为的，也应当数罪并罚。

被告人刘某军等人以其受贿行为主要发生在《刑法修正案（八）》之前为由，认为不应当数罪并罚。三被告人的上述辩解不能成立。除了上述连续犯罪应适用修正后刑法规定的理由之外，还应看到，《刑法修正案（八）》对此问题予以明确，主要是因为实践中，国家机关工作人员包庇、纵容黑社会性质组织的行为不同于普通的包庇犯罪，往往与权钱交易相伴随，一人犯数罪的情况比较常见，明确数罪并罚的处罚原则可以减少不必要的争议。因此，《刑法修正案（八）》的这一修改，并不意味着对于包庇、纵容黑社会性质组织的国家机关工作人员，在《刑法修正案（八）》作出上述规定前，纵然犯有数罪，亦不应当数罪并罚。事实上，《刑法》第294条第3款的规定属于注意性规定。该条文修改前，司法实践中对行为人实施包庇、纵容黑社会性质组织犯罪，同时又有受贿犯罪事实的，亦普遍采取了数罪并罚的做法。故一审、二审认定被告人刘某军三人均犯包庇、纵容黑社会性质组织罪和受贿罪，并依法数罪并罚是正确的。

三、包庇黑社会性质组织，或者纵容黑社会性质组织进行违法犯罪活动的行为人归案后如实供述相关黑社会性质组织的犯罪活动的，不能认定立功情节。

依据我国刑法及《最高人民法院关于处理自首和立功具体应用法律若干问题的解释》（以下简称《解释》）的规定，犯罪分子到案后有检举、揭发他人犯罪行为，包括共同犯罪案件中的犯罪分子揭发同案犯共同犯罪以外的其他犯罪，经查证属实；提供侦破其他案件的重要线索，经查证属实；阻止他人犯罪活动；协助司法机关抓捕其他犯罪嫌疑人（包括同案犯）；具有其他有利于国家和社会的突出表现的，应当认定为有立功表现。对于犯罪嫌疑人、被告人如实供述自己的罪行与“检举揭发型立功”的区别，审判实践中时常存在模糊认识。

犯罪嫌疑人、被告人如实供述自己的罪行，是指犯罪嫌疑人、被告人到案后如实交代自己的主要犯罪事实，如果犯有数罪的，则应如实供述全部犯罪事实；如果犯罪嫌疑人、被告人仅如实供述所犯数罪中部分犯罪的，只对如实供述的部分认定如实供述，没有如实供述的部分则不能认定；在共同犯罪案件中，犯罪嫌疑人、被告人如实供述，既包括如实供述自己的罪行，还应当包括供述所知的同案犯，主犯则应当供述所知其他同案犯的共同犯罪事实。犯罪嫌疑人、被告人到案后如果检举、揭发了与其无关的他人的犯罪事实，或者共同犯罪案件中的犯罪分子揭发了同案犯共同犯罪以外的其他犯罪的，已经超出了如实供述的范畴，经查证属实的，属于立功。如果被告人如实供述自己犯罪事实中必然包含有他人的犯罪事实的，换言之，没有超出如实供述范畴的，依法不应当认定为立功。例如，受贿人如实供述受贿事实必然包含行贿人的犯罪事实。

本案中，2009 年年初，陈某伟等人被刘甲授意、组织的人员当街杀害。刘某伟明知刘甲有重大作案嫌疑，却不依法履行职责，隐瞒不报。同年 5 月，刘某伟在公安机关找其调查时陈述了刘甲等人商议杀害陈某伟的经过。刘某伟据此主张其有立功表现。一审、二审法院均未认定刘某伟的行为构成立功。首先，公安机关在 2009 年 2 月抓获涉案人员袁某林、文某灼后，即已确定刘甲等人是陈某伟被杀案的犯罪嫌疑人。同年 5 月，刘某伟才向公安机关陈述刘甲等人商议杀害陈某伟的事实。刘某伟揭发的是公安机关已经掌握的罪行，依据《解释》的规定，不符合“提供线索型立功”规定。其次，即使刘某伟揭发时公安机关尚未掌握刘甲等人的犯罪事实，刘某伟也不构成立功。前文已经指出，对于“检举揭发型立功”，要求行为人交代的是其本人未参与实施的犯罪。换言之，其检举揭发行为已经超出如实供述的范畴，才能成立“检举揭发型立功”。刘某伟在交代其包庇、纵容黑社会性质组织违法犯罪活动的过程中，必然涉及其放纵的黑社会性质组织的犯罪活动的具体细节。因此，刘某伟揭发相关黑社会性质组织的犯罪事实，仍属于如实供述其纵容黑社会性质组织犯罪事实的范畴，属于如实供述，依法不构成立功。

四、公安机关的内勤人员对黑社会性质组织的犯罪行为知情不举的，属于不依法履行职责。

本案被告人刘某军、刘某伟、吕某长时间包庇、纵容黑社会性质组织犯罪中，吕某在知晓并隐瞒刘甲等人杀害陈某伟作案嫌疑时，时任四川省德阳市公安局装备财务处处长。吕某据此提出其系公安机关的内勤人员，没有查禁违法犯罪的职责，依法不构成包庇、纵容黑社会性质组织罪的辩护意见。此种辩解是不能成立的。《人民警察法》第 2 条规定了人民警察的任务和范围，同时，该法第 6 条规定了公安机关不同岗位的人民警察的 14 项具体职责。依该法第 2 条的规定，无论人民警察的具体岗位如何，均负有维护国家安全，维护社会治安秩序，保护公民的人身安全、人身自由和合法财产，保护公共财产，预防、制止和惩治违法犯罪活动的任务。该任务是所有人民警察的共同职责，也属于法定义务，内勤岗位上的人民警察也不例外。被告人吕某明知刘甲有杀害他人的重大嫌疑，隐瞒不报，不履行人民警察预防、制止和惩治违法犯罪活动的共同职责，属于不依法履行职责。一、二审法院均未采纳被告人的此点辩护意见，并依法认定被告人吕某构成包庇、纵容黑社会性质组织罪是正确的。

第二节 及时移送违法违纪线索

一、公检法机关发现违法违纪线索应当及时移送

《通知》指出，纪检监察机关要将治理党员干部涉黑涉恶问题作为整治群众身边腐败问题的一个重点，纳入执纪监督和巡视巡察工作内容。纪检监察机关和政法各机关建立问题线索快速移送反馈机制，对每起涉黑涉恶违法犯罪案件及时深挖其背后的腐败问题，防止就案办案、就事论事。各级纪检监察机关要将党员干部涉黑涉恶问题作为执纪审查重点，对扫黑除恶专项斗争中发现的“保护伞”

问题线索优先处置，发现一起、查处一起，不管涉及谁，都要一查到底、绝不姑息。

公安机关、人民检察院、人民法院对办理黑恶势力犯罪案件中发现的涉嫌包庇、纵容黑社会性质组织犯罪、收受贿赂、渎职侵权等违法违纪线索，应当及时移送有关主管部门和其他相关部门。

纪检监察机关及政法机关发现涉黑涉恶腐败问题线索，属于本机关管辖的，按程序办理；不属于本机关管辖的，报经本机关主要负责人批准同意后，应结合各地具体情况，将问题线索及领导签批单移送至有管辖权的机关的案件监督管理部门并按程序及时办理。

纪检监察机关及政法机关应建立双向移送的问题线索机制，同时实行移送反馈工作责任制，无正当理由不按规定时间向相关机关移送问题或线索，接收机关不按规定时限反馈办理结果、延误案件查处或造成不良影响的，按有关规定追究相关人员责任。

二、坚决依法严惩充当黑恶势力“保护伞”的职务犯罪

1997 年《刑法》对涉黑“保护伞”问题没有述及，实践中对“黑社会性质的组织”认定是否必须有“保护伞”曾有争议。为定分止争，2002 年 4 月 28 日发布的《全国人民代表大会常务委员会关于〈中华人民共和国刑法〉第二百九十四条第一款的解释》，明确了黑社会性质组织应当同时具备四大基本要素，其中一大要素为“通过实施违法犯罪活动，或者利用国家工作人员的包庇或者纵容，称霸一方，在一定区域或者行业内，形成非法控制或者重大影响，严重破坏经济、社会生活秩序”。立法解释明确“保护伞”乃涉黑组织认定的选择而非必备要素。但通过《指导意见》中“依法严惩‘保护伞’”的专门规定可以看出打击“保护伞”对扫黑除恶意义仍十分重大。

根据总结研究，“保护伞”的行为方式包括但不限于以下 15 种情形：①

1. 出资分红型。在黑恶势力设立的公司、企业入股分红、合伙经营，或与黑恶势力犯罪分子相互勾结、共同犯罪的。

---

① 《黑恶势力及其“保护伞”的认定和标准》，载广西壮族自治区凤山县人民检察院网站，http：//www. gxfengshan. jcy. gov. cn/tz/201903/t20190314_ 2513137. shtml，最后访问时间：2019 年 4 月 29 日。

2. 纵容包庇型。利用职务便利，为黑恶势力提供犯罪时间、条件，纵容、包庇犯罪的。

3. 阻挠查处型。利用自己的权力和便利，使黑社会性质组织的犯罪分子避免公安司法机关侦查、查禁、指控、起诉、审判和怀疑，为其通风报信，隐匿、毁灭、伪造证据；阻止他人作证、检举揭发，甚至指使他人作伪证；帮助黑社会性质组织的犯罪分子逃匿；或者阻挠、干扰其他国家机关工作人员依法查禁；以阻挠、拖延、不履行职责等方法，干扰对黑社会性质组织的犯罪分子的查处，为其获取非法利益的。

4. 站台撑腰型。为黑恶势力排除异己、谋取利益撑腰出头而违规立案、越权执法、违法办案的。

5. 打击报复型。对涉黑涉恶犯罪举报人打击报复的。

6. 有案不查型。对黑恶势力违法犯罪有警不接、有案不立、立而不侦、有证不取、该捕不捕、该诉不诉，以及随意变更强制措施、撤销案件的。

7. 通风报信型。在办案中跑风漏气、泄露案情，或向黑恶势力犯罪分子通风报信，帮助其逃避处罚的。

8. 开脱罪责型。以普通个案处理代替涉黑组织犯罪结案，企图为黑恶势力开脱罪责的。

9. 枉法裁判型。捏造事实、毁灭证据、伪造自首立功等材料、不依法履职、审查核实证据，使涉黑涉恶犯罪分子漏捕、漏诉、漏判或重罪轻判的。

10. 追赃不力型。故意或重大过失导致黑恶势力违法所得、赃款赃物不能追缴而放纵犯罪的。

11. 串通案情型。在羁押监管过程中失职渎职，为涉黑涉恶犯罪嫌疑人或罪犯里勾外连、串通案情、遥控指挥提供便利条件或放任不管的。

12. 违规吃请型。在教育改造涉黑涉恶罪犯过程中收受罪犯及家属财物或接受吃请，违规给予表扬、记功等考核成绩的。

13. 违规减刑型。违规违法呈报并办理涉黑涉恶犯罪分子减刑、假释、保外就医、监外执行的。

14. 帮人说情型。违规违法打探案情、说情打招呼、干预涉黑涉恶案件依法办理的。

15. 打击不力型。其他充当黑恶势力“保护伞”，致使对涉黑涉恶犯罪打击不力的腐败行为。

关于“保护伞”，《通知》要求，把扫黑除恶与反腐败斗争和基层“拍蝇”结合起来，深挖黑恶势力“保护伞”。纪检监察机关要加大督办力度，把打击“保护伞”与侦办涉黑涉恶案件结合起来，做到同步侦办，尤其要抓住涉黑涉恶和腐败长期、深度交织的案件以及脱贫攻坚领域涉黑涉恶腐败案件重点督办。

本节相关依据

《刑法》第294条第3款；《全国人民代表大会常务委员会关于〈中华人民共和国刑法〉第二百九十四条第一款的解释》。

典型案例评析

应及时移送“保护伞”违法违纪线索

——马某涛等为黑社会性质组织充当“保护伞”①

【基本案情】

敦煌市市级信访联席会议原召集人马某涛（副县级）、肃北蒙古族自治县原副县长姚某、酒泉市党河流域水资源管理局原党组书记、局长苟某卫（正县级）、敦煌市委原常委王某国等4人在先后担任敦煌市七里镇党委书记、镇长、人大主席期间，均多次接受黑社会性质组织成员胡某等人贿赂，充当其“保护伞”，滥用职权、违反规定处理公务，为胡某涉黑组织的坐大成势提供了条件。目前，马某涛、王某国、姚某已被开除党籍、开除公职，苟某卫被开除党籍、政务撤职，4人涉嫌犯罪问题已移送司法机关处理。

---

① 《甘肃通报2起黑恶势力“保护伞”典型案例》，载中共中央纪律检查委员会 中华人民共和国国家监察委员会网站，http：//www.ccdi.gov.cn/yaowen/201903/t20190307_190068.html，最后访问时间：2019年7月24日。

【评析】

黑恶势力能够长期称霸一方、为非作恶，一个重要原因在于有“保护伞”。过去公安机关打黑除恶，纪委承担纪律审查，两者之间没有形成比较有效的沟通机制，容易形成打黑除恶就事论事、就案办案的情况。此案中，纪检监察部门和政法机关进一步加强和规范了协作配合，建立问题线索快速移送反馈机制，有利于更加有效打击黑恶犯罪、查处涉黑涉恶腐败和“保护伞”。

对于充当黑恶势力“保护伞”的国家机关工作人员要一查到底、绝不姑息，彻底铲除黑恶势力滋生土壤。同时，纪检监察机关在工作中发现各类黑恶势力违法犯罪线索的，亦应及时移送同级政法机关；政法机关在工作中发现党员干部和其他行使公权力的公职人员有涉黑涉恶腐败、充当黑恶势力“保护伞”和工作推动不力的线索，应及时移送同级纪检监察机关。对于黑恶势力违法犯罪和腐败问题长期、深度交织的复杂案件以及脱贫攻坚领域涉黑涉恶腐败案件，纪检监察机关可与政法机关同步立案、同步调查，做到纪法衔接，扫黑除恶和反腐“拍蝇”同步推进，对于重大、复杂、疑难案件，可成立联合专案组办理。

第三节　严惩农村“两委”等人员参与黑恶势力犯罪及充当“保护伞”

一、农村“两委”等人员范围的理解

《指导意见》第24条规定：“依法严惩农村‘两委’等人员在涉农惠农补贴申领与发放、农村基础设施建设、征地拆迁补偿、救灾扶贫优抚、生态环境保护等过程中，利用职权恃强凌弱、吃拿卡要、侵吞挪用国家专项资金的犯罪，以及放纵、包庇‘村霸’和宗族恶势力，致使其坐大成患；或者收受贿赂、徇私舞弊，为‘村霸’和宗族恶势力充当‘保护伞’的犯罪。”

农村“两委”，是村中国共产党党员支部委员会和村民自治委员会的简称，习惯上前者简称为村支部，后者简称村委会。村支部的职能是宣传、贯彻、落实党的路线、方针、政策，带领广大基层群众致富奔小康。村委会是村民民主选举

的自治组织，协助乡镇政府工作，是群众性自治组织。农村“两委”等人员，具体指由村民选举产生，行使村基层自治组织公共权力，管理、服务村务的工作人员。农村“两委”人员主要包括村支部书记、副书记，村主任、副主任，村会计、文书、出纳等管理村务、财务的工作人员。

我国农村在广大“两委”人员的带领下，面貌日新月异，农民的生活越来越好。但是，个别不法分子依然存在，欺压群众、利用职权恃强凌弱、吃拿卡要、侵吞挪用国家专项资金时有发生。“恃强凌弱”“吃拿卡要”是农村“两委”等人员不正确行使手中权力，使公共权力异化为管理者“私权”的表现，导致把服务群众的义务当作管理群众的特权，甚至借机以权谋私，损害了党和政府的形象，破坏了干群关系。扫黑除恶专项行动同样也要为农村净化环境，营造风清气正的氛围。

二、依法严惩利用职权恃强凌弱、吃拿卡要、侵吞挪用国家专项资金的犯罪

《刑法》第93条规定：“……国有公司、企业、事业单位、人民团体中从事公务的人员和国家机关、国有公司、企业、事业单位委派到非国有公司、企业、事业单位、社会团体从事公务的人员，以及其他依照法律从事公务的人员，以国家工作人员论。”这里“其他依照法律从事公务的人员”应当具有两个特征：一是在特定条件下行使国家管理职能；二是依照法律规定从事公务。具体包括：（1）依法履行职责的各级人民代表大会代表；（2）依法履行审判职责的人民陪审员；（3）协助乡镇人民政府、街道办事处从事行政管理工作的村民委员会、居民委员会等农村和城市基层组织人员；（4）其他由法律授权从事公务的人员。

2000年发布、2009年修正的《全国人民代表大会常务委员会关于〈中华人民共和国刑法〉第九十三条第二款的解释》规定，村民委员会等村基层组织人员协助人民政府从事下列行政管理工作，属于《刑法》第93条第2款规定的“其他依照法律从事公务的人员”：（1）救灾、抢险、防汛、优抚、扶贫、移民、救济款物的管理；（2）社会捐助公益事业款物的管理；（3）国有土地的经营和管理；（4）土地征收、征用补偿费用的管理；（5）代征、代缴税款；（6）有关

计划生育、户籍、征兵工作；（7）协助人民政府从事的其他行政管理工作。村民委员会等村基层组织人员从事前款规定的公务，利用职务上的便利，非法占有公共财物、挪用公款、索取他人财物或者非法收受他人财物，构成犯罪的，适用《刑法》第 382 条和第 383 条贪污罪、第 384 条挪用公款罪、第 385 条和第 386 条受贿罪的规定。

涉农惠农补贴申领与发放、农村基础设施建设、征地拆迁补偿、救灾扶贫优抚、生态环境保护等政策措施不断促进农村经济的发展，但政策利益的巨大诱惑也让这些领域成为腐败问题发生的“高危地段”。因此《指导意见》第 24 条进一步明确，依法严惩农村“两委”等人员在涉农惠农补贴申领与发放、农村基础设施建设、征地拆迁补偿、救灾扶贫优抚、生态环境保护等过程中，利用职权恃强凌弱、吃拿卡要、侵吞挪用国家专项资金的犯罪。

三、依法严惩放纵、包庇“村霸”和宗族恶势力的犯罪

（一）“村霸”的基本特征

“村霸”主要是指在农村从事违法犯罪活动，扰乱和危害农村社会治安秩序，严重影响农村社会稳定的黑恶势力，一般具有下列特征：

1. 横行乡里，称霸一方，严重干扰破坏村民正常生产生活秩序的；

2. 无事生非、无理取闹、打架斗殴、聚众闹事，危害农民群众利益，群众不敢惹，乡村干部不敢管的；

3. 恃强凌弱、强拿强要、强买强卖，欺行霸市或坐地纳贡、结伙哄抢的；

4. 对乡村干部不满，寻衅滋事、无理取闹或者依仗其家族、亲属势力或利用其物质财富操纵农村基层组织选举的；

5. 诬告陷害，利用热点难点、矛盾纠纷煽动群众，操纵闹事，破坏农村安定团结的；

6. 受雇于人、充当打手，残害无辜的。

（二）宗族恶势力的基本特征

根据《关于办理恶势力刑事案件若干问题的意见》的相关规定，恶势力是

指经常纠集在一起，以暴力、威胁或者其他手段，在一定区域或者行业内多次实施违法犯罪活动，为非作恶，欺压百姓，扰乱经济、社会生活秩序，造成较为恶劣的社会影响，但尚未形成黑社会性质组织的违法犯罪组织。宗族恶势力，顾名思义是指组织家族成员煽动其他群众聚众闹事、暴力抗法、对抗管理，侵占集体财产，垄断集体资源，为其个人、家族及同伙谋取非法利益，但尚未形成黑社会性质组织的宗族势力。

（三）放纵、包庇行为认定

《最高人民法院关于审理黑社会性质组织犯罪的案件具体应用法律若干问题的解释》第5条规定：“刑法第二百九十四条第四款规定的‘包庇’，是指国家机关工作人员为使黑社会性质组织及其成员逃避查禁，而通风报信，隐匿、毁灭、伪造证据，阻止他人作证、检举揭发，指使他人作伪证，帮助逃匿，或者阻挠其他国家机关工作人员依法查禁等行为。刑法第二百九十四条第四款规定的‘纵容’，是指国家机关工作人员不依法履行职责，放纵黑社会性质组织进行违法犯罪活动的行为。”根据《指导意见》的要求，应依法严惩农村“两委”等人员放纵、包庇“村霸”和宗族恶势力的犯罪。

四、依法严惩收受贿赂、徇私舞弊，为“村霸”和宗族恶势力充当“保护伞”的犯罪

《指导意见》要求，依法严惩农村“两委”等人员收受贿赂、徇私舞弊，为“村霸”和宗族恶势力充当“保护伞”的犯罪。关于包庇、纵容黑社会性质组织的行为，与受贿罪，与滥用职权罪、玩忽职守罪、枉法仲裁罪的罪数形态的认定，在本章第一节已详细论述，这里不再累述。

本节相关依据

《刑法》第93条、第382条、第383条；《关于办理恶势力刑事案件若干问题的意见》；《最高人民法院关于审理黑社会性质组织犯罪的案件具体应用法律若干问题的解释》第5条。

典型案例评析

严惩农村“两委”人员参与黑恶势力犯罪

——刘某民等人组织、领导黑社会性质组织案①

【基本案情】

刘某民自2001年担任曲阳县××村村主任、2003年任村书记以来，通过非法手段操纵基层选举，把持基层政权，先后将被告人刘某强、井某会、刘某军、袁某、刘甲、刘某会、刘某成、马某州、刘某龙、张某杰、刘某民、刘乙、刘某明、井某等人笼络到身边。通过安排进入村两委会、安排入党、发奖励、发补助、为违法犯罪者“平事”等手段拉拢、控制组织成员，将多名组织成员提拔为村干部，使其言听计从，从而掌控了××村的管理权。该组织以××村村委会为依托，通过职责、分工，使成员之间形成较为明确的层级制约关系，将××村两委班子逐步蜕变成为黑社会性质犯罪的组织团伙，逐渐形成了以刘某民为首，以刘某强、井某会、刘某军、袁某为积极参加者，以刘甲、刘某会、刘某成、马某州、刘某龙、张某杰、刘某民、刘乙、刘某明、井某为成员的等级分明、成员固定、分工明确的黑社会性质犯罪组织。

以刘某民为首的犯罪组织大肆实施违法犯罪活动。该犯罪组织对妨碍其利益的村民肆意殴打、拘禁，毁坏村民田地、财物，公然进行故意伤害、寻衅滋事、破坏生产经营等违法犯罪，严重破坏了群众的生产、生活秩序，致使群众失去安全感；在企业工程建设期间，以组织村民闹事、阻挠施工、挖沟断路等暴力、威胁手段，强行在企业入股退股、承揽企业建设工程、敲诈企业钱财；对依法履行职能的行政执法工作人员，采取殴打、威胁等手段，公然对抗公务执行；在公安机关调查案件询问当事人时，闯入派出所对当事人进行殴打，公然对抗公权力，其行为严重扰乱了政府的管理职能，在当地造成了极为恶劣的影响。

××村位于曲阳县新兴工业园区、教育城项目等直接影响县域经济发展的重要地理位置。为获取更大经济利益，在××村土地征用过程中，被告人刘某民利

① 参见河北省高级人民法院（2014）冀刑二终字第75号刑事附带民事判决书。

用职务便利和黑社会性质组织影响力，伙同该组织其他成员，对位于本村的教育城项目、廉租房工程项目建设设置阻力，影响和阻挠工程施工，给开发商施加压力，迫使开发商向其行贿，从而获取巨额非法利益；在工业园区征地过程中，被告人刘某民指使该组织成员多次对村民使用暴力手段，迫使村民不敢提出合理的经济要求，并将应当支付该村的国家土地补偿款据为已有。

该组织通过上述违法犯罪行为，非法敛财达 7100 余万元，并将部分获取的非法收入用于违法犯罪活动，如购置犯罪工具、作案后发钱、打人后出资“平事”等，形成了经济实力雄厚的黑社会性质犯罪组织。

公诉机关认为，以被告人刘某民为首、被告人刘某强等为积极参加者、刘某等为成员的该犯罪组织，在以曲阳县恒州镇××村为中心、辐射周边地区的范围内，逐步实现了区域性的非法控制，严重扰乱和破坏了当地的经济、社会、生活秩序，具有极大的社会危害性。他们无视国家法律，为非作恶、欺压残害群众，情节恶劣。刘某民等犯罪事实清楚，证据确实、充分，应当以组织、领导黑社会性质组织罪及其他所涉嫌的罪名追究其刑事责任。

法院经审理认为，被告人刘某民以××村“两委”班子为依托，形成了以刘某民为首，以刘志强、井某会、刘某军、袁某为积极参加者，以刘某强、井某会、刘某军、袁某、刘甲、刘某会、刘某成、马某州、刘某龙、张某杰、刘某民、刘乙、刘某明、井某等人参加的犯罪组织，有组织地进行故意伤害、妨害公务、寻衅滋事、非法拘禁、故意毁坏财物、强迫交易、敲诈勒索等违法犯罪行为，严重扰乱和破坏了当地的经济、社会生活秩序。该犯罪组织符合黑社会性质组织的特征。依据《刑法》和《刑事诉讼法》的规定判处被告人刘某民数罪并罚，决定执行死刑，剥夺政治权利终身，并处没收个人全部财产；被告人刘志强数罪并罚，决定执行无期徒刑，剥夺政治权利终身，并处没收个人全部财产；井某会等其余十八名被告人，分别被判处一年四个月至二十年不等有期徒刑。

【评析】

本案中，刘某民非法组建涉黑组织，利用非法手段操纵选举，违法发放奖励和补助，为违法犯罪者“平事”，肆意殴打、拘禁村民，毁坏村民财产，强迫交易，等等。这也在一定程度上体现出了以下四点问题。

第一，一方面由于上级主管部门监督的缺失、专项监督不到位和村民权利意识不强、内部监督不力，而村“两委”班子主要成员实际上又掌握处置权，所以给其出售侵吞、截留、挪用农村的国家专项资金等留下了漏洞。另一方面，我国扶贫补助资金等虽然受到民政、财政、审计等部门的监管，但在实际工作中却由于多头监管，导致部门配合不协调，同时责权划分不明确，责任落实不到位，导致事前、事中监督严重缺位。

第二，涉案主体为村支书、村主任。说明农村“两委”人员有身兼数职的现象，职权过于集中。以上现象说明，我国在村“两委”班子成员的选拔任用和考核制度方面存在不足。

第三，以共同犯罪为主、单独犯罪较少。这是因为在村民自治制度中有相应的制约机制，如果个别村“两委”成员想独自侵吞、截留、套取农村集体资产或惠农资金，就必须相互勾结，借助各方的权力。在我国村落的发展历程中，主要是以家族、宗族的模式来聚集，而同宗同族的思想观念易在选举中导致任人唯亲，进而易形成利益共同体，从而引发共同犯罪。

第四，应当特别警惕农村“两委”人员参与涉黑犯罪和贿选。在上述案件中，刘某民存在涉黑犯罪和操纵选举，但是司法人员应当保持清醒的头脑，因为涉黑犯罪和贿选的社会危害性相当严重，社会影响也是相当恶劣的：一方面，涉黑组织简单、粗暴的处事方式会严重扰乱农村的安定，直接危害到农民的人身和财产安全。另一方面，农村“两委”人员参与涉黑组织和贿选会严重损害干群关系，很有可能引发群体事件。此外，村民若因为贿选而当选为农村“两委”班子成员，同时由于农村“两委”人员的经济补贴普遍偏低，这类当选的农村“两委”班子成员可能会基于“补偿心理”参与腐败。

第四节　深挖腐败问题与特别重大贿赂犯罪的律师会见制度

一、公安机关在侦办黑恶势力犯罪案件中，应当深挖其背后的腐败问题

中共中央、国务院《通知》指出，把扫黑除恶与反腐败斗争和基层“拍蝇”结合起来，深挖黑恶势力“保护伞”。纪检监察机关要将治理党员干部涉黑涉恶

问题作为整治群众身边腐败问题的一个重点，纳入执纪监督和巡视巡察工作内容。纪检监察机关和政法各机关建立问题线索快速移送反馈机制，对每起涉黑涉恶违法犯罪案件及时深挖其背后的腐败问题，防止就案办案、就事论事。

习近平总书记在2019年1月中央政法工作会议强调，黑恶势力是社会毒瘤，严重破坏经济社会秩序，侵蚀党的执政根基。要咬定三年为期目标不放松，分阶段、分领域地完善策略方法、调整主攻方向，保持强大攻势。要紧盯涉黑涉恶重大案件、黑恶势力经济基础、背后“关系网”“保护伞”不放，在打防并举、标本兼治上下真功夫、细功夫，确保取得实效、长效。①

公安机关作为扫黑除恶的主力军，在侦办恶势力犯罪案件中，应当深挖其背后的腐败问题，防止就案办案、就事论事。

二、关于执行《刑事诉讼法》第39条的相关规定的具体指引

（一）特别重大贿赂犯罪案件

《指导意见》第25条规定：“公安机关在侦办黑恶势力犯罪案件中，应当注意及时深挖其背后的腐败问题，对于涉嫌特别重大贿赂犯罪案件的犯罪嫌疑人，及时会同有关机关，执行《刑事诉讼法》第三十七条②的相关规定，辩护律师在侦查期间会见在押犯罪嫌疑人的，应当经相关侦查机关许可。”

根据《人民检察院刑事诉讼规则（试行）》第45条规定，特别重大贿赂犯罪案件，是指具有如下情形之一的案件：

1. 涉嫌贿赂犯罪数额在五十万元以上，犯罪情节恶劣的。
2. 有重大社会影响的。
3. 涉及国家重大利益的。

对于公安机关在侦办黑恶势力犯罪案件中发现的特别重大贿赂犯罪案件，应当及时移送有关主管部门。

---

① 《习近平：促进社会公平正义保障人民安居乐业》，载人民网，http://paper.people.com.cn/rmrb-hwb/html/2019-01/17/.1904482.htm，最后访问时间：2019年7月8日。

② 对应2018年《刑事诉讼法》第39条。

（二）《刑事诉讼法》规定的侦查阶段的会见、通信权

《刑事诉讼法》第39条规定："辩护律师可以同在押的犯罪嫌疑人、被告人会见和通信。其他辩护人经人民法院、人民检察院许可，也可以同在押的犯罪嫌疑人、被告人会见和通信。……危害国家安全犯罪、恐怖活动犯罪案件，在侦查期间辩护律师会见在押的犯罪嫌疑人，应当经侦查机关许可……"

本条是关于律师侦查期间的会见权规定。律师会见是指在刑事诉讼过程中，律师为了解犯罪嫌疑人、被告人涉嫌的罪名及有关案件情况，听取犯罪嫌疑人或者被告人对所指控罪名的意见和辩解理由，从而更好地为犯罪嫌疑人提供法律帮助，更好地为犯罪嫌疑人、被告人辩护的一种活动。律师会见犯罪嫌疑人或者被告人，是律师为犯罪嫌疑人、被告人提供法律帮助和辩护必须进行的一项重要工作，是律师参与刑事诉讼，行使辩护权的重要内容。

根据法律规定，辩护律师可以同犯罪嫌疑人、被告人会见和通信。其他辩护人经人民法院、人民检察院许可，也可以同犯罪嫌疑人、被告人会见和通信。辩护律师持律师执业证书、律师事务所证明和委托书或者法律援助公函要求会见在押的犯罪嫌疑人、被告人的，看守所应当及时安排会见，至迟不得超过四十八小时。辩护律师会见犯罪嫌疑人、被告人，可以了解案件有关情况，提供法律咨询等；自案件移送审查起诉之日起，可以向犯罪嫌疑人、被告人核实有关证据。辩护律师会见犯罪嫌疑人、被告人时不被监听。

本节相关依据

《刑事诉讼法》第39条；《人民检察院刑事诉讼规则（试行）》第45条。

典型案例评析

深挖黑恶势力背后的腐败问题

——海口一涉黑团伙覆灭记①

【基本案情】

甘某54岁，海口市美兰区灵山镇人。在当地村民眼里，甘某是心狠手辣的代名词。他喜欢别人叫他“阿爹”或者“波爹”。20世纪90年代，甘某伙同陈某红、黄某玮等人在其所居住的海口市美兰区灵山镇一带，逞强斗狠，横行霸道，实施强占土地、伤害村民等违法犯罪行为，其势力和影响不断扩大，逐渐称霸一方。

该组织通暴力、威胁、滋扰等手段强揽了××大道一期、××路二期、××岛等多个工程，对海口市江东地区的工程建设行业形成非法控制。自2013年8月以来，该组织通过强迫交易、敲诈勒索、强揽工程、非法采矿、开设赌场、非法占用农用地、非法经营码头、沙场等违法犯罪活动，聚敛6700多万元的巨额非法经济利益用于供养组织成员，甘某和骨干成员参与分红，一般成员发放工资报酬。

甘某还拉拢东和村党支部书记、村主任陈某文充当“保护伞”，帮助甘某拿项目，为甘某团伙通风报信。甘某指使李某智分3次送给陈某文共计169万元。

2018年，海口市公安局成立专案组，在全局范围内统筹抽调警力和车辆办案，历时一年的摸排、经营和侦查，一举打掉长期盘踞在海口江东地区以甘某为首的黑社会性质组织，共抓获团伙成员65名，缴获制式手枪3支、子弹34发及刀具一批，扣押、冻结现金约219万元，查扣车辆、房产、土地等资产估值约1亿元。

检察院、法院提前介入，及时将“保护伞”线索移交纪委监委，创新实现公、检、法、纪委监委多部门同步上案，建立扫黑除恶案件侦办联动机制。值得

① 参见《海口一涉黑团伙覆灭记：涉案超亿元53人获刑》，载人民网，http://legal.people.com.cn/GB/n1/2019/0414/c42510-31028579.html，最后访问时间：2019年5月28日。

一提的是，海口市检察院对该涉黑案实行“捕诉合一”，即“谁批捕谁起诉”，成立“捕诉合一”检察官办案组，建立快速办案通道。

2018年12月21日下午3时，海口市中级人民法院对甘某等54名被告人犯组织、领导黑社会性质组织罪等多项罪行一案进行一审当庭宣判。甘某被判处有期徒刑25年，甘某的妻子等53人也分别获刑。同时，对涉黑财产全部予以没收；对没收的财产中，没有产权证书的房产，判令海口市美兰区政府主管部门限期予以拆除。该案由于涉及海口江东新区的开发建设，对海南自贸区、中国特色自由贸易港建设影响较大，引发社会广泛关注。

【评析】

中共中央、国务院发出的《通知》要求，把扫黑除恶与反腐败斗争和基层“拍蝇”结合起来，深挖黑恶势力“保护伞”。纪检监察机关要将治理党员干部涉黑涉恶问题作为整治群众身边腐败问题的一个重点，纳入执纪监督和巡视巡察工作内容。纪检监察机关和政法各机关建立问题线索快速移送反馈机制，对每起涉黑涉恶违法犯罪案件及时深挖其背后的腐败问题，防止就案办案、就事论事。

值得一提的是，在本案查处过程中，检察院、法院提前介入，及时将“保护伞”线索移交纪委监委，创新实现公、检、法、纪委监委多部门同步办案，建立了扫黑除恶案件侦办联动机制。

第七章　涉案财产的处置

本章导读

黑社会性质组织犯罪涉案财物的处置从属于刑事诉讼涉案财物的处置，需遵循一般性的规定，但由于涉黑财产来源多元化、形态多样化、犯罪分子有意“洗白”、组织成员的合法财产与涉黑财产混同，以及涉案财物规模大等特殊性，刑事诉讼对涉黑涉恶财产的处置应有一定特殊性。规范黑社会性质组织犯罪案件的涉案财物处置工作，对于保证扫黑除恶专项斗争的顺利进行、保障当事人合法权益、确保司法公正具有重要意义。虽然我国《刑法》《刑事诉讼法》对涉案财物处置都有规定，有关部门也出台了一些司法解释和规范性文件，但司法实践中黑社会性质组织犯罪案件中涉案财物处置工作随意性大，保管不规范、移送不顺畅、信息不透明、处置不及时、救济不到位等问题突出。《指导意见》的出台能够进一步规范黑社会性质组织犯罪中涉案财物处置工作，有利于保障执法司法工作进行，有利于提高司法公信力。

本章将结合《关于办理黑恶势力刑事案件中财产处置若干问题的意见》（以下简称《财产处置若干问题的意见》）与《指导意见》的规定进行分析，以认真贯彻中央关于开展扫黑除恶专项斗争的重大决策部署，彻底铲除黑恶势力犯罪的经济基础，保证刑事诉讼顺利进行，保障当事人合法权益。

第一节 对涉案财产的调查与保全措施

一、黑社会性质组织犯罪案件中的涉案财产

（一）概念及种类

黑社会性质组织犯罪案件中的涉案财产，是指司法机关在办理黑社会性质组织犯罪案件过程中，可以确认与黑社会性质组织犯罪案件有关联的全部财产。根据《财产处置若干问题的意见》，黑社会性质组织犯罪案件中的涉案财产包括但不限于以下财产：（1）黑恶势力组织的财产；（2）犯罪嫌疑人个人所有的财产；（3）犯罪嫌疑人实际控制的财产；（4）犯罪嫌疑人出资购买的财产；（5）犯罪嫌疑人转移至他人名下的财产；（6）犯罪嫌疑人涉嫌洗钱以及掩饰、隐瞒犯罪所得、犯罪所得收益等犯罪涉及的财产；（7）其他与黑恶势力组织及其违法犯罪活动有关的财产。

根据《财产处置若干问题的意见》的规定，公安机关、人民检察院、人民法院在办理黑恶势力犯罪案件时，在查明黑恶势力组织违法犯罪事实并对黑恶势力成员依法定罪量刑的同时，要全面调查黑恶势力组织及其成员的财产状况，依法对涉案财产采取查询、查封、扣押、冻结等措施，并根据查明的情况，依法作出处理。

公安机关侦查期间，要会同工商、税务、国土、住建、审计、人民银行等部门全面调查涉黑组织及其成员的财产状况。

（二）涉案财产数额的确定

对黑社会性质组织及其成员聚敛的财产及其孳息、收益的数额，办案单位可以委托专门机构评估；确实无法准确计算的，可以根据有关法律规定及查明的事实、证据合理估算。

人民检察院、人民法院对于公安机关委托评估、估算的数额有不同意见的，

可以重新委托评估、估算。

二、应依法查询、查封、扣押、冻结全部涉案财产

（一）查询

查询是指侦查机关为了掌握、了解犯罪嫌疑人的财产，经过批准要求金融机构等予以协助，对犯罪嫌疑人的账户或者其他类型的财产予以查找、了解的手段。《刑事诉讼法》第144条规定，人民检察院、公安机关根据侦查犯罪的需要，可以依照规定查询、冻结犯罪嫌疑人的存款、汇款、债券、股票、基金份额等财产。有关单位和个人应当配合。

（二）查封、扣押和冻结

查封、扣押和冻结是依法强行封存、扣留和提存与案件有关的财物、文件的一种活动。查封是对不动产和大型物品的封存；扣押是针对动产的扣留；冻结是对犯罪嫌疑人的无形资产，如存款和股票等的提存。查封、扣押和冻结是侦查机关对涉案财产的直接支配和控制，相比于搜查，查封、扣押和冻结是对公民财产权利更加强烈的干预。查封、扣押和冻结是为实现限制涉案财产所有权人对涉案财产的占有、使用、收益或处分权利的侦查行为，直接触及财产权的本质。

查封、扣押、冻结已登记的不动产、特定动产及其他财产，应当通知有关登记机关，在查封、扣押、冻结期间禁止被查封、扣押、冻结的财产流转，不得办理被查封、扣押、冻结财产权属变更、抵押等手续。必要时可以提取有关产权证照。

根据《财产处置若干问题的意见》的规定，对黑社会性质组织犯罪案件的涉案财产采取上述措施，应当严格依照法定条件和程序进行。严禁在立案之前查封、扣押、冻结财物。凡查封、扣押、冻结的财物，都应当及时进行审查，防止因程序违法、工作瑕疵等影响案件审理以及涉案财产处置。

对涉案财产采取措施，应当为犯罪嫌疑人、被告人及其所扶养的亲属保留必需的生活费用和物品。

三、代管与托管

对于不宜查封、扣押、冻结的经营性资产，可以申请当地政府指定有关部门或者委托有关机构代管或者托管。对于经营性资产直接查封、扣押、冻结将造成巨大损失，公安机关、人民检察院、人民法院可以申请当地政府指定有关部门或者委托有关机构代管或者托管。

（一）代管

代管，是指政府指定有关部门或者委托有关机构对不宜查封、扣押、冻结的企业经营性资产代替其管理的行为。财产代管人的责任是维护涉案资产并使其尽可能地增值。代管人拥有所有者的绝大多数权利，如对资产的保管、维护、收益及改良，还可以包括必要的经营和处分行为。

（二）托管

托管资产是指具备一定资格的机构，如商业银行等，依据有关法律法规，与委托人签订委托资产托管合同，安全保管委托投资的资产，履行托管人相关职责的业务。

托管经营通过“外在于”企业的经营者投入一定数量的启动资金，并把有效的经营机制、科学的管理手段、科技成果、优质品牌等引入企业，对企业实施有效管理。同时，托管经营过程中受托方凭借自身的管理和资金优势获取一定的经济回报。

代管与托管既可以有效限制涉案嫌疑人、被告人对涉案财产的权利，又可以避免经营性资产被查封、扣押、冻结造成的损失，只是实践中缺少操作程序，适用并不广泛。

对于黑恶势力刑事案件中的财产采取的措施，除查封、扣押、冻结，以及代管或托管外，还包括允许合理使用或者先行拍卖变卖等。根据案件具体情况，在保证诉讼活动正常进行的同时，可以允许有关人员继续合理使用有关涉案财产，并采取必要的保值保管措施，以减少案件办理对正常办公和合法生产经营的影响。对易损毁、灭失、变质等不宜长期保存的物品，易贬值的汽车、船艇等物品，或者市场价格波动大的债券、股票、基金等财产，有效期即将届满的汇票、本票、支票等，经权利人同意或者申请，并经县级以上公安机关、人民检察院或者人民法院主要负责人批准，可以依法出售、变现或者先行变卖、拍卖，所得价款由扣押、冻结机关保管，并及时告知当事人或者其近亲属。

本节相关依据

《刑事诉讼法》第142条、第144条；《最高人民法院关于适用〈中华人民共和国刑事诉讼法〉的解释》第359条、第361—369条；《关于实施刑事诉讼法若干问题的规定》第36条；《关于完善产权保护制度依法保护产权的意见》第5条；《关于进一步规范刑事诉讼涉案财物处置工作的意见》第2条；《关于办理黑社会性质组织犯罪案件若干问题的规定》第17—19条；《关于办理黑恶势力刑事案件中财产处置若干问题的意见》。

典型案例评析

应严格审查涉案财产性质

——赤峰某煤炭销售有限公司因法院执行追缴郭某峰、郭某杰组织、领导黑社会性质组织违法所得再审审查监督执行案①

【基本案情】

赤峰市中级人民法院于2012年5月4日作出（2011）赤刑一初字第44号刑事附带民事判决书，判处郭某峰犯组织、领导黑社会性质组织罪、故意杀人罪、故意伤害罪、聚众斗殴罪、寻衅滋事罪、盗窃罪、容留他人吸毒罪、非法买卖枪支罪，决定执行死刑，缓期二年执行，剥夺政治权利终身，并处罚金一万五千元。判处郭某杰犯组织、领导黑社会性质组织罪、故意伤害罪、聚众斗殴罪、寻衅滋事罪、盗窃罪、非法买卖枪支罪、妨害作证罪、虚开增值税发票罪，决定执行有期徒刑二十年，并处罚金五十五万元。郭某峰赔偿附带民事原告人某某医疗费等各项费用1099321.37元。郭某峰赔偿附带民事原告人某某医疗费等费用69464.4元，郭某杰、郭某峰组织、领导的黑社会性质组织的违法所得及各被告

---

① 参见内蒙古自治区赤峰市中级人民法院（2016）内04执异254号执行裁定书。

人的违法所得，依法予以追缴。

郭某峰、郭某杰等人不服，提出上诉，内蒙古自治区高级人民法院于2012年11月30日作出（2012）内刑一终字第125号刑事附带民事裁定书，驳回上诉，维持原判。上述案件被移送赤峰市中级人民法院执行部门，2015年6月2日，作出（2015）赤执字第37号执行裁定，追缴郭某峰、郭某杰组织、领导黑社会性质组织的违法所得，评估、拍卖涉案犯罪的查控财产。2015年6月2日，作出（2015）赤执字第37号执行裁定，查封郭某杰在元宝山区邵家湾煤场院内房屋及土地。

根据移送执行表显示，2011年5月20日，赤峰市公安局在白某明（某煤炭销售公司邵家湾煤场）处扣押一张工商银行卡，卡内有煤款160万元（此款赤峰市公安局已转付赤峰市财政局国库收付中心）。2011年5月22日，赤峰市公安局在白某明处扣押煤款20万元（此款赤峰市公安局已转付赤峰市财政局国库收付中心）。另，2014年6月6日，赤峰广信会计师事务所作出赤广信会审字（2014）27号审计报告，截至2010年12月31日，针对白某明欠赤峰某煤炭销售有限公司煤炭销售款项总计1710095.4元。

赤峰市中级人民法院依据《中华人民共和国民事诉讼法》第225条和《最高人民法院关于人民法院办理执行异议和复议案件若干问题的规定》第17条、第25条之规定，裁定如下：

撤销（2015）赤执字第37号执行裁定中白某明名下工商银行账户内160万元款项以及从白某明处扣押的现金20万元款项的查封、扣押、冻结措施，上述款项返还异议申请人赤峰某煤炭销售有限公司。

如不服本裁定，可以自裁定送达之日起十日内向内蒙古自治区高级人民法院申请复议。

【评析】

审查案外人提出的排除执行异议，需要审查案外人是否系权利人，权利的合法性和真实性以及能否排除异议，根据《最高人民法院关于人民法院办理执行异议和复议案件若干问题的规定》第25条规定，银行存款或存管在金融机构的有价证券，按照金融机构和登记结算机构登记的账户名称判断，即使无登记的，也按合同证明财产权属或者权利人的证据判断。根据2014年6月6日，赤峰广信会计师事务所作出赤广信会审字（2014）27号审计报告，截至2010年12月31

日，白某明欠赤峰某煤炭销售有限公司煤炭销售款项总计1710095.4元。白某明卡上存放款项应属于赤峰某煤炭销售有限公司煤炭销售款，在没有确切证据或者相应司法文书确认该款项为郭某杰组织、领导黑社会期间的违法所得情况下，该款项在白某明名下，不宜作为郭某杰违法所得予以执行。本案查封的款项系在赤峰某煤炭销售有限公司职工白某明所属账户内以及该公司的保险柜内存放，应返还案外人赤峰某煤炭销售有限公司。案例中的涉案财产在白某明名下，不属于黑社会性质犯罪中犯罪嫌疑人的违法所得，不在查封款项的范围。

第二节　追缴、没收黑社会性质组织涉案财产

一、全面收集、审查证明涉案财产来源、性质、用途、权属及价值大小的证据

对于依法查封、冻结、扣押的黑社会性质组织涉案财产，应当全面收集、审查证明其来源、性质、用途、权属及价值大小的有关证据，以判断是否应当依法追缴、没收。

根据《财产处置若干问题的意见》第8条的规定，证明涉案财产来源、性质、用途、权属及价值的有关证据一般包括：（1）犯罪嫌疑人、被告人关于财产来源、性质、用途、权属、价值的供述；（2）被害人、证人关于财产来源、性质、用途、权属、价值的陈述、证言；（3）财产购买凭证、银行往来凭据、资金注入凭据、权属证明等书证；（4）财产价格鉴定、评估意见；（5）可以证明财产来源、性质、用途、权属、价值的其他证据。对于有证据证明符合本条规定的追缴、没收条件的，予以追缴、没收。

二、追缴、没收

（一）追缴、没收的含义

1. 追缴的含义

追缴是指司法机关在刑事诉讼过程中追查收缴犯罪分子因违法所获得的金

钱、财物以及其他物质利益的活动。

追缴应主要理解为一种程序上的强制措施。其着重于将赃款赃物追回的过程，追回后应按不同情况处理，或上缴国库或发还被害人。其中属于被害人合法财产的部分应当发还被害人；不应发还的财物，则予以没收，上缴国库。同时，追缴的目的是使财物脱离当事人的控制，防止对这些物品的隐匿、转移、使用和毁损，具有临时性和保全性的特点。

追缴适用于违法所得原物仍存在之情形。即使违法所得原物已由第三人占有，但第三人取得财物并非善意有偿，如系通过犯罪人赠与而取得原物的，仍应适用追缴。原物不存在时或难以判断是否存在之时，可适用责令退赔措施。

追缴的适用对象不仅仅是违法所得，亦可是供犯罪所用的本人财物与违禁品。

2. 没收的含义

没收，是指在法律上剥夺物之所有人的所有权并在现实上剥夺其占有、使用、收益、处分之可能性。没收财产是没收犯罪分子所有财产的一部分或者全部。由此可见，没收的内容为强制、无偿地剥夺公民、法人或者其他组织对财产的所有权，是单方面的产权强制变动。从发动主体看，没收是法定的国家机关才有权采取的措施。就任意性与必要性而言，犯罪分子不可就非法财产的没收与否与国家机关进行协商，国家机关对非法财产进行没收是履行其法定职责与义务，否则即构成渎职。从法律效果看，没收一旦完成，就意味着财产的所有权转移给国家，国家取得该财产的所有权，属于原始取得。

（二）追缴、没收的情形

对于依法查封、冻结、扣押的黑社会性质组织涉案财产，符合下列情形之一的，应当依法追缴、没收：

（1）组织及其成员通过违法犯罪活动或其他不正当手段聚敛的财产及其孳息、收益；

（2）组织成员通过个人实施违法犯罪活动聚敛的财产及其孳息、收益；

（3）其他单位、组织、个人为支持该组织活动资助或主动提供的财产；

（4）通过合法的生产、经营活动获取的财产或者组织成员个人、家庭合法资产中，实际用于支持该组织活动的部分；

（5）组织成员非法持有的违禁品以及供犯罪所用的本人财物；

（6）其他单位、组织、个人利用黑社会性质组织及其成员的违法犯罪活动获取的财产及其孳息、收益；

（7）其他应当追缴、没收的财产。

根据《财产处置若干问题的意见》第4条的规定，要彻底摧毁黑社会性质组织的经济基础，防止其死灰复燃。对于组织者、领导者一般应当并处没收个人全部财产。对于确属骨干成员或者为该组织转移、隐匿资产的积极参加者，可以并处没收个人全部财产。对于其他组织成员，应当根据所参与实施违法犯罪活动的次数、性质、地位、作用、违法所得数额以及造成损失的数额等情节，依法决定财产刑的适用。

本节相关依据

《刑法》第59条、第64条、第261条；《全国部分法院审理黑社会性质组织犯罪案件工作座谈会纪要》；《关于办理黑恶势力犯罪案件若干问题的指导意见》第27条；《关于办理黑社会性质组织犯罪案件若干问题的规定》第20条；《关于办理黑恶势力刑事案件中财产处置若干问题的意见》第8条、第15条。

典型案例评析

对黑社会性质组织成员聚敛的财产予以追缴、没收

——邵阳市××房地产开发有限公司与李某良执行案①

【基本案情】

邵阳市中级人民法院（以下简称邵阳中院）审理被告人李某良等人犯组织、领导黑社会性质组织等罪，于2014年9月4日作出（2014）邵中刑一初字第4号刑事附带民事判决，该判决主文第22项判定："对被告人李某良组织、领导的

① 参见湖南省高级人民法院（2018）湘执复81号执行裁定书。

黑社会性质组织所聚敛的下列财产予以追缴，没收或者返还被害人：以李某春名义竞拍所得，实际为李某良出资购买的位于邵阳市××区××购物广场××、××栋，面积共计2233.83平方米的门面48间，其中：A栋22间，即2号至5号、7号至8号、10号、12号至15号、20号至23号、28号、33号至37号、43号门面：D栋26间，即1号至12号、14号、20号至32号”。李某良等人不服一审判决，向湖南省高级人民法院提起上诉。湖南省高级人民法院于2015年9月25日作出（2014）湘高法刑三终字第284号刑事附带民事判决，维持上述判项。上述判决生效后，邵阳中院于2017年12月15日作出执行裁定：拍卖以李某春名义竞拍所得，实为李某良出资购买的位于邵阳市××区××购物广场××、××栋，面积共计2233.83平方米的门面48间，其中：A栋22间，即2号至5号、7号至8号、10号、12号至15号、20号至23号、28号、33号至37号、43号门面；D栋26间，即1号至12号、14号、20号至32号门面。案外人某公司向该院提出书面异议。

邵阳中院认为，本案执行是针对刑事附带民事判决判定的执行标的所采取的强制执行措施，案外人某公司异议主张位于邵阳市××区××购物广场××、××48间门面的所有权，请求中止拍卖的理由，缺乏事实与法律依据，不构成对执行标的房产排除执行的法定情形。遂裁定驳回某公司的异议请求。

××公司申请复议称，根据其公司与李某春于2009年11月22日签订的《合作协议》，48间门面所有权属于申请复议人，李某春对抵押在银行的房产通过竞拍方式购回，李某良只享有购房款及利息和利润的债权利益。48间门面内有部分门面属于一房二卖，部分门面是通道属于不得买卖。邵阳中院作出的异议裁定适用法律错误，没有听证程序错误。请求撤销邵阳中院作出的异议裁定，中止拍卖。

湖南省高级人民法院认为，依照《中华人民共和国民事诉讼法》第225条及《最高人民法院关于人民法院办理执行异议和复议案件若干问题的规定》第11条第1款、第23条第1款第1项的规定，裁定如下：

驳回邵阳市金林房地产开发有限公司的复议申请，维持邵阳市中级人民法院（2018）湘05执异31号执行裁定。

本裁定为终审裁定。

【评析】

本案执行依据（2014）邵中刑一初字第4号及（2014）湘高法刑三终字第284号刑事附带民事判决判定，对以李某春名义竞拍所得、实为李某良出资购买的位于邵阳市××区××购物广场××、××栋的48间门面予以追缴、没收。本案执行过程中，××公司对上述判决确定的执行标的主张所有权、提出排除执行异议。邵阳中院根据《最高人民法院关于刑事裁判涉财产部分执行的若干规定》第14条的规定，适用《中华人民共和国民事诉讼法》第225条对异议进行审查，并裁定驳回××公司的异议，程序和处理结果上并无不当。由于本案执行标的物为上述生效刑事附带民事判决所确定的，××公司如认为生效刑事裁判对涉案财物是否属于赃款赃物认定错误的，可依照《最高人民法院关于刑事裁判涉财产部分执行的若干规定》第15条的规定，通过审判监督程序处理。

第三节　用于清偿债务或转让的涉案财产的追缴

一、用于清偿债务、转让或者设置其他权利负担的财产追缴的情形

根据《指导意见》第28条及《财产处置若干问题的意见》第16条规定，应当追缴、没收的财产已用于清偿债务、转让或者设置其他权利负担，具有下列情形之一的，应当依法追缴：（1）第三人明知是违法犯罪所得而接受的；（2）第三人无偿或者以明显低于市场的价格取得涉案财物的；（3）第三人通过非法债务清偿或者违法犯罪活动取得涉案财物的；（4）第三人通过其他方式恶意取得涉案财物的。

二、对第三人的违法所得的追缴

根据《指导意见》的规定，第三人的违法所得也可以纳入追缴没收的范围。没收的第三人违法所得主要包括两类：一是第三人利用黑社会性质组织违法犯罪活动获取的财产及其孳息。二是第三人因为无偿或有瑕疵的民事法律行为获得黑社会性质组织或其成员转移的违法所得，如通过赠与的方式将违法所得给予亲

友，则应当予以追缴。如果第三人是善意的，获得违法所得基于合理的对价且债权的产生和内容与犯罪活动无关，则可以认定为善意取得，不纳入追缴、没收范围。

在追缴已流转赃物时，受让人是善意还是恶意，直接关系到赃物能否追缴和受让人承担的法律责任。受让人是善意无偿受让赃物的，应当无偿追缴；受让人是恶意的，应当无偿追缴。受让人明知他人出让赃物侵犯所有权人的合法权益，而受让赃物或与犯罪分子串通买赃的为恶意受让，无论是有偿还是无偿受让，均应无偿追缴。如果构成掩饰、隐瞒犯罪所得、犯罪所得收益罪的，还应依法追究刑事责任。如果属于一般违法行为，不构成刑事犯罪的，按照《治安管理处罚法》，追究行政责任。

本节相关依据

《最高人民法院关于适用〈中华人民共和国刑事诉讼法〉的解释》第507条、第444条；《关于办理黑恶势力犯罪案件若干问题的指导意见》第28条；《关于办理黑恶势力刑事案件中财产处置若干问题的意见》。

第四节　追缴、没收其他等值财产

一、追缴、没收等值财产

在刑事诉讼中，所谓追缴、没收其他等值财产是指追缴、没收的数额与犯罪所得及其收益的数额相对等，或者说，追缴、没收的数额以犯罪所得及其收益的数额为其上限。即当犯罪所得被挥霍、转让、贬值或者灭失时，按照该犯罪所得的价值，以充抵的方式对犯罪人的个人财产实行没收。

依据最高人民法院、最高人民检察院、公安部、司法部发布的《财产处置若干问题的意见》的规定：有证据证明依法应当追缴、没收的涉案财产无法找到、被他人善意取得、价值灭失或者与其他合法财产混合且不可分割的，可以追缴、没收其他等值财产。被告人有不同意见的，应当出示相关证据。追缴、没收的其他等值财产的数额，应当与无法直接追缴、没收的具体财产的数额相对应。

涉案财产无法找到、被他人善意取得、价值灭失或者与其他合法财产混合且不可分割的证据，公安机关或者人民检察院应当及时调取。

二、可以追缴、没收其他等值财产的情形

根据《财产处置若干问题的意见》第 19 条规定，可以追缴、没收其他等值财产的情形，包括但不限于：

（一）涉案财产无法找到。“财产无法找到”，是指有证据证明存在依法应当追缴、没收的财产，但无法查证财产去向、下落的。

（二）被他人善意取得。善意取得，又称即时取得，指无权处分人将动产或不动产处分给他人，善意受让人依法取得该动产或不动产的所有权或其他物权。善意取得制度进一步维护了交易安全，使物的经济效用得以充分发挥，有力地保障了市场经济的有序健康发展。

（三）价值灭失。黑社会性质组织犯罪中获利的数额，以有关经济利益取得时的价值为准。违法所得获得后，由于使用或者随着市场价格的波动，其价值可能发生贬值或灭失的，贬值的部分实行等值没收。

（四）其他合法财产混合且不可分割的。例如，某人在黑社会性质组织犯罪中将获得的财产变现后，与其个人和家人的合法财产一起购置房产，在此种情况下，应没收财产无法从其他财产中区分出来，或者将其区分出来存在超出合理限度的困难，在进行资产追缴和没收时，应对其所得财产进行估值，并可以对其个人拥有的存款进行等值没收。

本节相关依据

《关于办理黑社会性质组织犯罪案件若干问题的规定》第 21 条；《关于办理黑恶势力刑事案件中财产处置若干问题的意见》第 19 条、第 20 条、第 21 条。

第五节　特别没收程序

一、特别没收程序

特别没收程序，是指当在贪污贿赂、恐怖活动等重大犯罪案件中，犯罪嫌疑人、被告人逃匿，通缉一年后还不能到案的，或者犯罪嫌疑人、被告人死亡的，依照刑法有关规定应当追缴其违法所得以及其他涉案财产的，可由人民检察院向人民法院提出没收违法所得的申请，人民法院作出裁定的程序。该程序的特殊之在于它是一种针对违法所得和涉案财产，相对独立于人的审判程序，实现了人与物的分离。它通过在程序法上的规定解决了实体法上可能出现的因犯罪嫌疑人、被告人不能到案或无法参加刑事诉讼而造成难以处置涉案财物等棘手的问题，从而更好地保护被害人和社会公共利益。

二、特别没收程序的适用情形

（一）贪污贿赂犯罪、恐怖活动犯罪等重大犯罪案件

特别没收程序适用于贪污贿赂犯罪、恐怖活动犯罪等重大犯罪案件。2016年12月26日最高人民法院、最高人民检察院公布的《关于适用犯罪嫌疑人、被告人逃匿、死亡案件违法所得没收程序若干问题的规定》（以下简称《违法所得没收程序的规定》），系统性地对《刑事诉讼法》第298条的“重大”“逃匿”和“犯罪案件”等进行了说明解释。明确在省、自治区、直辖市或者全国范围内具有较大影响，或者犯罪嫌疑人、被告人逃匿境外的，应当认定为“重大”案件。

这里的“等”指除了贪污贿赂犯罪、恐怖活动犯罪以外的犯罪。根据《指导意见》第30条“黑社会性质组织犯罪嫌疑人、被告人逃匿，在通缉一年后不能到案，或者犯罪嫌疑人、被告人死亡的，应当依照法定程序没收其违法所得”的规定，黑社会性质组织犯罪适用特别没收程序也要达到这一要求。

（二）犯罪嫌疑人、被告人逃匿，在通缉一年后不能到案，或者犯罪嫌疑人、被告人死亡

刑事诉讼特别没收程序的启动，以犯罪嫌疑人、被告人不归案为前提，具体包括：

1. 逃匿。逃匿，是指逃走隐匿，既可能是逃匿至境外，又可能是境内的逃跑隐匿；既可能是立案前的逃匿，又可能是侦查阶段的逃匿，还可能是审查起诉阶段和审判阶段的逃匿，不同的诉讼阶段又决定了犯罪嫌疑人和被告人的不同称谓。

2. 通缉一年后不能到案。通缉是指对应当逮捕而在逃的犯罪嫌疑人和被告人的抓捕，通缉一年不归案是特别程序中逃匿行为成立的必要补充。

3. 死亡。犯罪嫌疑人和被告人的死亡，具体包括自然死亡和宣告死亡。

（三）依照刑法规定应当追缴其违法所得及其他涉案财产

该犯罪嫌疑人或被告人的涉案财产依照刑法规定应当追缴其违法所得及其他涉案财产。

人民检察院向人民法院提出没收违法所得的申请。公安机关认为应当适用特别没收程序的，应当写出没收违法所得意见书，移送人民检察院。没收违法所得的申请应当提供与犯罪事实、违法所得相关的证据材料，并列明财产的种类、数量、所在地及查封、扣押、冻结的情况。人民法院在必要的时候，可以查封、扣押、冻结申请没收的财产。

三、管辖

没收违法所得的申请，由犯罪地或者犯罪嫌疑人、被告人居住地的中级人民法院组成合议庭进行审理。

四、没收程序

（一）公告

人民法院受理没收违法所得的申请后，应当发出公告。公告期间为六个月。

（二）开庭审理

人民法院在公告期满后对没收违法所得的申请进行审理。犯罪嫌疑人、被告人的近亲属和其他利害关系人有权申请参加诉讼，也可以委托诉讼代理人参加诉讼。利害关系人参加诉讼的，人民法院应当开庭审理。

（三）裁定

人民法院经审理，对经查证属于违法所得及其他涉案财产，除依法返还被害人的以外，应当裁定予以没收；对不属于应当追缴的财产的，应当裁定驳回申请，解除查封、扣押、冻结措施。

对于人民法院依照前款规定作出的裁定，犯罪嫌疑人、被告人的近亲属和其他利害关系人或者人民检察院可以提出上诉、抗诉。

本节相关依据

《刑事诉讼法》第298条、第299条、第300条、第301条；《最高人民法院、最高人民检察院关于适用犯罪嫌疑人、被告人逃匿、死亡案件违法所得没收程序若干问题的规定》第1条、第6条、第22条、第23条；《关于实施刑事诉讼法若干问题的规定》。

第六节　涉案财产的返还

一、涉案财产返还的涵义

黑社会性质组织犯罪案件的涉案财产，在依法查封、扣押、冻结后，根据诉讼的需要，或者追缴、没收，或者随案移送，对于有证据证明确属被害人合法财产，或者确与黑社会性质组织及其违法犯罪活动无关的应予以返还。

涉案财产返还是涉案财物在实体上的一种处置，而不是程序上一种强制性措施。作为有权的司法机关最终处置的一种结果行为，刑事涉案财物的返还具有实体性处分的意义，是对侦查机关查封、扣押、冻结涉案财物后进行的权属确认和最终处置。简言之，刑事涉案财物返还程序就是将现存的、权属明确的原物返还给被害人或善意第三人等的程序。

二、涉案财产返还的条件

根据《财产处置若干问题的意见》第 17 条，依法查封、扣押、冻结的涉案财产，符合下列情形之一的，应当依法返还：

1. 有证据证明确属被害人合法财产；

2. 有证据证明确与黑恶势力及其违法犯罪活动无关。

有关违法犯罪事实查证属实后，对于有证据证明权属明确且无争议的被害人、善意第三人或者其他人员合法财产及其孳息，凡返还不损害其他利害关系人的利益，不影响案件正常办理的，应当在登记、拍照或者录像后，依法及时返还。

三、涉案财产返还程序

（一）审前返还程序

刑事诉讼过程中对涉案财物的处理，一般经人民法院的最终生效裁决予以认定。在审前阶段（即侦查、起诉阶段），基于被害人请求及办案效率和诉讼经济的考虑，公安机关、检察机关也可以对涉案财物作出实质性处置。在未经生效裁决认定前对刑事诉讼中查封、扣押、冻结的涉案财物进行处理，将属于被害人的合法财产先行返还给被害人是刑事司法实践中对涉案财物处置的一个例外程序——审前返还程序。涉案财物的审前返还程序有两种启动方式。

1. 由公安机关、检察机关直接决定的返还。公安机关、检察机关在审前阶段对查封、扣押、冻结涉案财物的性质自行审查，或者根据被害人、其他利害关系人的申请进行审查，在确定涉案财物确为被害人合法财产或者经查证确与案件无关的，对涉案财物作出返还被害人或其他财物所有人的决定。

在审前返还时，公安机关、检察机关一般要求制作返还清单，由被害人、其他利害关系人签字或盖章后附卷备查。其中，对于需要返还冻结的财产是金融票证的，检察机关要通知冻结机关返还财产所有人，冻结机关要将执行情况及时予以反馈。

2. 申请法院裁定返还。此种情形主要适用于前述公安机关、检察机关作出撤销案件、终止侦查或不起诉的案件，公安机关、检察机关向法院提出申请，并移送有关案卷材料，法院经过阅卷审查，认为有关涉案财物确属被害人合法财产的，裁定予以返还。如果法院认为已被冻结的涉案财物确实属于被害人的合法财产的，就裁定通知冻结机构依法返还被害人。①

（二）审后返还程序

审后返还程序是指法院在审判阶段对作为证据使用的涉案财物或者应当随案移送审判机关、性质和归属尚未作出正式司法认定的物品作出的最终认定和处置。实践中，涉案财物的处理以审后返还为原则，审前返还为例外。审后返还在性质上属于权利的救济措施，这是因为法院通过对涉案财产的认定，对财物进行返还、没收等，恢复了财产本来的归属关系。人民法院在案件审理过程中，对公安机关、检察机关移送的案卷材料中的证据、未随案移送的大宗物品等涉案财物进行审查，认为涉案财物属于被害人合法财产，权属明确的，应当判决返还被害人。

在我国刑事涉案财物的处理中，涉及案外第三人财产权的现象并不少见。例如，罪犯在犯罪过程中盗用或者骗用第三人的财物作为犯罪工具使用的情况；犯罪直接所得已经被第三人善意取得的情况等。对于第一种情况，应当在查清事实的基础上，及时将涉案财物返还第三人；对于第二种情况，则应当及时对相关情况进行调查核实，如果确系案外第三人善意取得的情况，则要依据相关规定对其合法财产权予以确认，及时返还其财产。

本节相关依据

《刑法》第60条；《刑事诉讼法》第245条、第295条、第300条、第301条；《最高人民法院关于适用〈中华人民共和国刑事诉讼法〉的解释》；《关于进一步规范刑事诉讼涉案财物处置工作的意见》第6条；《关于办理黑恶势力刑事

① 吴光升：《审前返还刑事涉案财物的若干问题探讨》，载《中国刑事法杂志》2012年第1期。

案件中财产处置若干问题的意见》。

典型案例评析

应注意返还被害人合法财产

——崔某胜涉黑案①

【基本案情】

西岗法院于2017年8月29日依法对崔某胜等21人进行审判，判决生效后崔某胜不服上诉至大连市中级人民法院。2018年6月，大连市中级人民法院依法部分改判，最终判决返还被害人经济损失995.18万元。

判决生效后西岗法院进入执行程序，法院指派专人及时高效地对崔某胜涉黑案件进行推进。从崔某胜及其控制的21个资金账户中冻结人民币13603027.27元，扣押机动车11辆、农用车2辆、船艇2艘；查封房产30处，土地5处；扣押崔某胜人民币84199元，扣押刘洪生人民币8338元，扣押王忠康人民币1800元。积极与公安分局沟通，将查扣的案款转移至法院。

同时，案件分为两个环节，第一阶段返还受害人财物，第二阶段对崔某胜团伙的财产进行拍卖充公收缴国库。

2018年6月6日，辽宁省大连市中级人民法院正式宣判崔某胜黑社会性质组织案。崔某胜被判13项罪名成立，判处24年有期徒刑，罚款121.1万元，其他犯罪分子被判处8个月至20年有期徒刑和罚金。11月2日，大连市西岗区人民法院召开“崔某胜涉黑案件”返还受害人财物大会。西岗法院在执行环节中依法查封崔某胜等21人的账户，划扣案款1360余万元。

崔某胜团伙共涉及被告21人，是较典型的黑恶势力团伙。以崔某胜为组织领导的黑社会性质的犯罪组织，公然实施诈骗、故意伤害、寻衅滋事、敲诈勒索、强迫交易、破坏生产经营、故意毁坏财物、盗窃、非法经营、编造虚假恐怖信息、非法持有枪支等犯罪行为。崔某胜的行为严重影响了旅顺口区基层党组织

---

① 参见《“崔某胜涉黑案件”返还受害人财物近千万》，载中国长安网，http：//www.chinapeace.gov.cn/zixun/2018－11/03/content_11491952.htm，最后访问时间：2019年5月28日。

的执政能力和群众的公信力。他对群众形成了严重的心理压力，谈“崔”色变，对旅顺口区产生了重大影响。

【评析】

对于依法查封、扣押、冻结的涉案财产，有证据证明确属被害人合法财产，应予以返还。所以，大连市中级人民法院对上诉人崔某胜所犯数罪并罚，决定执行有期徒刑二十四年，并处没收财产人民币50万元，罚金人民币120.1万元，返还各被害人的经济损失。对上诉人刘某生所犯数罪并罚，决定执行有期徒刑二十年，并处罚金人民币58.1万元。对其他上诉人及原审被告人分别判处有期徒刑八个月至十年不等，并处罚金。以崔某胜为组织领导的黑社会性质的犯罪组织在犯罪过程中给被害人造成了经济损失，因此，法院判决返还被害人财务近千万元。

第八章　对办理案件的其他要求

本章导读

扫黑除恶专项斗争，意义重大，关系到社会的稳定发展和国家的长治久安。事关人心向背和基层政权巩固，事关进行伟大斗争、建设伟大工程、推进伟大事业、实现伟大梦想。各地区部门要进一步提高政治站位，切实增强“四个意识”，充分认识到开展扫黑除恶专项斗争的重大意义，切实把思想和行动统一到党中央部署上来，科学谋划、精心组织、周密实施，坚决打赢扫黑除恶专项斗争这场攻坚战。

本章第一节阐释了律师在黑社会性质组织犯罪案件的辩护、代理职责的具体要求。第二节介绍了黑社会性质组织犯罪的刑罚执行过程中的具体管理要求。第三节阐释了政法机关之间办理黑恶势力案件犯罪的工作机构要求。第四节归纳了办理黑社会性质组织犯罪案件中对有关人员的保护要求。

第一节　对律师辩护代理工作的要求

一、司法行政机关应当加强对律师办理黑社会性质组织犯罪案件辩护代理工作的指导监督

2018 年，中华全国律师协会发布《关于律师办理黑恶势力犯罪案件辩护代理工作若干意见》，各地律师协会要积极组织开展专项培训，指导帮助刑事辩护

代理律师深入学习、准确把握中央关于开展扫黑除恶专项斗争部署要求，准确把握《刑法》《刑事诉讼法》和相关司法解释关于共同犯罪、犯罪集团以及相关涉黑涉恶犯罪构成等规定，掌握中共中央、国务院关于开展扫黑除恶专项斗争的通知精神和两院两部联合发布的《指导意见》等相关刑事司法政策。

积极组织律师行业对中央下发的文件进行培训学习，积极组织长期活跃于一线实务前沿的精英骨干律师编写有关于律师办理黑恶势力案件辩护代理工作的各项辅助手册，使广大律师对刑事政策的解读形成统一的把握，方便辩护代理工作的顺利展开。只有使广大进行辩护代理工作的律师充分认识到国家扫黑除恶专项斗争的意义，提高整个律师行业的政治站位，把思想和行动统一到党中央决策部署上来，才能让涉及黑恶势力的案件经过审判后，既保护了被追诉人应有的诉讼权利，也严惩了犯罪，从而把每一起案件办成了铁案，经得起历史的检验、社会的检验和人民的检验，最终实现公平正义。

二、司法行政机关应当指导律师事务所建立健全律师办理黑社会性质组织犯罪的请示报告、集体研究和检查督导制度

律师在依法进行涉嫌黑恶势力犯罪案件辩护代理时，司法行政机关要对律师的辩护代理工作进行指导监督，引导律师严格依法履行辩护代理职责，确保案件质量，要把每一起案件都办成铁案，使涉及黑恶势力的案件经得起历史的检验、人民的检验、社会的检验，实现扫黑除恶专项斗争政治效果、社会效果、法律效果相统一。

律师事务所对本所及其律师办理的涉黑涉恶案件的辩护代理工作负有直接监督指导的职责，要严格把守第一道关卡。司法行政机关作为律师行业的主管机关，负有指导和监督职责，应当指导、引导律师行业建立健全承办黑社会性质组织案件的相关制度。

（一）建立报告备案制度

根据《关于律师办理黑恶势力犯罪案件辩护代理工作若干意见》规定，律师事务所在受理黑恶势力犯罪案件后，应当于五日内同时报律师事务所所属律师协会和案件管辖地律师协会备案。在案件办理过程中，遇有重要问题和需协

调解决的紧急事项要及时向所属律师协会报告，案件办结后要提交书面总结。不同地区律师事务所受理同一案件的，应当将办案情况分别报告各自所属律师协会。

（二）建立集体研究制度

办案过程中，做无罪辩护或改变案件定性时，律师事务所要组织集体研究，依法提出案件处理方案和辩护代理意见。

（三）建立检查督导制度

律师事务所要建立律师办理黑恶势力犯罪案件辩护代理检查督导制度，指定专门业务机构或专人负责对律师办理黑恶势力犯罪案件辩护代理工作的情况进行全程跟踪检查，加强办案质量监督和风险管理，指导解决办案过程中遇到的法律问题，发现律师办案有违法违规行为要及时予以制止和纠正。

司法行政机关作为律师行业的主管机关，应当切实发挥引导监督的职能，以组织律师行业骨干、专家学者定期召开座谈会等形式研讨上述制度在建立健全方面遇到的难题以及操作层面的壁垒，为制度构建提出建议，充分发挥主管机关的指导监督职能，使律师行业充分了解把握扫黑除恶专项斗争的精神，贯彻执行相关制度。

三、办案机关应当依法保障律师在辩护代理工作中的各项诉讼权利

国家为保证诉讼活动的顺利进行而赋予了刑事办案机关完善的权力，如何采取强制措施限制人身自由等，同时也相应赋予被追诉人以辩护权为核心的防御性权利，以防止公权力的滥用。故律师履行辩护职责就是为了协助被追诉人以事实与法律为依据维护被追诉人的合法权益。

（一）律师在办理黑社会性质组织案件中依法享有的诉讼权利

辩护权是犯罪嫌疑人和被告人在刑事诉讼中享有的最基本、最核心的诉讼权利。律师作为辩护权的直接行使者，其对被追诉人合法权益的保护方面有着举足轻重的意义。所以要依法充分保障辩护律师的案件进程的知情权、阅卷权、调查

取证权、参与庭审的权利。依法保障辩护律师充分行使发问、质证、辩论、陈述意见等诉讼权利。认真听取、积极回应辩护意见，实现辩诉意见发表在法庭，充分发挥辩护律师在实现司法公正、防止冤假错案中的积极重要作用。以下简要列举辩护律师依法享有的诉讼权利。

1. 独立的辩护权。不受其他机关、团体和个人的干涉。

2. 阅卷权。《刑事诉讼法》第40条规定："辩护律师自人民检察院对案件审查起诉之日起，可以查阅、摘抄、复制本案的案卷材料……"申诉、抗诉的案件，自检察院、法院决定立案之日起可采用复印、拍照、扫描等手段查阅、摘抄、复制本案的案卷材料。属于国家秘密的，应当经过检察院、法院的同意并遵守国家保密规定。

3. 会见、通信权。律师与在押或者被监视居住的犯罪嫌疑人、被告人会见或者通信，可以向其了解案件有关情况，提供法律咨询等，自案件被移送审查起诉之日起，可以向其核实有关证据。会见不应被监听。除来往信件的内容涉及危害国家安全、公共安全、严重危害他人人身安全以及涉嫌串供、毁灭证据等情形外，看守所不得截留、复制、删改信件，不得向办案机关提供信件内容。

4. 调查取证权。既可以亲自向控方证人或者辩方证人取证，也可以申请法院或者检察院调取能够证明犯罪嫌疑人、被告人无罪或者罪轻的证据。

5. 提出意见权。《刑事诉讼法》第38条规定："辩护律师在侦查期间可以为犯罪嫌疑人提供法律帮助；代理申诉、控告；申请变更强制措施；向侦查机关了解犯罪嫌疑人涉嫌的罪名和案件有关情况，提出意见。"第161条规定："在案件侦查终结前，辩护律师提出要求的，侦查机关应当听取辩护律师的意见，并记录在案。辩护律师提出书面意见的，应当附卷。"

6. 参加法庭调查、辩论权。

7. 经授权的上诉权。辩护律师作为非独立的上诉主体，需要经被告人授权后，方可以书面或者口头的形式向原审法院或者二审法院提出上诉。

8. 申请变更、解除强制措施的权利。

9. 救济权。辩护律师或者诉讼代理律师认为公检法机关阻碍其依法行使诉讼权利的，有权向同级或者上一级检察院申诉或者控告；庭审过程中，就程序性问题提出申请，或者对法庭审理程序存在异议的，法院原则上应当休庭审查。其对法庭决定不服，保留意见的内容应当详细计入法庭笔录，可以作为上诉理由，或者向同级或者上一级检察院申诉、控告。

10. 知情权。办案机关作出移送审查起诉、退回补充侦查、提起公诉、延期审理、二审不开庭审理、宣告判决等重大程序性决定的，应当依法及时告知辩护律师。

11. 拒绝辩护权。

（二）律师在履行辩护代理职责的相关要求

1. 律师在刑事诉讼过程中应当严格遵循有效辩护的原则。（1）犯罪嫌疑人、被告人在整个诉讼过程中应当享有充分的辩护权。（2）允许犯罪嫌疑人、被告人聘请合格且能够有效履行辩护职责的辩护人（主要是辩护律师）为其辩护，这种辩护应当覆盖从侦查阶段到审判甚至是执行阶段的整个刑事诉讼过程。（3）国家还应当通过法律援助制度确保犯罪嫌疑人、被告人能够获得符合最低标准并具有实质意义的辩护律师的援助。

2. 辩护视角应注重实体与程序两个维度。《通知》要求严守诉讼审判之标准，把刑事诉讼法体现出来的程序正义与价值以及确立的各项理念与基本原则，诸如尊重和保障人权、罪刑法定等具体落实到法院承办的每一起案件中。刑事诉讼制度改革，要求侦查、起诉、审判要紧紧围绕“以审判为中心”展开，刑事案件律师辩护要求全覆盖，尊重和保障律师依法享有的诉讼权利，保障律师有空间依法履行辩护和代理的职权，避免庭审形式化，保证控辩双方对抗的实质化。在辩护过程中，辩护律师的辩护视角应当涉及实体与程序两个维度。实体方面，进行无罪辩护、轻罪辩护、罪数辩护以及量刑辩护。同时，还应当注重进行程序性辩护，即针对公检法办案机关在办案行为中存在违反法律规定的诉讼程序展开的辩护，进而得到有利于被追诉人的判决。

（三）办案机关应当为律师履行辩护代理职责提供便利

办案机关应当依法保障律师在整个诉讼过程中所享有的各项诉讼权利，各级司法行政机关要加强与公检法等部门的协调沟通，为律师履行辩护代理职责提供便利。最高人民法院、最高人民检察院、公安部、司法部、国家安全部于2015

年9月联合印发的《关于依法保障律师执业权利的规定》（以下简称《执业权利的规定》）第4条规定：“人民法院、人民检察院、公安机关、国家安全机关、司法行政机关应当建立和完善诉讼服务中心、立案或受案场所、律师会见室、阅卷室，规范工作流程，方便律师办理立案、会见、阅卷、参与庭审、申请执行等事务。探索建立网络信息系统和律师服务平台，提高案件办理效率。”

关于办案机关具体提供的便利也有许多规定。例如《刑事诉讼法》第39条规定，“辩护律师持律师执业证书、律师事务所证明和委托书或者法律援助公函要求会见在押的犯罪嫌疑人、被告人的，看守所应当及时安排会见，至迟不得超过四十八小时”。《执业权利的规定》第13条规定：“看守所应当及时传递辩护律师同犯罪嫌疑人、被告人的往来信件。看守所可以对信件进行必要的检查，但不得截留、复制、删改信件，不得向办案机关提供信件内容，但信件内容涉及危害国家安全、公共安全、严重危害他人人身安全以及涉嫌串供、毁灭证据等情形的除外。”《执业权利的规定》第26条规定：“有条件的人民法院应当建立律师参与诉讼专门通道，律师进入人民法院参与诉讼确需安全检查的，应当与出庭履行职务的检察人员同等对待。有条件的人民法院应当设置专门的律师更衣室、休息室或者休息区域，并配备必要的桌椅、饮水及上网设施等，为律师参与诉讼提供便利。”

只有为律师的辩护代理工作创造便利，方能保障涉黑涉恶案件的辩护代理工作的顺利展开。

四、黑恶势力犯罪案件开庭审理时，人民法院应当通知对辩护律师所属事务所有监督管理权限的司法行政机关派员旁听

（一）人民法院通知司法行政机关派员旁听的原因

在法院对黑恶案件开庭审理时，人民法院通知对辩护律师所属律师事务所有管理权限的司法行政机关，要求其派员出庭旁听。首先是对辩护律师是否充分享有其应有的诉讼权利的保障。因为，《执业权利的规定》第31条规定：“法庭审理过程中，法官应当注重诉讼权利平等和控辩平衡。对于律师发问、质证、辩论的内容、方式、时间等，法庭应当依法公正保障，以便律师充分发表意见，查清案件事实。法庭审理过程中，法官可以对律师的发问、辩论进行引导，除发言过

于重复、相关问题已在庭前会议达成一致、与案件无关或者侮辱、诽谤、威胁他人，故意扰乱法庭秩序的情况外，法官不得随意打断或者制止律师按程序进行的发言。”在法庭审理阶段，如果法官随意打断律师发言，司法行政机关所派出庭的人员可以提出异议。其次更是对辩护律师是否依法履行职责的监督。因为涉黑恶势力犯罪的案件相较于普通刑事案件而言，律师的辩护代理会具有更大的风险。例如，如何把握扫黑除恶专项斗争中严惩犯罪的刑事政策与程序性辩护中“无罪辩护”的适用范围，涉案财产中的合法收入、灰色收入等财产的性质，提出辩护时，如何应对外部舆论因素导致法律障碍增大等。司法行政机关派员出庭旁听，可以在一定程度上监督律师是否依法依规履行辩护代理职责，一旦出现违法违规的情形，可以在第一时间予以处理。

（二）人民法院通知司法行政机关派员旁听的时间

《刑事诉讼法》第187条规定：“人民法院决定开庭审判后，应当确定合议庭的组成人员，将人民检察院的起诉书副本至迟在开庭十日以前送达被告人及其辩护人。在开庭以前，审判人员可以召集公诉人、当事人和辩护人、诉讼代理人，对回避、出庭证人名单、非法证据排除等与审判相关的问题，了解情况，听取意见。人民法院确定开庭日期后，应当将开庭的时间、地点通知人民检察院，传唤当事人，通知辩护人、诉讼代理人、证人、鉴定人和翻译人员，传票和通知书至迟在开庭三日以前送达。公开审判的案件，应当在开庭三日以前先期公布案由、被告人姓名、开庭时间和地点。上述活动情形应当写入笔录，由审判人员和书记员签名。”依据上述规定，人民法院在开庭审理黑恶势力犯罪案件时，应当在开庭三日以前，以书面形式通知对辩护律师所属律师事务所具有监督管理权限的司法行政机关派员旁听。

五、律师应当依法履行辩护代理职责，相关办案机关应加大对律师执业行为的监督力度

（一）依法履行辩护代理职责

律师履行黑恶势力犯罪案件辩护代理职责时，应当高度重视庭前准备工作，依法充分行使享有的诉讼权利，在会见、阅卷、调查取证后，提出高质量的辩护

代理意见。

当律师执业权利受到侵犯时，应当通过法定救济渠道寻求救济，也可以通过司法行政机关、律师协会申请组织维权等方式进行救济。《执业权利的规定》第45条还规定：“人民法院、人民检察院、公安机关、国家安全机关、司法行政机关和律师协会应当建立联席会议制度，定期沟通保障律师执业权利工作情况，及时调查处理侵犯律师执业权利的突发事件。”

（二）律师违反规定的情形及其法律责任

1. 违法违规的主要情形。（1）违反会见规定的；（2）以串联组团，联署签名、发表公开信，组织网上聚集、声援等方式或者借个案研讨之名，制造舆论压力，攻击、诋毁司法机关和司法制度，干扰诉讼活动正常进行的；（3）煽动、教唆和组织当事人或者其他人员到司法机关或者其他国家机关静坐、举牌、打横幅、喊口号等，扰乱公共秩序、危害公共安全的；（4）违反规定披露、散布不公开审理案件的信息、材料，或者本人、其他律师在办案过程中获悉的有关案件重要信息、证据材料的。

2. 相关法律责任。律师在辩护过程中出现上述情形的，司法行政机关应当依照有关规定予以处罚，构成犯罪的，依法追究刑事责任。

3. 对于律师辩护、代理活动中的违法违规行为，相关办案机关要注意收集固定证据，提出司法建议。

司法行政机关要加大引导监督力度，使律师充分认识涉黑涉恶案件辩护工作的重要性，严格遵守法律法规和执业纪律。司法行政机关要依法严肃查处违法违规行为，收到当事人投诉或相关办案机关的司法建议，要及时立案、调查与处理。

本节相关依据

《关于律师办理黑恶势力犯罪案件辩护代理工作若干意见》；《关于依法保障律师诉讼权利和规范律师参与庭审活动的通知》第21条；《关于依法保障律师执业权利的规定》第4条、第13条、第26条、第41—46条；《刑事诉讼法》第39条、第187条。

第二节　对监狱和社区矫正机构工作的要求

一、监狱应当严格管理组织、领导、参加黑社会性质组织的罪犯，严格会见、减刑、假释、暂予监外执行等执法活动

（一）监狱应当严格管理组织、领导、参加黑社会性质组织的罪犯

在法院作出裁判之后，监狱作为刑罚执行的最主要的场所和机关，担负着对犯罪分子进行改造，降低再犯罪的可能性，使其顺利回归社会的任务。《监狱法》在第一章总则部分中也明确了监狱的功能，规定监狱是国家刑罚的执行机关；采取惩罚和改造相结合、教育和劳动相结合的原则对被判处死刑缓期两年执行、无期徒刑、有期徒刑的罪犯进行改造，进行思想、文化和技术教育。在黑恶势力案件中，因其对正常的社会、生活秩序具有较大的危害性，为非作歹，欺压百姓是其主要特征，故黑恶势力案件的犯罪分子自身具有较严重的人身危害性，所以监狱应当对黑恶势力案件的犯罪分子予以严格控制。

首先，体现在羁押过程中监狱对罪犯的奖惩方面，《监狱法》第 56 条规定："监狱应当建立罪犯的日常考核制度，考核的结果作为对罪犯奖励和处罚的依据。"所以监狱管理机构应当对黑恶势力案件的罪犯进行严格的狱情分析，同时考察其人身危险性，建立日常的考核制度。狱情分析指的是由监狱对罪犯的思想和行为表现情况进行分析。例如，从日常的思想报告、狱内劳动情况等多个渠道获得信息，深入了解、仔细排查，准确把握罪犯信息，保证刑罚执行的质量，预防再犯之风险。

其次，采取分押分管的手段予以看管。在《监狱法》第 39 条第 2 款规定："监狱根据罪犯的犯罪类型、刑罚种类、刑期、改造表现等情况，对罪犯实行分别关押，采取不同方式管理。"这一点是严格考虑犯罪分子的人身危险性，防止罪犯在服刑阶段采用暴力手段或者其他危险手段，危及其他服刑人员的人身安全。对黑恶势力案件犯罪分子实行较于一般犯罪更为严格的关押和管理方式。

（二）监狱严格组织、领导、参加黑社会性质组织罪犯的会见、减刑、假释、暂予监外执行等执法活动

1. 监狱应当严格管理黑社会性质组织罪犯的会见与通信。《监狱法》第 47 条、第 48 条规定：“罪犯在服刑期间可以与他人通信，但是来往信件应当经过监狱检查。监狱发现有碍罪犯改造内容的信件，可以扣留。罪犯写给监狱的上级机关和司法机关的信件，不受检查。”“罪犯在监狱服刑期间，按照规定，可以会见亲属、监护人。”黑社会性质组织因其具备一定的组织性，其可能会通过与外界通信或者会见，向其他未受法律制裁的组织成员继续传达犯罪计划、通风报信、串供等。所以，对组织、领导、参加黑社会性质组织的罪犯的会见和通信，要更严格管理。罪犯收受物品和钱款，应当经监狱检查、批准。

2. 监狱严格对组织、领导、参加黑社会性质组织的罪犯减刑。被判处死刑缓期二年执行、无期徒刑、有期徒刑的罪犯，在服刑期间确有悔改或者立功表现等，根据监狱考核的结果，可以减刑。减刑建议由监狱向人民法院提出，人民法院应当自收到减刑建议书之日起一个月内予以审核裁定；案情复杂或者情况特殊的，可以延长一个月。被判处死刑缓期二年执行的罪犯，由所在监狱提出减刑建议，报经省、自治区、直辖市监狱管理机关审核后，提请高级人民法院裁定。黑社会性质组织犯罪由于其具有较大的人身危害性和反社会性，监狱管理系统应当严格管理和矫正，在减刑建议上，应当严格考察。

3. 监狱严格对组织、领导、参加黑社会性质组织的罪犯假释。被判处无期徒刑、有期徒刑的罪犯，符合法律规定的假释条件的，由监狱根据考核结果向人民法院提出假释建议，人民法院应当自收到假释建议书之日起一个月内予以审核裁定；案情复杂或者情况特殊的，可以延长一个月。黑社会性质组织犯罪一般属于严重暴力性犯罪，监狱管理系统应当严格管理和矫正，在假释的提请上，应当严格考察。

4. 监狱严格对组织、领导、参加黑社会性质组织的罪犯暂予监外执行。对于被判处无期徒刑、有期徒刑在监内服刑的罪犯，符合刑事诉讼法规定的监外执行条件的，可以暂予监外执行。根据《监狱法》第 26 条规定，暂予监外执行由监狱提出书面意见，报省、自治区、直辖市监狱管理机关批准。由于黑社会性质组织具有组织性、暴力性等特点，监狱应当根据罪犯在监狱内的改造情况，严格

掌握法律的规定，提出监外执行建议以及决定批准监外执行。批准机关应当将批准的暂予监外执行决定通知公安机关和原判人民法院，并抄送人民检察院。暂予监外执行的罪犯，由社区矫正机构负责执行。原关押监狱应当及时将罪犯在监内改造情况通报负责执行的社区矫正机构。

二、监狱应当对被判处较长刑期的黑社会性质组织犯罪的组织者、领导者实施异地关押

早在2006年，司法部下发《关于收押黑恶势力罪犯工作有关问题的通知》，其中明确规定，对同一黑恶势力团伙的罪犯，不得在同一监狱关押；对判处有期徒刑十年以上的黑社会犯罪性质组织头目，坚决实行跨省（区、市）异地关押。《指导意见》第33条再次强调，“对于判处十年以上有期徒刑、无期徒刑，判处死刑缓期二年执行减为有期徒刑、无期徒刑的黑社会性质组织的组织者、领导者，实行跨省、自治区、直辖市异地关押”。

异地关押的适用条件：（1）黑社会性质组织的组织者、领导者。（2）判处十年以上有期徒刑、无期徒刑，判处死刑缓期二年执行减为有期徒刑、无期徒刑的。对符合以上两个条件的罪犯实行跨省、自治区、直辖市异地关押。实施异地关押，有利于切断黑社会性质组织头目与外界的各种非法联系。

三、监狱应当积极开展黑恶势力犯罪线索排查，教育引导服刑人员检举揭发

在《恶势力若干问题的意见》、2015年《纪要》中都规定，要正确运用宽严相济的刑事政策，对不同类型组织成员的立功情节进行予以区别对待。包括积极参加者、一般参加者配合司法机关查办案件，有提供线索、帮助收集证据或者其他协助行为，并在侦破黑社会性质组织犯罪案件、认定黑社会性质组织及其主要成员、追缴黑社会性质组织违法所得、查处“保护伞”等方面起到较大作用的，即使依法不能认定立功，一般也应酌情对其从轻处罚；骨干成员能够检举揭发其他犯罪案件中罪行同样严重的犯罪分子，原则上依法应予从轻或者减轻处罚；对于组织者、领导者，则要求其检举揭发的犯罪线索与该黑社会性质组织及其违法犯罪活动存在关联，作为如何判断存在关联，应当遵循以下依据：提供的线索是

否是利用其在组织中所处的特殊地位而取得；是否与该组织寻求非法保护、实施违法犯罪等活动有关联；是否与该组织的成员、“保护伞”及雇佣、纠集的人员有关联等。但是，如果在是否认定立功的问题上存在事实、证据或法律适用方面的争议，应当严格把握。上述有关检举揭发黑恶势力犯罪的线索，认定是否成立立功的规定，在监狱的执行阶段依旧适用。

监狱管理机关作为执行刑罚的场所，其承担着净化罪犯心灵，矫正其反社会心理的任务。监狱通过狱情分析，考察罪犯人身危害性的实时变化，以向人民法院提出减刑假释等刑罚变更的建议等形式，以适度的行刑激励，刺激服刑的罪犯主动检举揭发黑恶势力犯罪的线索，主动供述司法机关还未掌握的同案犯罪分子的罪行。而且监狱管理机关还应当通过积极教育引导的相关措施，积极开展黑恶势力犯罪线索排查，扩大鼓励罪犯检举揭发的形式。一旦经查证属实，构成立功情节，结合减刑、假释规定的相关内容，由监狱提请人民法院，作出减刑、假释的建议。这样不仅协助案件尽快侦破，也能在一定程度上加快犯罪分子的改造速度，使其快速回归社会。

四、社区矫正机构应当认真开展调查评估，严格监管教育

2012 年最高人民法院、最高人民检察院、司法部、公安部联合印发《社区矫正实施办法》规范了社区矫正工作，对特殊人群的管理进行了加强和创新。随着扫黑除恶专项斗争的深入，大量涉黑涉恶案件进入审判阶段，部分黑恶势力犯罪案件的犯罪嫌疑人、被告人因被判处缓刑、假释、管制、剥夺政治权利或者暂予监外执行而适用非监禁刑，即社区矫正。

（一）社区矫正机构应当认真开展调查评估

《社区矫正实施办法》中规定，人民法院对符合社区矫正适用条件的被告人、罪犯依法作出判决、裁定或者决定。由司法行政机关负责指导管理、组织实施社区矫正工作。

实施社区矫正，需要调查适用社区矫正的被告人、罪犯对其社区的影响。此时社区矫正机构应当认真开展调查评估工作，调查评估的内容应当包括对被告人或者罪犯的居所情况、家庭和社会关系、一贯表现、犯罪行为的后果和影响、居

住地村（居）民委员会和被害人意见、拟禁止的事项等，并整理形成评估报告，为准确无误地适用非监禁刑提供参考。

（二）社区矫正机构应对组织、领导、参加黑社会性质组织的社区服刑人员严格监管教育

《社区矫正实施办法》第 7—18 条规定，司法所在接收社区矫正人员后应当及时向社区矫正人员宣告判决书、裁定书、决定书、执行通知书等有关法律文书的主要内容；社区矫正期限；社区矫正人员应当遵守的规定、被禁止的事项以及违反规定的法律后果；社区矫正人员依法享有的权利和被限制行使的权利；应当参加的教育活动和社区服务；等等。

黑社会性质组织犯罪与普通刑事犯罪所造成社会危害性不同，在实施社区矫正时，社区矫正机构不仅应当保证社区矫正人员完成事先制订的矫正方案，而且对矫正执行档案实施效果要进行严格综合评估，同时每月参加教育活动、社区服务的时间应当满足规定的要求，避免出现违反监督管理规定和人民法院禁止令的行为。

五、公检法司各机关应当加强协调联动，完善应急处置工作机制

《社区矫正实施办法》第 22 条明确规定，发现社区矫正人员有违反监督管理规定或者人民法院禁止令情形的，司法行政机关应当及时派员调查核实情况，收集有关证明材料，提出处理意见。处理意见的内容包括由县级司法行政机关以出具书面的形式作出警告以及由县级司法行政机关提请同级公安机关予以处罚等。司法行政机关作出的撤销缓刑、假释的建议书和人民法院的裁定书、收监执行建议书，决定机关的决定书同时抄送社区矫正人员居住地同级人民检察院和公安机关。而且《社区矫正实施办法》第 35 条还规定，司法行政机关应当建立突发事件处置机制，发现社区矫正人员非正常死亡、实施犯罪、参与群体性事件的，应当立即与公安机关等有关部门协调联动、妥善处置，并将有关情况及时报告上级司法行政机关和有关部门。

在应急处置工作机制上还应当充分利用现有的大数据信息技术，建立社区矫正人员的信息交换平台，实现社区矫正工作动态数据共享。而且对于违反监督管

理规定或者人民法院禁止令的情形，由司法行政机关、公安机关、人民检察院和人民法院之间相互配合，共同承担社区矫正的服刑人员的脱管、漏管以及重新犯罪行为的监督管理工作。

本节相关依据

《全国部分法院审理黑社会性质组织犯罪案件工作座谈会纪要》；《刑法》第81条第2款；《最高人民法院关于减刑、假释案件具体应用法律的规定》；《关于收押黑恶势力罪犯工作有关问题的通知》；《关于办理黑恶势力犯罪案件若干问题的指导意见》第33条；《关于办理恶势力刑事案件若干问题的意见》；《社区矫正实施办法》第7—18条、第22条、第35条；《监狱法》第25—34条、第47—49条。

典型案例评析

非法拘禁犯罪案件中对非监禁刑的适用

——丁某晓等非法拘禁案[①]

【基本案情】

丁某晓与朱某辰、郭某秋等人系朋友，于某桐与丁某晓系男女朋友。2016年11月11日，姚某通过刘某向丁某晓借款4100元，借款期限为1个月。姚某实际收到借款2700元，但后来姚某一直未偿还所借款项。2018年4月14日21时许，丁某晓、于某桐与尹某（未起诉）到某网吧上网，朱某辰、郭某秋在网吧外等候。丁某晓在网吧中遇到姚某，于某桐遂外出告知朱某辰、郭某秋姚某在网吧里，后丁某晓、郭某秋一起找到姚某，让其偿还2700元借款。因姚某声称无力偿还借款，丁某晓、朱某辰、郭某秋遂开车载着姚某找王某龙办理网络贷款，因当天不能办理，丁某晓提出让姚某介绍人刘某索要借款。随后，王某龙驾车跟随丁某晓等人到网吧接上于某桐、尹某，共同前往刘某的住处。抵达后，丁

① 参见山东省莒县人民法院（2018）鲁1122刑初323号刑事判决书。

某晓让姚某将刘某从家中叫出，并与朱某辰、郭某秋将刘某拽至其车上，同时安排姚某乘坐王某龙的车，由于某桐、王某龙等人负责看守。随后，丁某晓等人驾车载着刘某至莒县某景区南门口处，同时，因刘某称原车站附近一广告牌上的号码主人能向其借款，丁某晓安排郭某秋、于某桐、王某龙等人去查看电话号码。其间，丁某晓、朱某辰、郭某秋以殴打、恐吓的方式逼迫刘某还款。次日凌晨1时许，刘某联系其母亲还款，因其母亲同意偿还部分借款，经丁某晓同意，车辆行驶至网吧附近时，刘某被其母亲接走。在此之前，尹某主动提出有事回家，被王某龙送回。在刘某被接走后，王某龙等人驾车与丁某晓、朱某辰会合，并将车辆停放于某银行支行附近。在王某龙的车上，丁某晓、郭某秋对姚某进行殴打，逼迫其偿还剩余借款，姚某同意后，丁某晓等人分乘两辆车至某小区附近，下车后，丁某晓、朱某辰、郭某秋先对姚某进行殴打，后让其自行离开。

公诉机关山东省莒县人民检察院以被告人丁某晓、朱某辰犯非法拘禁罪一案向莒县人民法院提起公诉。

莒县人民法院经一审认为被告人丁某晓为索取债务，伙同被告人朱某辰、郭某秋、王某龙、于某桐非法限制他人人身自由，并有殴打情节，其行为侵犯了公民的人身自由权，构成非法拘禁罪。但现有证据不足以证明符合恶势力犯罪的组织特征和行为特征，故不成立恶势力犯罪组织。被告人基于共同的犯罪故意，实施同一犯罪行为，系共同犯罪。朱某辰、郭某秋、王某龙在庭审中自愿认罪、确有悔罪表现，且朱某辰、郭某秋已赔偿被害人姚某经济损失并取得谅解，宣告缓刑对其所居住的社区无重大不良影响，均可对其酌情从轻处罚并宣告缓刑，在缓刑考验期限内，依法实行社区矫正。

【评析】

在本案的共同犯罪中，首先依据现有证据不能认定以丁某晓为首的五人成立恶势力犯罪组织。理由如下：在2019年4月9日发布的《关于办理恶势力刑事案件若干问题的意见》第5条规定，单纯为牟取不法经济利益而实施的“黄、赌、毒、盗、抢、骗”等违法犯罪活动，不具有为非作恶、欺压百姓特征的，或者因本人及近亲属的婚恋纠纷、家庭纠纷、邻里纠纷、劳动纠纷、合法债务纠纷而引发以及其他确属事出有因的违法犯罪活动，不应作为恶势力案件处理。本案中，依据现有证据无法证明以丁某晓为首的五人经常纠集在一起，在一定行业或者区域内多次实施违法犯罪活动，且丁某晓仅是为要求偿还合法的借款而实施的殴打、恐吓和短时间的一次拘禁行为，遂不符合恶势力犯罪组织的认定标准，不能认定为恶势力犯罪组织。

在此共同犯罪中，丁某晓、朱某辰、郭某秋积极主动谋划犯罪行为，起主要作用，系主犯，应对其从重处罚。王某龙、于某桐为丁某晓、朱某辰、郭某秋非法拘禁他人提供帮助，系从犯，均可对其从轻处罚。依据法律规定对朱某辰、郭某秋宣告缓刑对其所居住的社区无重大不良影响，均可对其酌情从轻处罚并宣告缓刑，在缓刑考验期限内，依法实行社区矫正。

尽管本案未构成恶势力犯罪，但对我们仍有一定的启示。各政法机关要进一步明确政策法律界限，统一执法思想，加强协调配合，既坚持严厉打击各类黑恶势力违法犯罪，又坚持严格依法办案，确保办案质量和办案效率的统一，确保政治效果、法律效果和社会效果的统一。凡是拟实施社区矫正的，社区矫正机关应当认真开展调查评估，为准确适用非监禁刑提供参考。

第三节　对办理案件工作机制的要求

一、政法机关之间要加强配合，建立完善重大疑难案件会商、案件通报等工作机制

各级政法机关在办理黑恶势力犯罪案件中分工负责、互相配合、互相制约。黑恶势力案件会产生较为恶劣的社会影响，会在一定程度上使社会公众的内心产生心理强制或者心理恐惧。在办理黑恶势力犯罪案件时，为加快黑恶势力犯罪案件侦破进程，加快信息的传递，确保各政法机关及时掌握情况、正确决策，做好协调工作，使得重大疑难的黑恶势力案件得到及时、有效的处置，政法机关之间应加强配合，形成打击合力，共同把黑恶势力案件办成“铁案”，经得起社会和历史的检验，实现政治效果、法律效果和社会效果的统一。

建立完善重大疑难案件会商机制和案件通报等工作机制。重大疑难的黑恶势力犯罪案件中，涉及的犯罪分子较多，案件性质重大复杂，会涉及大量的法律法规适用、具体刑事政策理解、证据的采集和收集标准等，所以在黑恶势力犯罪案

件办理中，应建立完善重大疑难案件会商机制和案件通报等工作机制。所谓重大疑难案件会商，是指集中人员对案件办理过程中遇到的疑难问题进行集中讨论，并提出指导性意见、建议或给予答复的一种工作形式。会商的主要内容包括但不限于：案件办理过程中遇到的法律政策性疑难问题；案件侦查方向、侦查重点等方面分析；执法程序上的疑难问题等。所谓案件通报，是指黑恶势力犯罪案件办理中或办理完结后，办案单位对案件和办案工作及时进行剖析、总结、反思，并向有关机关通报相关情况，得到通报的政法各机关以案为鉴，调整工作重点和打击策略。重大疑难案件通报除书面形式外，也可采取座谈、会议、简报等多种形式。例如根据《关于办理黑社会性质组织犯罪案件若干问题的规定》规定，监狱管理机关审核黑社会性质组织罪犯减刑时，应当向同级人民检察院、公安机关通报情况。审批机关在暂予监外执行作出审批决定前，也应当向同级人民察院、公安机关通报情况。《关于规范刑事案件“另案处理”适用的指导意见》第 15 条规定，人民检察院和公安机关应当建立信息通报制度，相互通报“另案处理”案件数量、工作开展情况、案件处理结果等信息，共同研究办理“另案处理”案件过程中存在的突出问题。对于案情重大、复杂、敏感案件，人民检察院和公安机关可以根据实际情况会商研究。

二、对群众关注度高、社会影响力大的黑恶势力犯罪案件确保办案质量

（一）依法采取挂牌督办、现场联合督导等措施

挂牌督办一般指同级政府和上级主管部门等，通过公示等办法，督促限期完成对重点案件的查处和整改任务。现场联合督导是指各机关负责人亲临现场进行联合督查指导，督促办案人员认真完成本职工作。对社会关注高、社会影响较为恶劣的黑恶势力犯罪案件进行挂牌督办、进行现场联合督导旨在提高办案机关对案件的重视程度，体现扫黑除恶专项斗争的惩治力度，加快案件的侦破速率，严厉打击黑恶势力犯罪，也能在一定程度上降低社会舆论影响，实现公平正义。

（二）依法采取特殊的管辖制度

1. “上提一级”管辖。关于“上提一级”，最早出现在最高人民检察院发布

的《关于省级以下人民检察院立案侦查的案件由上一级人民检察院审查决定逮捕的规定（试行）》中，其规定了职务犯罪案件审查逮捕决定权的上提一级，旨在最大限度地强化内部监督权。

在办理黑恶势力案件中“上提一级”，指的是公安机关等办案机关在黑恶势力犯罪案件的侦查过程中，因为案件群众关注度高、社会影响大，由办案机关的上一级机关进行立案侦查。这是因为上一级机关更方便工作协调，更具有技术优势，使得案件的侦破更加迅速。

2. “指定管辖”。主要指在人民检察院、人民法院和公安机关在管辖不明或者有管辖权但客观上不能行使时，由上一级机关进行指定其他办案机关进行管辖的情形。以避免出现黑恶势力犯罪案件管辖权不明时，影响案件审判的效率。

3. “异地管辖”。依据《刑事诉讼法》第25条之规定：“刑事案件由犯罪地的人民法院管辖。如果由被告人居住地的人民法院审判更为适宜的，可以由被告人居住地的人民法院管辖。”《公安机关办理刑事案件程序规定》第15条第1款规定：“刑事案件由犯罪地的公安机关管辖。如果由犯罪嫌疑人居住地的公安机关管辖更为适宜的，可以由犯罪嫌疑人居住地的公安机关管辖。”异地管辖，主要是由于犯罪地的管辖机关不适宜管辖时，而由犯罪地以外的机关管辖的制度。在办理出现重大、复杂的黑恶势力案件时，在立案侦查或者进入审判阶段后，为了防止黑恶势力在本地的势力波及范围会对案件的公正办理造成影响，或者黑恶势力的犯罪地点涉及多个区域，由其他地区的办案机关管辖更为适宜的，由其管辖。

三、及时汇总问题，归纳经验，出台有关证据标准

公安机关、人民法院、人民检察院之间是分工负责、互相配合、互相制约的关系。根据办理黑恶势力犯罪案件的实际情况，及时汇总问题，归纳经验，适时出台有关证据标准，贯彻执行扫黑除恶专项斗争的精神，切实保障有力打击。

如根据实践中出现的问题，2019年4月9日最高人民法院、最人民检察院、公安部、司法部发布《关于办理恶势力刑事案件若干问题的意见》，其中第18条第1款规定：“对于公安机关未在起诉意见书中明确认定，人民检察院在审查起诉期间发现构成恶势力或者恶势力犯罪集团，且相关违法犯罪事实已经查清，证

据确实、充分，依法应追究刑事责任的，应当作出起诉决定，根据查明的事实向人民法院提起公诉，并在起诉书中明确认定为恶势力或者恶势力犯罪集团。人民检察院认为恶势力相关违法犯罪事实不清、证据不足，或者存在遗漏恶势力违法犯罪事实、遗漏同案犯罪嫌疑人等情形需要补充侦查的，应当提出具体的书面意见，连同案卷材料一并退回公安机关补充侦查；人民检察院也可以自行侦查，必要时可以要求公安机关提供协助。”第 18 条第 2 款规定：“对于人民检察院未在起诉书中明确认定，人民法院在审判期间发现构成恶势力或恶势力犯罪集团的，可以建议人民检察院补充或者变更起诉；人民检察院不同意或者在七日内未回复意见的，人民法院不应主动认定，可仅就起诉指控的犯罪事实依照相关规定作出判决、裁定。”

本节相关依据

《关于办理实施“软暴力”的刑事案件若干问题的意见》；《关于办理恶势力刑事案件若干问题的意见》第 17 条、第 18 条；《刑事诉讼法》第 108 条。

典型案例评析

采取挂牌督办措施确保案件质量

——全国扫黑办挂牌督办云南孙某果涉黑案①

【基本案情】

2019 年 4 月，中央扫黑除恶督导组进驻云南省期间，昆明市打掉了孙某果等一批涉黑涉恶犯罪团伙。孙某果案经媒体报道后，引发社会高度关注。中央督导组在督导中发现孙某果案背后存在较多问题，遂将该案作为重点案件向云南省交办。责成云南省组织专门力量，依法严查孙某果涉黑案及背后存在的严重问题。全国扫黑办将配合中央督导组对该案同步督办，一盯到底，彻底查清问题，依纪依法严肃处理，回应社会关切。

---

① 参见《全国扫黑办派大要案督办组赴云南督办孙某果案》，载中国长安网，http://www.chinapeace.gov.cn/2019-06/04/content_11524467.htm 新闻整理，最后访问时间：2019 年 7 月 28 日。

【评析】

本案是云南省挂牌督办的案件。挂牌督办一般适用于群众关注度高、社会影响力大的案件中，由相关主管部门通过社会公示等办法，督促限期完成对重点案件的查处和整改任务。对社会关注度高、社会影响较为恶劣的黑恶势力犯罪案件进行挂牌督办、进行现场联合督导，旨在提高办案机关对案件的重视程度，体现扫黑除恶专项斗争的惩治力度，加快案件的侦破速率，在一定程度上降低社会舆论影响，实现公平正义。

第四节　对有关人员采取保护措施的要求

一、对证人、报案人、控告人、举报人、鉴定人、被害人采取保护措施

《刑事诉讼法》第62条第1款规定：“凡是知道案件情况的人，都有作证的义务。”《公安机关办理刑事案件证人保护工作规定》（以下简称《证人保护工作规定》）规定，证人、鉴定人、被害人均属于证人保护工作中的“证人”。报案人、举报人、控告人在知晓黑社会性质组织犯罪的线索后向公安机关报案的，因其知道案件情况，都有作证的义务，都应当属于证人。在黑社会性质组织犯罪案件中的证人容易遭受报复、威胁和恐吓，“正义要以看得见的形式实现”，对凡是知道案件情况，因为作证人身安全遭受威胁的，都应当采取保护措施，保护其人身安全。

《刑事诉讼法》第63条第1款规定：“人民法院、人民检察院和公安机关应当保障证人及其近亲属的安全。”最高人民法院、最高人民检察院、公安部、司法部联合发布的《关于办理黑社会性质组织犯罪案件若干问题的规定》中第13条规定：“对报案人、控告人、举报人、鉴定人、被害人的保护，参照本规定第九条至第十二条的规定执行。”根据《证人保护工作规定》第23条规定，参加黑社会性质的组织犯罪的犯罪嫌疑人，在查明有关犯罪组织结构和组织者、领导者的地位作用，追缴、没收赃款赃物等方面提供重要线索和证据的，人身面临危险，确有必要需要保护的，可以参照该规定予以保护。

《刑事诉讼法》第64条则具体规定了对于黑社会性质的组织犯罪案件中的证人、鉴定人、被害人因在诉讼中作证，本人或者其近亲属的人身安全面临危险的，人民法院、人民检察院和公安机关应当采取的具体保护措施。根据该规定，保护措施具体包括：不公开真实姓名、住址和工作单位等个人信息；采取不暴露外貌、真实声音等出庭作证措施；禁止特定的人员接触证人、鉴定人、被害人及其近亲属；对人身和住宅采取专门性保护措施；其他必要的保护措施。

实践中，多地还建立了黑恶势力犯罪线索举报奖励的制度，发动群众，有效拓展线索来源，推动扫黑除恶斗争向纵深发展。

二、对提供重要线索和证据的犯罪嫌疑人、被告人的保护

（一）参照证人保护的有关规定采取保护措施

对于黑社会性质组织犯罪案件中的犯罪嫌疑人、被告人，若其积极配合侦查、起诉、审判工作，在查明黑社会性质组织的组织结构和组织者、领导者的地位作用，组织实施的重大犯罪事实，追缴、没收赃款赃物，打击“保护伞”等方面提供重要线索和证据，经查证属实的，可以根据案件具体情况，依法从轻、减轻或者免除处罚，并对其参照证人保护的有关规定采取保护措施。

这里应注意“提供重要线索和证据”与“立功”的区别。《刑法》第68条规定：“犯罪分子有揭发他人犯罪行为，查证属实的，或者提供重要线索，从而得以侦破其他案件等立功表现的，可以从轻或者减轻处罚；有重大立功表现的，可以减轻或者免除处罚。”根据本条规定及相关的司法解释，揭发同案犯和自己的共同犯罪不属于立功。所以黑社会性质组织犯罪案件中的犯罪嫌疑人、被告人，配合侦查、起诉、审判工作提供重要线索和证据的行为很可能无法认定为立功。即使无法认定为立功，本条规定，对积极配合侦查、起诉、审判工作，在查明黑社会性质组织的组织结构和组织者、领导者的地位作用，组织实施的重大犯罪事实，追缴、没收赃款赃物，打击“保护伞”等方面提供重要线索和证据，经查证属实的，在适用刑罚上可以根据案件具体情况，依法从轻、减轻或者免除处罚。对提供重要线索和证据黑社会性质组织犯罪案件中的犯罪嫌疑人、被告人参照证人保护的有关规定采取保护措施。

（二）另案处理

根据《指导意见》的规定，对于确有重大立功或者对于认定重大犯罪事实或追缴、没收涉黑财产具有重要作用的组织成员，确有必要通过分案审理予以保护的，公安机关可以与人民检察院、人民法院在充分沟通的基础上作出另案处理的决定。

《关于规范刑事案件“另案处理”适用的指导意见》第2条规定，“另案处理”是指在办理刑事案件过程中，对于涉嫌共同犯罪案件或者与该案件有牵连关系的部分犯罪嫌疑人，由于法律有特殊规定或者案件存在特殊情况等原因，不能或者不宜与其他同案犯罪嫌疑人同案处理，而从案件中分离出来单独或者与其他案件并案处理的情形。指导意见还规定了适用“另案处理”的范围和不适用情形，以及另案处理的程序。

除《关于规范刑事案件“另案处理”适用的指导意见》规定可以适用另案处理的情形外，黑社会性质组织犯罪案件中的犯罪嫌疑人、被告人具备以下条件，也可以另案处理：（1）确有重大立功，或者对于认定重大犯罪事实，或追缴、没收涉黑财产具有重要作用；（2）确有必要通过分案审理予以保护的；（3）公安机关可以与人民检察院、人民法院在充分沟通的基础上决定另案处理的。

根据《刑法》第78条的规定，“重大立功”指阻止他人重大犯罪活动的；检举监狱内外重大犯罪活动，经查证属实的；有发明创造或者重大技术革新的；在日常生产、生活中舍己救人的；在抗御自然灾害或者排除重大事故中，有突出表现的；对国家和社会有其他重大贡献的情形。有重大立功表现的，可以减轻或者免除处罚。所称“重大犯罪”“重点案件”“重大犯罪嫌疑人”的标准，一般是指犯罪嫌疑人，被告人可能被判处无期徒刑以上刑罚或者案件在本省、自治区、直辖市或者全国范围内有较大影响的情形。

黑社会性质组织犯罪案件中的犯罪嫌疑人、被告人适用另案处理的，公安机关应当重点审核。审核是否符合适用“另案处理”条件、适用“另案处理”的相关证明材料是否齐全等。对于审核中发现的问题，办案部门应当及时纠正。

三、对政法干警及其近亲属，需要采取保护措施

承办黑社会性质组织犯罪案件的政法干警，与犯罪分子斗智斗勇，也是与涉案的犯罪分子接触最多的人，他们的个人信息易被知晓，本人及其近亲属的人身安全处于犯罪分子的报复危险之中。所以采取必要的保护措施，打消办理黑社会性质组织犯罪案件的政法干警的后顾之忧，尤为必要。

对于办理黑社会性质组织犯罪案件的政法干警及其近亲属，需要采取保护措施的，可以参照《刑事诉讼法》等有关证人保护的规定。具体保护措施包括：禁止特定的人员接触、对人身和住宅予以专门性保护等。《证人保护工作规定》第10条规定："采取禁止特定人员接触被保护人措施的，公安机关应当制作禁止令，书面告知特定人员，禁止其在一定期限内接触被保护人。特定人员违反禁止令，接触被保护人，公安机关应当依法进行调查处理，对犯罪嫌疑人视情采取或者变更强制措施，其他人员构成违反治安管理行为的，依法给予治安管理处罚；涉嫌犯罪的，依法追究刑事责任。"第11条规定："被保护人面临重大人身安全危险的，经被保护人同意，公安机关可以在被保护人的人身或者住宅安装定位、报警、视频监控等装置。必要时，可以指派专门人员对被保护人的住宅进行巡逻、守护，或者在一定期限内开展贴身保护，防止侵害发生。证人保护部门对人身和住宅采取专门性保护措施，需要由被保护人居住地辖区公安派出所或者公安机关其他部门协助落实的，应当及时将协助函送交有关派出所或者部门。有关派出所或部门应当及时安排人员协助证人保护部门落实证人保护工作。有条件的地方，可以聘请社会安保力量承担具体保护工作。"

本节相关依据

《刑事诉讼法》第62条第1款、第64条；《公安机关办理刑事案件证人保护工作规定》第10条、第11条、第23条；《关于办理黑社会性质组织犯罪案件若干问题的规定》第13条、第14条、第15条；《刑法》第68条；《关于规范刑事案件"另案处理"适用的指导意见》第2条。

下　篇

办理黑社会性质组织犯罪等案件相关法律规范

一、相关法律

中华人民共和国刑法（节录）*

（1979年7月1日第五届全国人民代表大会第二次会议通过　1997年3月14日第八届全国人民代表大会第五次会议修订　1997年3月14日中华人民共和国主席令第83号公布　自1997年10月1日起施行）

……

第二百九十四条　【组织、领导、参加黑社会性质组织罪】组织、领导黑社会性质的组织的，处七年以上有期徒刑，并处没收财产；积极参加的，处三年以上七年以下有期徒刑，可以并处罚金或者没收财产；其他参加的，处三年以下有期徒刑、拘役、管制或者剥夺政治权利，可以并处罚金。

【入境发展黑社会组织罪】境外的黑社会组织的人员到中华人民共和国境内发展组织成员的，处三年以上十年以下有期徒刑。

---

* 根据1998年12月29日第九届全国人民代表大会常务委员会第六次会议通过的《全国人民代表大会常务委员会关于惩治骗购外汇、逃汇和非法买卖外汇犯罪的决定》、1999年12月25日第九届全国人民代表大会常务委员会第十三次会议通过的《中华人民共和国刑法修正案》、2001年8月31日第九届全国人民代表大会常务委员会第二十三次会议通过的《中华人民共和国刑法修正案（二）》、2001年12月29日第九届全国人民代表大会常务委员会第二十五次会议通过的《中华人民共和国刑法修正案（三）》、2002年12月28日第九届全国人民代表大会常务委员会第三十一次会议通过的《中华人民共和国刑法修正案（四）》、2005年2月28日第十届全国人民代表大会常务委员会第十四次会议通过的《中华人民共和国刑法修正案（五）》、2006年6月29日第十届全国人民代表大会常务委员会第二十二次会议通过的《中华人民共和国刑法修正案（六）》、2009年2月28日第十一届全国人民代表大会常务委员会第七次会议通过的《中华人民共和国刑法修正案（七）》、2009年8月27日第十一届全国人民代表大会常务委员会第十次会议通过的《关于修改部分法律的决定》、2011年2月25日第十一届全国人民代表大会常务委员会第十九次会议通过的《中华人民共和国刑法修正案（八）》、2015年8月29日第十二届全国人民代表大会常务委员会第十六次会议通过的《中华人民共和国刑法修正案（九）》、2017年11月4日第十二届全国人民代表大会常务委员会第三十次会议通过的《中华人民共和国刑法修正案（十）》修订。

另，条文主旨是根据司法解释确定罪名所加。

【包庇、纵容黑社会性质组织罪】国家机关工作人员包庇黑社会性质的组织，或者纵容黑社会性质的组织进行违法犯罪活动的，处五年以下有期徒刑；情节严重的，处五年以上有期徒刑。

犯前三款罪又有其他犯罪行为的，依照数罪并罚的规定处罚。

黑社会性质的组织应当同时具备以下特征：

（一）形成较稳定的犯罪组织，人数较多，有明确的组织者、领导者，骨干成员基本固定；

（二）有组织地通过违法犯罪活动或者其他手段获取经济利益，具有一定的经济实力，以支持该组织的活动；

（三）以暴力、威胁或者其他手段，有组织地多次进行违法犯罪活动，为非作恶，欺压、残害群众；

（四）通过实施违法犯罪活动，或者利用国家工作人员的包庇或者纵容，称霸一方，在一定区域或者行业内，形成非法控制或者重大影响，严重破坏经济、社会生活秩序。

……

全国人民代表大会常务委员会关于《中华人民共和国刑法》第二百九十四条第一款的解释

（2002 年 4 月 28 日第九届全国人民代表大会常务委员会第二十七次会议通过）

全国人民代表大会常务委员会讨论了刑法第二百九十四条第一款规定的“黑社会性质的组织”的含义问题，解释如下：

刑法第二百九十四条第一款规定的“黑社会性质的组织”应当同时具备以下特征：

（一）形成较稳定的犯罪组织，人数较多，有明确的组织者、领导者，骨干成员基本固定；

（二）有组织地通过违法犯罪活动或者其他手段获取经济利益，具有一定的经济实力，以支持该组织的活动；

（三）以暴力、威胁或者其他手段，有组织地多次进行违法犯罪活动，为非作恶，欺压、残害群众；

（四）通过实施违法犯罪活动，或者利用国家工作人员的包庇或者纵容，称霸一方，在一定区域或者行业内，形成非法控制或者重大影响，严重破坏经济、社会生活秩序。

现予公告。

二、相关规定

最高人民法院　最高人民检察院　公安部　司法部印发《关于办理非法放贷刑事案件若干问题的意见》的通知

各省、自治区、直辖市高级人民法院、人民检察院、公安厅（局）、司法厅（局），解放军军事法院、军事检察院，新疆维吾尔自治区高级人民法院生产建设兵团分院、新疆生产建设兵团人民检察院、公安局、司法局：

为依法惩治非法放贷犯罪活动，切实维护国家金融市场秩序与社会和谐稳定，有效防范因非法放贷诱发涉黑涉恶以及其他违法犯罪活动，保护公民、法人和其他组织合法权益，最高人民法院、最高人民检察院、公安部、司法部联合制定了《关于办理非法放贷刑事案件若干问题的意见》，请认真贯彻执行。

最高人民法院　最高人民检察院　公安部　司法部

2019 年 7 月 23 日

最高人民法院　最高人民检察院　公安部
司法部关于办理非法放贷刑事案件若干问题的意见

为依法惩治非法放贷犯罪活动，切实维护国家金融市场秩序与社会和谐稳定，有效防范因非法放贷诱发涉黑涉恶以及其他违法犯罪活动，保护公民、法人和其他组织合法权益，根据刑法、刑事诉讼法及有关司法解释、规范性文件的规定，现对办理非法放贷刑事案件若干问题提出如下意见：

一、违反国家规定，未经监管部门批准，或者超越经营范围，以营利为目的，经常性地向社会不特定对象发放贷款，扰乱金融市场秩序，情节严重的，依照刑法第二百二十五条第（四）项的规定，以非法经营罪定罪处罚。

前款规定中的“经常性地向社会不特定对象发放贷款”，是指2年内向不特定多人（包括单位和个人）以借款或其他名义出借资金10次以上。

贷款到期后延长还款期限的，发放贷款次数按照1次计算。

二、以超过36%的实际年利率实施符合本意见第一条规定的非法放贷行为，具有下列情形之一的，属于刑法第二百二十五条规定的“情节严重”，但单次非法放贷行为实际年利率未超过36%的，定罪量刑时不得计入：

（一）个人非法放贷数额累计在200万元以上的，单位非法放贷数额累计在1000万元以上的；

（二）个人违法所得数额累计在80万元以上的，单位违法所得数额累计在400万元以上的；

（三）个人非法放贷对象累计在50人以上的，单位非法放贷对象累计在150人以上的；

（四）造成借款人或者其近亲属自杀、死亡或者精神失常等严重后果的。

具有下列情形之一的，属于刑法第二百二十五条规定的“情节特别严重”：

（一）个人非法放贷数额累计在1000万元以上的，单位非法放贷数额累计在5000万元以上的；

（二）个人违法所得数额累计在400万元以上的，单位违法所得数额累计在

2000 万元以上的；

（三）个人非法放贷对象累计在 250 人以上的，单位非法放贷对象累计在 750 人以上的；

（四）造成多名借款人或者其近亲属自杀、死亡或者精神失常等特别严重后果的。

三、非法放贷数额、违法所得数额、非法放贷对象数量接近本意见第二条规定的“情节严重”“情节特别严重”的数额、数量起点标准，并具有下列情形之一的，可以分别认定为“情节严重”“情节特别严重”：

（一）2 年内因实施非法放贷行为受过行政处罚 2 次以上的；

（二）以超过 72% 的实际年利率实施非法放贷行为 10 次以上的。

前款规定中的“接近”，一般应当掌握在相应数额、数量标准的 80% 以上。

四、仅向亲友、单位内部人员等特定对象出借资金，不得适用本意见第一条的规定定罪处罚。但具有下列情形之一的，定罪量刑时应当与向不特定对象非法放贷的行为一并处理：

（一）通过亲友、单位内部人员等特定对象向不特定对象发放贷款的；

（二）以发放贷款为目的，将社会人员吸收为单位内部人员，并向其发放贷款的；

（三）向社会公开宣传，同时向不特定多人和亲友、单位内部人员等特定对象发放贷款的。

五、非法放贷数额应当以实际出借给借款人的本金金额认定。非法放贷行为人以介绍费、咨询费、管理费、逾期利息、违约金等名义和以从本金中预先扣除等方式收取利息的，相关数额在计算实际年利率时均应计入。

非法放贷行为人实际收取的除本金之外的全部财物，均应计入违法所得。

非法放贷行为未经处理的，非法放贷次数和数额、违法所得数额、非法放贷对象数量等应当累计计算。

六、为从事非法放贷活动，实施擅自设立金融机构、套取金融机构资金高利转贷、骗取贷款、非法吸收公众存款等行为，构成犯罪的，应当择一重罪处罚。

为强行索要因非法放贷而产生的债务，实施故意杀人、故意伤害、非法拘禁、故意毁坏财物、寻衅滋事等行为，构成犯罪的，应当数罪并罚。

纠集、指使、雇佣他人采用滋扰、纠缠、哄闹、聚众造势等手段强行索要债务，尚不单独构成犯罪，但实施非法放贷行为已构成非法经营罪的，应当按照非法经营罪的规定酌情从重处罚。

以上规定的情形，刑法、司法解释另有规定的除外。

七、有组织地非法放贷，同时又有其他违法犯罪活动，符合黑社会性质组织或者恶势力、恶势力犯罪集团认定标准的，应当分别按照黑社会性质组织或者恶势力、恶势力犯罪集团侦查、起诉、审判。

黑恶势力非法放贷的，据以认定“情节严重”“情节特别严重”的非法放贷数额、违法所得数额、非法放贷对象数量起点标准，可以分别按照本意见第二条规定中相应数额、数量标准的50%确定；同时具有本意见第三条第一款规定情形的，可以分别按照相应数额、数量标准的40%确定。

八、本意见自2019年10月21日起施行。对于本意见施行前发生的非法放贷行为，依照最高人民法院《关于准确理解和适用刑法中“国家规定”的有关问题的通知》（法发〔2011〕155号）的规定办理。

最高人民法院　最高人民检察院　公安部司法部关于跨省异地执行刑罚的黑恶势力罪犯坦白检举构成自首立功若干问题的意见

各省、自治区、直辖市高级人民法院、人民检察院、公安厅（局）、司法厅（局），新疆维吾尔自治区高级人民法院生产建设兵团分院、新疆生产建设兵团人民检察院、公安局、司法局、监狱管理局：

为认真贯彻落实中央开展扫黑除恶专项斗争的部署要求，根据刑法、刑事诉讼法和有关司法解释、规范性文件的规定，现对办理跨省异地执行刑罚的黑恶势力罪犯坦白交代本人犯罪和检举揭发他人犯罪案件提出如下意见：

一、总体工作要求

1. 人民法院、人民检察院、公安机关、监狱要充分认识黑恶势力犯罪的严重社会危害，在办理案件中加强沟通协调，促使黑恶势力罪犯坦白交代本人犯罪和检举揭发他人犯罪，进一步巩固和扩大扫黑除恶专项斗争成果。

2. 人民法院、人民检察院、公安机关、监狱在办理跨省异地执行刑罚的黑恶势力罪犯坦白、检举构成自首、立功案件中，应当贯彻宽严相济刑事政策，充分发挥职能作用，坚持依法办案，快办快结，保持密切配合，形成合力，实现政治效果、法律效果和社会效果的统一。

二、排查和移送案件线索

3. 监狱应当依法从严管理跨省异地执行刑罚的黑恶势力罪犯，积极开展黑恶势力犯罪线索排查，加大政策宣讲力度，教育引导罪犯坦白交代司法机关还未掌握的本人其他犯罪行为，鼓励罪犯检举揭发他人犯罪行为。

4. 跨省异地执行刑罚的黑恶势力罪犯检举揭发他人犯罪行为、提供重要线索，或者协助司法机关抓捕其他犯罪嫌疑人的，各部门在办案中应当采取必要措施，保护罪犯及其近亲属人身和财产安全。

5. 跨省异地执行刑罚的黑恶势力罪犯坦白、检举的，监狱应当就基本犯罪事实、涉案人员和作案时间、地点等情况对罪犯进行询问，形成书面材料后报省级监狱管理机关。省级监狱管理机关根据案件性质移送原办案侦查机关所在地省级公安机关、人民检察院或者其他省级主管部门。

6. 原办案侦查机关所在地省级公安机关、人民检察院收到监狱管理机关移送的案件线索材料后，应当进行初步审查。经审查认为属于公安机关或者人民检察院管辖的，应当按照有关管辖的规定处理。经审查认为不属于公安机关或者人民检察院管辖的，应当及时退回移送的省级监狱管理机关，并书面说明理由。

三、办理案件程序

7. 办案侦查机关收到罪犯坦白、检举案件线索或者材料后，应当及时进行核实。依法不予立案的，应当说明理由，并将不予立案通知书送达罪犯服刑监狱。依法决定立案的，应当在立案后十日内，将立案情况书面告知罪犯服刑监狱。依法决定撤销案件的，应当将案件撤销情况书面告知罪犯服刑监狱。

8. 人民检察院审查起诉跨省异地执行刑罚的黑恶势力罪犯坦白、检举案件，依法决定不起诉的，应当在作出不起诉决定后十日内将有关情况书面告知罪犯服刑监狱。

9. 人民法院审理跨省异地执行刑罚的黑恶势力罪犯坦白案件，可以依法适用简易程序、速裁程序。有条件的地区，可以通过远程视频方式开庭审理。判决生效后十日内，人民法院应当向办案侦查机关和罪犯服刑监狱发出裁判文书。

10. 跨省异地执行刑罚的黑恶势力罪犯在服刑期间，检举揭发他人犯罪、提供重要线索，或者协助司法机关抓捕其他犯罪嫌疑人的，办案侦查机关应当在人民法院判决生效后十日内根据人民法院判决对罪犯是否构成立功或重大立功提出书面意见，与案件相关材料一并送交监狱。

11. 跨省异地执行刑罚的黑恶势力罪犯在原审判决生效前，检举揭发他人犯罪活动、提供重要线索，或者协助司法机关抓捕其他犯罪嫌疑人的，在原审判决生效后才被查证属实的，参照本意见第 10 条情形办理。

12. 跨省异地执行刑罚的黑恶势力罪犯检举揭发他人犯罪，构成立功或者重大立功的，监狱依法向人民法院提请减刑。对于检举他人犯罪行为基本属实，但未构成立功或者重大立功的，监狱可以根据有关规定给予日常考核奖励或者物质奖励。

13. 公安机关、人民检察院、人民法院认为需要提审跨省异地执行刑罚的黑恶势力罪犯的，提审人员应当持工作证等有效证件和县级以上公安机关、人民检察院、人民法院出具的介绍信等证明材料到罪犯服刑监狱进行提审。

14. 公安机关、人民检察院、人民法院认为需要将异地执行刑罚的黑恶势力罪犯跨省解回侦查、起诉、审判的，办案地省级公安机关、人民检察院、人民法院应当先将解回公函及相关材料送监狱所在地省级公安机关、人民检察院、人民法院审核。经审核确认无误的，监狱所在地省级公安机关、人民检察院、人民法院应当出具确认公函，与解回公函及材料一并转送监狱所在地省级监狱管理机关审批。监狱所在地省级监狱管理机关应当在收到上述材料后三日内作出是否批准的书面决定。批准将罪犯解回侦查、起诉、审判的，办案地公安机关、人民检察院、人民法院应当派员到监狱办理罪犯离监手续。案件办理结束后，除将罪犯依法执行死刑外，应当将罪犯押解回原服刑监狱继续服刑。

15. 本意见所称“办案侦查机关”，是指依法对案件行使侦查权的公安机关、人民检察院。

最高人民法院　最高人民检察院　公安部　司法部

2019 年 10 月 21 日

最高人民法院　最高人民检察院　公安部司法部关于印发《关于办理利用信息网络实施黑恶势力犯罪刑事案件若干问题的意见》的通知

各省、自治区、直辖市高级人民法院、人民检察院、公安厅（局）、司法厅（局），解放军军事法院、军事检察院，新疆维吾尔自治区高级人民法院生产建设兵团分院、新疆生产建设兵团人民检察院、公安局、司法局：

为认真贯彻落实中央开展扫黑除恶专项斗争的部署要求，正确理解和适用最高人民法院、最高人民检察院、公安部、司法部《关于办理黑恶势力犯罪案件若干问题的指导意见》，最高人民法院、最高人民检察院、公安部、司法部研究制定了《关于办理利用信息网络实施黑恶势力犯罪刑事案件若干问题的意见》。现印发给你们，请认真贯彻执行。

最高人民法院　最高人民检察院　公安部　司法部

2019 年 7 月 23 日

最高人民法院　最高人民检察院　公安部
司法部关于办理利用信息网络实施黑恶
势力犯罪刑事案件若干问题的意见

为认真贯彻中央关于开展扫黑除恶专项斗争的部署要求，正确理解和适用最高人民法院、最高人民检察院、公安部、司法部《关于办理黑恶势力犯罪案件若干问题的指导意见》（法发〔2018〕1号，以下简称《指导意见》），根据刑法、刑事诉讼法、网络安全法及有关司法解释、规范性文件的规定，现对办理利用信息网络实施黑恶势力犯罪案件若干问题提出以下意见：

一、总体要求

1. 各级人民法院、人民检察院、公安机关及司法行政机关应当统一执法思想、提高执法效能，坚持“打早打小”，坚决依法严厉惩处利用信息网络实施的黑恶势力犯罪，有效维护网络安全和经济、社会生活秩序。

2. 各级人民法院、人民检察院、公安机关及司法行政机关应当正确运用法律，严格依法办案，坚持“打准打实”，认真贯彻落实宽严相济刑事政策，切实做到宽严有据、罚当其罪，实现政治效果、法律效果和社会效果的统一。

3. 各级人民法院、人民检察院、公安机关及司法行政机关应当分工负责，互相配合、互相制约，切实加强与相关行政管理部门的协作，健全完善风险防控机制，积极营造线上线下社会综合治理新格局。

二、依法严惩利用信息网络实施的黑恶势力犯罪

4. 对通过发布、删除负面或虚假信息，发送侮辱性信息、图片，以及利用信息、电话骚扰等方式，威胁、要挟、恐吓、滋扰他人，实施黑恶势力违法犯罪的，应当准确认定，依法严惩。

5. 利用信息网络威胁他人，强迫交易，情节严重的，依照刑法第二百二十六条的规定，以强迫交易罪定罪处罚。

6. 利用信息网络威胁、要挟他人，索取公私财物，数额较大，或者多次实施上述行为的，依照刑法第二百七十四条的规定，以敲诈勒索罪定罪处罚。

7. 利用信息网络辱骂、恐吓他人，情节恶劣，破坏社会秩序的，依照刑法第二百九十三条第一款第二项的规定，以寻衅滋事罪定罪处罚。

编造虚假信息，或者明知是编造的虚假信息，在信息网络上散布，或者组织、指使人员在信息网络上散布，起哄闹事，造成公共秩序严重混乱的，依照刑法第二百九十三条第一款第四项的规定，以寻衅滋事罪定罪处罚。

8. 侦办利用信息网络实施的强迫交易、敲诈勒索等非法敛财类案件，确因被害人人数众多等客观条件的限制，无法逐一收集被害人陈述的，可以结合已收集的被害人陈述，以及经查证属实的银行账户交易记录、第三方支付结算账户交易记录、通话记录、电子数据等证据，综合认定被害人人数以及涉案资金数额等。

三、准确认定利用信息网络实施犯罪的黑恶势力

9. 利用信息网络实施违法犯罪活动，符合刑法、《指导意见》以及最高人民法院、最高人民检察院、公安部、司法部《关于办理恶势力刑事案件若干问题的意见》等规定的恶势力、恶势力犯罪集团、黑社会性质组织特征和认定标准的，应当依法认定为恶势力、恶势力犯罪集团、黑社会性质组织。

认定利用信息网络实施违法犯罪活动的黑社会性质组织时，应当依照刑法第二百九十四条第五款规定的“四个特征”进行综合审查判断，分析“四个特征”相互间的内在联系，根据在网络空间和现实社会中实施违法犯罪活动对公民人身、财产、民主权利和经济、社会生活秩序所造成的危害，准确评价，依法予以认定。

10. 认定利用信息网络实施违法犯罪的黑恶势力组织特征，要从违法犯罪的起因、目的，以及组织、策划、指挥、参与人员是否相对固定，组织形成后是否持续进行犯罪活动、是否有明确的职责分工、行为规范、利益分配机制等方面综合判断。利用信息网络实施违法犯罪的黑恶势力组织成员之间一般通过即时通讯工具、通讯群组、电子邮件、网盘等信息网络方式联络，对部分组织成员通过信息网络方式联络实施黑恶势力违法犯罪活动，即使相互未见面、彼此不熟识，不影响对组织特征的认定。

11. 利用信息网络有组织地通过实施违法犯罪活动或者其他手段获取一定数

量的经济利益，用于违法犯罪活动或者支持该组织生存、发展的，应当认定为符合刑法第二百九十四条第五款第二项规定的黑社会性质组织经济特征。

12. 通过线上线下相结合的方式，有组织地多次利用信息网络实施违法犯罪活动，侵犯不特定多人的人身权利、民主权利、财产权利，破坏经济秩序、社会秩序的，应当认定为符合刑法第二百九十四条第五款第三项规定的黑社会性质组织行为特征。单纯通过线上方式实施的违法犯罪活动，且不具有为非作恶、欺压残害群众特征的，一般不应作为黑社会性质组织行为特征的认定依据。

13. 对利用信息网络实施黑恶势力犯罪非法控制和影响的“一定区域或者行业”，应当结合危害行为发生地或者危害行业的相对集中程度，以及犯罪嫌疑人、被告人在网络空间和现实社会中的控制和影响程度综合判断。虽然危害行为发生地、危害的行业比较分散，但涉案犯罪组织利用信息网络多次实施强迫交易、寻衅滋事、敲诈勒索等违法犯罪活动，在网络空间和现实社会造成重大影响，严重破坏经济、社会生活秩序的，应当认定为“在一定区域或者行业内，形成非法控制或者重大影响”。

四、利用信息网络实施黑恶势力犯罪案件管辖

14. 利用信息网络实施的黑恶势力犯罪案件管辖依照《关于办理黑社会性质组织犯罪案件若干问题的规定》和《关于办理网络犯罪案件适用刑事诉讼程序若干问题的意见》的有关规定确定，坚持以犯罪地管辖为主、被告人居住地管辖为辅的原则。

15. 公安机关可以依法对利用信息网络实施的黑恶势力犯罪相关案件并案侦查或者指定下级公安机关管辖，并案侦查或者由上级公安机关指定管辖的公安机关应当全面调查收集能够证明黑恶势力犯罪事实的证据，各涉案地公安机关应当积极配合。并案侦查或者由上级公安机关指定管辖的案件，需要提请批准逮捕、移送审查起诉、提起公诉的，由立案侦查的公安机关所在地的人民检察院、人民法院受理。

16. 人民检察院对于公安机关提请批准逮捕、移送审查起诉的利用信息网络实施的黑恶势力犯罪案件，人民法院对于已进入审判程序的利用信息网络实施的黑恶势力犯罪案件，被告人及其辩护人提出的管辖异议成立，或者办案单位发现

没有管辖权的，受案人民检察院、人民法院经审查，可以依法报请与有管辖权的人民检察院、人民法院共同的上级人民检察院、人民法院指定管辖，不再自行移交。对于在审查批准逮捕阶段，上级检察机关已经指定管辖的案件，审查起诉工作由同一人民检察院受理。人民检察院、人民法院认为应当分案起诉、审理的，可以依法分案处理。

17. 公安机关指定下级公安机关办理利用信息网络实施的黑恶势力犯罪案件的，应当同时抄送同级人民检察院、人民法院。人民检察院认为需要依法指定审判管辖的，应当协商同级人民法院办理指定管辖有关事宜。

18. 本意见自2019年10月21日起施行。

国家监察委员会　最高人民法院　最高人民检察院　公安部　司法部关于在扫黑除恶专项斗争中分工负责、互相配合、互相制约严惩公职人员涉黑涉恶违法犯罪问题的通知

为认真贯彻党中央关于开展扫黑除恶专项斗争的重大决策部署，全面落实习近平总书记关于扫黑除恶与反腐败结合起来，与基层“拍蝇”结合起来的重要批示指示精神，进一步规范和加强各级监察机关、人民法院、人民检察院、公安机关、司法行政机关在惩治公职人员涉黑涉恶违法犯罪中的协作配合，推动扫黑除恶专项斗争取得更大成效，根据刑法、刑事诉讼法、监察法及最高人民法院、最高人民检察院、公安部、司法部《关于办理黑恶势力犯罪案件若干问题的指导意见》的规定，现就有关问题通知如下：

一、总体要求

1. 进一步提升政治站位。坚持以习近平新时代中国特色社会主义思想为指导，从增强“四个意识”、坚定“四个自信”、做到“两个维护”的政治高度，立足党和国家工作大局，深刻认识和把握开展扫黑除恶专项斗争的重大意义。深

挖黑恶势力滋生根源，铲除黑恶势力生存根基，严惩公职人员涉黑涉恶违法犯罪，除恶务尽，切实维护群众利益，进一步净化基层政治生态，推动扫黑除恶专项斗争不断向纵深发展，推进全面从严治党不断向基层延伸。

2. 坚持实事求是。坚持以事实为依据，以法律为准绳，综合考虑行为人的主观故意、客观行为、具体情节和危害后果，以及相关黑恶势力的犯罪事实、犯罪性质、犯罪情节和对社会的危害程度，准确认定问题性质，做到不偏不倚、不枉不纵。坚持惩前毖后、治病救人方针，严格区分罪与非罪的界限，区别对待、宽严相济。

3. 坚持问题导向。找准扫黑除恶与反腐“拍蝇”工作的结合点，聚焦涉黑涉恶问题突出、群众反映强烈的重点地区、行业和领域，紧盯农村和城乡结合部，紧盯建筑工程、交通运输、矿产资源、商贸集市、渔业捕捞、集资放贷等涉黑涉恶问题易发多发的行业和领域，紧盯村“两委”、乡镇基层站所及其工作人员，严肃查处公职人员涉黑涉恶违法犯罪行为。

二、严格查办公职人员涉黑涉恶违法犯罪案件

4. 各级监察机关、人民法院、人民检察院、公安机关应聚焦黑恶势力违法犯罪案件及坐大成势的过程，严格查办公职人员涉黑涉恶违法犯罪案件。重点查办以下案件：公职人员直接组织、领导、参与黑恶势力违法犯罪活动的案件；公职人员包庇、纵容、支持黑恶势力犯罪及其他严重刑事犯罪的案件；公职人员收受贿赂、滥用职权，帮助黑恶势力人员获取公职或政治荣誉，侵占国家和集体资金、资源、资产，破坏公平竞争秩序，或为黑恶势力提供政策、项目、资金、金融信贷等支持帮助的案件；负有查禁监管职责的国家机关工作人员滥用职权、玩忽职守帮助犯罪分子逃避处罚的案件；司法工作人员徇私枉法、民事枉法裁判、执行判决裁定失职或滥用职权、私放在押人员以及徇私舞弊减刑、假释、暂予监外执行的案件；在扫黑除恶专项斗争中发生的公职人员滥用职权，徇私舞弊，包庇、阻碍查处黑恶势力犯罪的案件，以及泄露国家秘密、商业秘密、工作秘密，为犯罪分子通风报信的案件；公职人员利用职权打击报复办案人员的案件。

公职人员的范围，根据《中华人民共和国监察法》第十五条的规定认定。

5. 以上情形，由有关机关依规依纪依法调查处置，涉嫌犯罪的，依法追究刑事责任。

三、准确适用法律

6. 国家机关工作人员包庇黑社会性质的组织，或者纵容黑社会性质的组织进行违法犯罪活动的，以包庇、纵容黑社会性质组织罪定罪处罚。

国家机关工作人员既组织、领导、参加黑社会性质组织，又对该组织进行包庇、纵容的，应当以组织、领导、参加黑社会性质组织罪从重处罚。

国家机关工作人员包庇、纵容黑社会性质组织，该包庇、纵容行为同时还构成包庇罪、伪证罪、妨害作证罪、徇私枉法罪、滥用职权罪、帮助犯罪分子逃避处罚罪、徇私舞弊不移交刑事案件罪，以及徇私舞弊减刑、假释、暂予监外执行罪等其他犯罪的，应当择一重罪处罚。

7. 非国家机关工作人员与国家机关工作人员共同包庇、纵容黑社会性质组织，且不属于该组织成员的，以包庇、纵容黑社会性质组织罪的共犯论处。非国家机关工作人员的行为同时还构成其他犯罪的，应当择一重罪处罚。

8. 公职人员利用职权或职务便利实施包庇、纵容黑恶势力、伪证、妨害作证，帮助毁灭、伪造证据，以及窝藏、包庇等犯罪行为的，应酌情从重处罚。事先有通谋而实施支持帮助、包庇纵容等保护行为的，以具体犯罪的共犯论处。

四、形成打击公职人员涉黑涉恶违法犯罪的监督制约、配合衔接机制

9. 监察机关、公安机关、人民检察院、人民法院在查处、办理公职人员涉黑涉恶违法犯罪案件过程中，应当分工负责，互相配合，互相制约，通过对办理的黑恶势力犯罪案件逐案筛查、循线深挖等方法，保证准确有效地执行法律，彻查公职人员涉黑涉恶违法犯罪。

10. 监察机关、公安机关、人民检察院、人民法院要建立完善查处公职人员涉黑涉恶违法犯罪重大疑难案件研判分析、案件通报等工作机制，进一步加强监察机关、政法机关之间的配合，共同研究和解决案件查处、办理过程中遇到的疑难问题，相互及时通报案件进展情况，进一步增强工作整体性、协同性。

11. 监察机关、公安机关、人民检察院、人民法院、司法行政机关要建立公职人员涉黑涉恶违法犯罪线索移送制度，对工作中收到、发现的不属于本单位管辖的公职人员涉黑涉恶违法犯罪线索，应当及时移送有管辖权的单位处置。

移送公职人员涉黑涉恶违法犯罪线索，按照以下规定执行：

（1）公安机关、人民检察院、人民法院、司法行政机关在工作中发现公职人员涉黑涉恶违法犯罪中的涉嫌贪污贿赂、失职渎职等职务违法和职务犯罪等应由监察机关管辖的问题线索，应当移送监察机关。

（2）监察机关在信访举报、监督检查、审查调查等工作中发现公职人员涉黑涉恶违法犯罪线索的，应当将其中涉嫌包庇、纵容黑社会性质组织犯罪等由公安机关管辖的案件线索移送公安机关处理。

（3）监察机关、公安机关、人民检察院、人民法院、司法行政机关在工作中发现司法工作人员涉嫌利用职权实施的侵犯公民权利、损害司法公正案件线索的，根据有关规定，经沟通后协商确定管辖机关。

12. 监察机关、公安机关、人民检察院接到移送的公职人员涉黑涉恶违法犯罪线索，应当按各自职责及时处置、核查，依法依规作出处理，并做好沟通反馈工作；必要时，可以与相关线索或案件并案处理。

对于重大疑难复杂的公职人员涉黑涉恶违法犯罪案件，监察机关、公安机关、人民检察院可以同步立案、同步查处，根据案件办理需要，相互移送相关证据，加强沟通配合，做到协同推进。

13. 公职人员涉黑涉恶违法犯罪案件中，既涉嫌贪污贿赂、失职渎职等严重职务违法或职务犯罪，又涉嫌公安机关、人民检察院管辖的违法犯罪的，一般应当以监察机关为主调查，公安机关、人民检察院予以协助。监察机关和公安机关、人民检察院分别立案调查（侦查）的，由监察机关协调调查和侦查工作。犯罪行为仅涉及公安机关、人民检察院管辖的，由有关机关依法按照管辖职能进行侦查。

14. 公安机关、人民检察院、人民法院对公职人员涉黑涉恶违法犯罪移送审查起诉、提起公诉、作出裁判，必要时听取监察机关的意见。

15. 公职人员涉黑涉恶违法犯罪案件开庭审理时，人民法院应当通知监察机关派员旁听，也可以通知涉罪公职人员所在单位、部门、行业以及案件涉及的单位、部门、行业等派员旁听。

国家监察委员会　最高人民法院　最高人民检察院　公安部　司法部

2019 年 10 月 20 日

最高人民法院　最高人民检察院 公安部　司法部关于办理恶势力刑事案件若干问题的意见

为认真贯彻落实中央开展扫黑除恶专项斗争的部署要求，正确理解和适用最高人民法院、最高人民检察院、公安部、司法部《关于办理黑恶势力犯罪案件若干问题的指导意见》（法发〔2018〕1号，以下简称《指导意见》），根据刑法、刑事诉讼法及有关司法解释、规范性文件的规定，现对办理恶势力刑事案件若干问题提出如下意见：

一、办理恶势力刑事案件的总体要求

1. 人民法院、人民检察院、公安机关和司法行政机关要深刻认识恶势力违法犯罪的严重社会危害，毫不动摇地坚持依法严惩方针，在侦查、起诉、审判、执行各阶段，运用多种法律手段全面体现依法从严惩处精神，有力震慑恶势力违法犯罪分子，有效打击和预防恶势力违法犯罪。

2. 人民法院、人民检察院、公安机关和司法行政机关要严格坚持依法办案，确保在案件事实清楚，证据确实、充分的基础上，准确认定恶势力和恶势力犯罪集团，坚决防止人为拔高或者降低认定标准。要坚持贯彻落实宽严相济刑事政策，根据犯罪嫌疑人、被告人的主观恶性、人身危险性、在恶势力、恶势力犯罪集团中的地位、作用以及在具体犯罪中的罪责，切实做到宽严有据，罚当其罪，实现政治效果、法律效果和社会效果的统一。

3. 人民法院、人民检察院、公安机关和司法行政机关要充分发挥各自职能，分工负责，互相配合，互相制约，坚持以审判为中心的刑事诉讼制度改革要求，严格执行“三项规程”，不断强化程序意识和证据意识，有效加强法律监督，确保严格执法、公正司法，充分保障当事人、诉讼参与人的各项诉讼权利。

二、恶势力、恶势力犯罪集团的认定标准

4. 恶势力，是指经常纠集在一起，以暴力、威胁或者其他手段，在一定区

域或者行业内多次实施违法犯罪活动，为非作恶，欺压百姓，扰乱经济、社会生活秩序，造成较为恶劣的社会影响，但尚未形成黑社会性质组织的违法犯罪组织。

5. 单纯为牟取不法经济利益而实施的“黄、赌、毒、盗、抢、骗”等违法犯罪活动，不具有为非作恶、欺压百姓特征的，或者因本人及近亲属的婚恋纠纷、家庭纠纷、邻里纠纷、劳动纠纷、合法债务纠纷而引发以及其他确属事出有因的违法犯罪活动，不应作为恶势力案件处理。

6. 恶势力一般为 3 人以上，纠集者相对固定。纠集者，是指在恶势力实施的违法犯罪活动中起组织、策划、指挥作用的违法犯罪分子。成员较为固定且符合恶势力其他认定条件，但多次实施违法犯罪活动是由不同的成员组织、策划、指挥，也可以认定为恶势力，有前述行为的成员均可以认定为纠集者。

恶势力的其他成员，是指知道或应当知道与他人经常纠集在一起是为了共同实施违法犯罪，仍按照纠集者的组织、策划、指挥参与违法犯罪活动的违法犯罪分子，包括已有充分证据证明但尚未归案的人员，以及因法定情形不予追究法律责任，或者因参与实施恶势力违法犯罪活动已受到行政或刑事处罚的人员。仅因临时雇佣或被雇佣、利用或被利用以及受蒙蔽参与少量恶势力违法犯罪活动的，一般不应认定为恶势力成员。

7. “经常纠集在一起，以暴力、威胁或者其他手段，在一定区域或者行业内多次实施违法犯罪活动”，是指犯罪嫌疑人、被告人于 2 年之内，以暴力、威胁或者其他手段，在一定区域或者行业内多次实施违法犯罪活动，且包括纠集者在内，至少应有 2 名相同的成员多次参与实施违法犯罪活动。对于“纠集在一起”时间明显较短，实施违法犯罪活动刚刚达到“多次”标准，且尚不足以造成较为恶劣影响的，一般不应认定为恶势力。

8. 恶势力实施的违法犯罪活动，主要为强迫交易、故意伤害、非法拘禁、敲诈勒索、故意毁坏财物、聚众斗殴、寻衅滋事，但也包括具有为非作恶、欺压百姓特征，主要以暴力、威胁为手段的其他违法犯罪活动。

恶势力还可能伴随实施开设赌场、组织卖淫、强迫卖淫、贩卖毒品、运输毒品、制造毒品、抢劫、抢夺、聚众扰乱社会秩序、聚众扰乱公共场所秩序、交通秩序以及聚众“打砸抢”等违法犯罪活动，但仅有前述伴随实施的违法犯罪活动，且不能认定具有为非作恶、欺压百姓特征的，一般不应认定为恶势力。

9. 办理恶势力刑事案件，“多次实施违法犯罪活动”至少应包括1次犯罪活动。对于反复实施强迫交易、非法拘禁、敲诈勒索、寻衅滋事等单一性质的违法行为，单次情节、数额尚不构成犯罪，但按照刑法或者有关司法解释、规范性文件的规定累加后应作为犯罪处理的，在认定是否属于“多次实施违法犯罪活动”时，可将已用于累加的违法行为计为1次犯罪活动，其他违法行为单独计算违法活动的次数。

已被处理或者已作为民间纠纷调处，后经查证确属恶势力违法犯罪活动的，均可以作为认定恶势力的事实依据，但不符合法定情形的，不得重新追究法律责任。

10. 认定“扰乱经济、社会生活秩序，造成较为恶劣的社会影响”，应当结合侵害对象及其数量、违法犯罪次数、手段、规模、人身损害后果、经济损失数额、违法所得数额、引起社会秩序混乱的程度以及对人民群众安全感的影响程度等因素综合把握。

11. 恶势力犯罪集团，是指符合恶势力全部认定条件，同时又符合犯罪集团法定条件的犯罪组织。

恶势力犯罪集团的首要分子，是指在恶势力犯罪集团中起组织、策划、指挥作用的犯罪分子。恶势力犯罪集团的其他成员，是指知道或者应当知道是为共同实施犯罪而组成的较为固定的犯罪组织，仍接受首要分子领导、管理、指挥，并参与该组织犯罪活动的犯罪分子。

恶势力犯罪集团应当有组织地实施多次犯罪活动，同时还可能伴随实施违法活动。恶势力犯罪集团所实施的违法犯罪活动，参照《指导意见》第十条第二款的规定认定。

12. 全部成员或者首要分子、纠集者以及其他重要成员均为未成年人、老年人、残疾人的，认定恶势力、恶势力犯罪集团时应当特别慎重。

三、正确运用宽严相济刑事政策的有关要求

13. 对于恶势力的纠集者、恶势力犯罪集团的首要分子、重要成员以及恶势力、恶势力犯罪集团共同犯罪中罪责严重的主犯，要正确运用法律规定加大惩处力度，对依法应当判处重刑或死刑的，坚决判处重刑或死刑。同时要严格掌握取保候审，严格掌握不起诉，严格掌握缓刑、减刑、假释，严格掌握保外就医适用条件，充分利用资格刑、财产刑等法律手段全方位从严惩处。对于符合刑法第三十七条之一规定的，可以依法禁止其从事相关职业。

对于恶势力、恶势力犯罪集团的其他成员，在共同犯罪中罪责相对较小、人身危险性、主观恶性相对不大的，具有自首、立功、坦白、初犯等法定或酌定从宽处罚情节，可以依法从轻、减轻或免除处罚。认罪认罚或者仅参与实施少量的犯罪活动且只起次要、辅助作用，符合缓刑条件的，可以适用缓刑。

14. 恶势力犯罪集团的首要分子检举揭发与该犯罪集团及其违法犯罪活动有关联的其他犯罪线索，如果在认定立功的问题上存在事实、证据或法律适用方面的争议，应当严格把握。依法应认定为立功或者重大立功的，在决定是否从宽处罚、如何从宽处罚时，应当根据罪责刑相一致原则从严掌握。可能导致全案量刑明显失衡的，不予从宽处罚。

恶势力犯罪集团的其他成员如果能够配合司法机关查办案件，有提供线索、帮助收集证据或者其他协助行为，并在侦破恶势力犯罪集团案件、查处“保护伞”等方面起到较大作用的，即使依法不能认定立功，一般也应酌情对其从轻处罚。

15. 犯罪嫌疑人、被告人同时具有法定、酌定从严和法定、酌定从宽处罚情节的，量刑时要根据所犯具体罪行的严重程度，结合被告人在恶势力、恶势力犯罪集团中的地位、作用、主观恶性、人身危险性等因素整体把握。对于恶势力的纠集者、恶势力犯罪集团的首要分子、重要成员，量刑时要体现总体从严。对于在共同犯罪中罪责相对较小、人身危险性、主观恶性相对不大，且能够真诚认罪悔罪的其他成员，量刑时要体现总体从宽。

16. 恶势力刑事案件的犯罪嫌疑人、被告人自愿如实供述自己的罪行，承认指控的犯罪事实，愿意接受处罚的，可以依法从宽处理，并适用认罪认罚从宽制度。对于犯罪性质恶劣、犯罪手段残忍、社会危害严重的犯罪嫌疑人、被告人，虽然认罪认罚，但不足以从轻处罚的，不适用该制度。

四、办理恶势力刑事案件的其他问题

17. 人民法院、人民检察院、公安机关经审查认为案件符合恶势力认定标准的，应当在起诉意见书、起诉书、判决书、裁定书等法律文书中的案件事实部分明确表述，列明恶势力的纠集者、其他成员、违法犯罪事实以及据以认定的证据；符合恶势力犯罪集团认定标准的，应当在上述法律文书中明确定性，列明首要分子、其他成员、违法犯罪事实以及据以认定的证据，并引用刑法总则关于犯罪集团的相关规定。被告人及其辩护人对恶势力定性提出辩解和辩护意见，人民法院可以在裁判文书中予以评析回应。

恶势力刑事案件的起诉意见书、起诉书、判决书、裁定书等法律文书，可以在案件事实部分先概述恶势力、恶势力犯罪集团的概括事实，再分述具体的恶势力违法犯罪事实。

18. 对于公安机关未在起诉意见书中明确认定，人民检察院在审查起诉期间发现构成恶势力或者恶势力犯罪集团，且相关违法犯罪事实已经查清，证据确实、充分，依法应追究刑事责任的，应当作出起诉决定，根据查明的事实向人民法院提起公诉，并在起诉书中明确认定为恶势力或者恶势力犯罪集团。人民检察院认为恶势力相关违法犯罪事实不清、证据不足，或者存在遗漏恶势力违法犯罪事实、遗漏同案犯罪嫌疑人等情形需要补充侦查的，应当提出具体的书面意见，连同案卷材料一并退回公安机关补充侦查；人民检察院也可以自行侦查，必要时可以要求公安机关提供协助。

对于人民检察院未在起诉书中明确认定，人民法院在审判期间发现构成恶势力或恶势力犯罪集团的，可以建议人民检察院补充或者变更起诉；人民检察院不同意或者在七日内未回复意见的，人民法院不应主动认定，可仅就起诉指控的犯罪事实依照相关规定作出判决、裁定。

审理被告人或者被告人的法定代理人、辩护人、近亲属上诉的案件时，一审判决认定黑社会性质组织有误的，二审法院应当纠正，符合恶势力、恶势力犯罪集团认定标准，应当作出相应认定；一审判决认定恶势力或恶势力犯罪集团有误的，应当纠正，但不得升格认定；一审判决未认定恶势力或恶势力犯罪集团的，不得增加认定。

19. 公安机关、人民检察院、人民法院应当分别以起诉意见书、起诉书、裁判文书所明确的恶势力、恶势力犯罪集团，作为相关数据的统计依据。

20. 本意见自2019年4月9日起施行。

最高人民法院　最高人民检察院
公安部　司法部关于办理黑恶势力
刑事案件中财产处置若干问题的意见

为认真贯彻中央关于开展扫黑除恶专项斗争的重大决策部署，彻底铲除黑恶势力犯罪的经济基础，根据刑法、刑事诉讼法及最高人民法院、最高人民检察院、公安部、司法部《关于办理黑恶势力犯罪案件若干问题的指导意见》（法发〔2018〕1号）等规定，现对办理黑恶势力刑事案件中财产处置若干问题提出如下意见：

一、总体工作要求

1. 公安机关、人民检察院、人民法院在办理黑恶势力犯罪案件时，在查明黑恶势力组织违法犯罪事实并对黑恶势力成员依法定罪量刑的同时，要全面调查黑恶势力组织及其成员的财产状况，依法对涉案财产采取查询、查封、扣押、冻结等措施，并根据查明的情况，依法作出处理。

前款所称处理既包括对涉案财产中犯罪分子违法所得、违禁品、供犯罪所用的本人财物以及其他等值财产等依法追缴、没收，也包括对被害人的合法财产等依法返还。

2. 对涉案财产采取措施，应当严格依照法定条件和程序进行。严禁在立案之前查封、扣押、冻结财物。凡查封、扣押、冻结的财物，都应当及时进行审查，防止因程序违法、工作瑕疵等影响案件审理以及涉案财产处置。

3. 对涉案财产采取措施，应当为犯罪嫌疑人、被告人及其所扶养的亲属保留必需的生活费用和物品。

根据案件具体情况，在保证诉讼活动正常进行的同时，可以允许有关人员继续合理使用有关涉案财产，并采取必要的保值保管措施，以减少案件办理对正常办公和合法生产经营的影响。

4. 要彻底摧毁黑社会性质组织的经济基础，防止其死灰复燃。对于组织者、领导者一般应当并处没收个人全部财产。对于确属骨干成员或者为该组织转移、隐匿资产的积极参加者，可以并处没收个人全部财产。对于其他组织成员，应当根据所参与实施违法犯罪活动的次数、性质、地位、作用、违法所得数额以及造成损失的数额等情节，依法决定财产刑的适用。

5. 要深挖细查并依法打击黑恶势力组织进行的洗钱以及掩饰、隐瞒犯罪所得、犯罪所得收益等转变涉案财产性质的关联犯罪。

二、依法采取措施全面收集证据

6. 公安机关侦查期间，要根据《公安机关办理刑事案件适用查封、冻结措施相关规定》（公通字〔2013〕30 号）等有关规定，会同有关部门全面调查黑恶势力及其成员的财产状况，并可以根据诉讼需要，先行依法对下列财产采取查询、查封、扣押、冻结等措施：

（1）黑恶势力组织的财产；

（2）犯罪嫌疑人个人所有的财产；

（3）犯罪嫌疑人实际控制的财产；

（4）犯罪嫌疑人出资购买的财产；

（5）犯罪嫌疑人转移至他人名下的财产；

（6）犯罪嫌疑人涉嫌洗钱以及掩饰、隐瞒犯罪所得、犯罪所得收益等犯罪涉及的财产；

（7）其他与黑恶势力组织及其违法犯罪活动有关的财产。

7. 查封、扣押、冻结已登记的不动产、特定动产及其他财产，应当通知有关登记机关，在查封、扣押、冻结期间禁止被查封、扣押、冻结的财产流转，不得办理被查封、扣押、冻结财产权属变更、抵押等手续。必要时可以提取有关产权证照。

8. 公安机关对于采取措施的涉案财产，应当全面收集证明其来源、性质、用途、权属及价值的有关证据，审查判断是否应当依法追缴、没收。

证明涉案财产来源、性质、用途、权属及价值的有关证据一般包括：

（1）犯罪嫌疑人、被告人关于财产来源、性质、用途、权属、价值的供述；

（2）被害人、证人关于财产来源、性质、用途、权属、价值的陈述、证言；

（3）财产购买凭证、银行往来凭据、资金注入凭据、权属证明等书证；

（4）财产价格鉴定、评估意见；

（5）可以证明财产来源、性质、用途、权属、价值的其他证据。

9. 公安机关对应当依法追缴、没收的财产中黑恶势力组织及其成员聚敛的财产及其孳息、收益的数额，可以委托专门机构评估；确实无法准确计算的，可以根据有关法律规定及查明的事实、证据合理估算。

人民检察院、人民法院对于公安机关委托评估、估算的数额有不同意见的，可以重新委托评估、估算。

10. 人民检察院、人民法院根据案件诉讼的需要，可以依法采取上述相关措施。

三、准确处置涉案财产

11. 公安机关、人民检察院应当加强对在案财产审查甄别。在移送审查起诉、提起公诉时，一般应当对采取措施的涉案财产提出处理意见建议，并将采取措施的涉案财产及其清单随案移送。

人民检察院经审查，除对随案移送的涉案财产提出处理意见外，还需要对继续追缴的尚未被足额查封、扣押的其他违法所得提出处理意见建议。

涉案财产不宜随案移送的，应当按照相关法律、司法解释的规定，提供相应的清单、照片、录像、封存手续、存放地点说明、鉴定、评估意见、变价处理凭证等材料。

12. 对于不宜查封、扣押、冻结的经营性财产，公安机关、人民检察院、人民法院可以申请当地政府指定有关部门或者委托有关机构代管或者托管。

对易损毁、灭失、变质等不宜长期保存的物品，易贬值的汽车、船艇等物品，或者市场价格波动大的债券、股票、基金等财产，有效期即将届满的汇票、本票、支票等，经权利人同意或者申请，并经县级以上公安机关、人民检察院或者人民法院主要负责人批准，可以依法出售、变现或者先行变卖、拍卖，所得价款由扣押、冻结机关保管，并及时告知当事人或者其近亲属。

13. 人民检察院在法庭审理时应当对证明黑恶势力犯罪涉案财产情况进行举证质证，对于既能证明具体个罪又能证明经济特征的涉案财产情况相关证据在具体个罪中出示后，在经济特征中可以简要说明，不再重复出示。

14. 人民法院作出的判决，除应当对随案移送的涉案财产作出处理外，还应当在判决书中写明需要继续追缴尚未被足额查封、扣押的其他违法所得；对随案移送财产进行处理时，应当列明相关财产的具体名称、数量、金额、处置情况等。涉案财产或者有关当事人人数较多，不宜在判决书正文中详细列明的，可以概括叙述并另附清单。

15. 涉案财产符合下列情形之一的，应当依法追缴、没收：

（1）黑恶势力组织及其成员通过违法犯罪活动或者其他不正当手段聚敛的财产及其孳息、收益；

（2）黑恶势力组织成员通过个人实施违法犯罪活动聚敛的财产及其孳息、收益；

（3）其他单位、组织、个人为支持该黑恶势力组织活动资助或者主动提供的财产；

（4）黑恶势力组织及其成员通过合法的生产、经营活动获取的财产或者组织成员个人、家庭合法财产中，实际用于支持该组织活动的部分；

（5）黑恶势力组织成员非法持有的违禁品以及供犯罪所用的本人财物；

（6）其他单位、组织、个人利用黑恶势力组织及其成员违法犯罪活动获取的财产及其孳息、收益；

（7）其他应当追缴、没收的财产。

16. 应当追缴、没收的的财产已用于清偿债务或者转让、或者设置其他权利负担，具有下列情形之一的，应当依法追缴：

（1）第三人明知是违法犯罪所得而接受的；

（2）第三人无偿或者以明显低于市场的价格取得涉案财物的；

（3）第三人通过非法债务清偿或者违法犯罪活动取得涉案财物的；

（4）第三人通过其他方式恶意取得涉案财物的。

17. 涉案财产符合下列情形之一的，应当依法返还：

（1）有证据证明确属被害人合法财产；

（2）有证据证明确与黑恶势力及其违法犯罪活动无关。

18. 有关违法犯罪事实查证属实后，对于有证据证明权属明确且无争议的被害人、善意第三人或者其他人员合法财产及其孳息，凡返还不损害其他利害关系人的利益，不影响案件正常办理的，应当在登记、拍照或者录像后，依法及时返还。

四、依法追缴、没收其他等值财产

19. 有证据证明依法应当追缴、没收的涉案财产无法找到、被他人善意取得、价值灭失或者与其他合法财产混合且不可分割的，可以追缴、没收其他等值财产。

对于证明前款各种情形的证据，公安机关或者人民检察院应当及时调取。

20. 本意见第19条所称“财产无法找到”，是指有证据证明存在依法应当追缴、没收的财产，但无法查证财产去向、下落的。被告人有不同意见的，应当出示相关证据。

21. 追缴、没收的其他等值财产的数额，应当与无法直接追缴、没收的具体财产的数额相对应。

五、其他

22. 本意见所称孳息，包括天然孳息和法定孳息。

本意见所称收益，包括但不限于以下情形：

（1）聚敛、获取的财产直接产生的收益，如使用聚敛、获取的财产购买彩票中奖所得收益等；

（2）聚敛、获取的财产用于违法犯罪活动产生的收益，如使用聚敛、获取的财产赌博赢利所得收益、非法放贷所得收益、购买并贩卖毒品所得收益等；

（3）聚敛、获取的财产投资、置业形成的财产及其收益；

（4）聚敛、获取的财产和其他合法财产共同投资或者置业形成的财产中，与聚敛、获取的财产对应的份额及其收益；

（5）应当认定为收益的其他情形。

23. 本意见未规定的黑恶势力刑事案件财产处置工作其他事宜，根据相关法律法规、司法解释等规定办理。

24. 本意见自2019年4月9日起施行。

最高人民法院　最高人民检察院 公安部　司法部关于办理实施“软暴力”的刑事案件若干问题的意见

为深入贯彻落实中央关于开展扫黑除恶专项斗争的决策部署，正确理解和适用最高人民法院、最高人民检察院、公安部、司法部《关于办理黑恶势力犯罪案件若干问题的指导意见》（法发〔2018〕1号，以下简称《指导意见》）关于对依法惩处采用“软暴力”实施犯罪的规定，依法办理相关犯罪案件，根据《刑法》《刑事诉讼法》及有关司法解释、规范性文件，提出如下意见：

一、“软暴力”是指行为人为谋取不法利益或形成非法影响，对他人或者在有关场所进行滋扰、纠缠、哄闹、聚众造势等，足以使他人产生恐惧、恐慌进而形成心理强制，或者足以影响、限制人身自由、危及人身财产安全，影响正常生活、工作、生产、经营的违法犯罪手段。

二、“软暴力”违法犯罪手段通常的表现形式有：

（一）侵犯人身权利、民主权利、财产权利的手段，包括但不限于跟踪贴靠、扬言传播疾病、揭发隐私、恶意举报、诬告陷害、破坏、霸占财物等；

（二）扰乱正常生活、工作、生产、经营秩序的手段，包括但不限于非法侵入他人住宅、破坏生活设施、设置生活障碍、贴报喷字、拉挂横幅、燃放鞭炮、播放哀乐、摆放花圈、泼洒污物、断水断电、堵门阻工，以及通过驱赶从业人员、派驻人员据守等方式直接或间接地控制厂房、办公区、经营场所等；

（三）扰乱社会秩序的手段，包括但不限于摆场架势示威、聚众哄闹滋扰、拦路闹事等；

（四）其他符合本意见第一条规定的“软暴力”手段。

通过信息网络或者通讯工具实施，符合本意见第一条规定的违法犯罪手段，应当认定为“软暴力”。

三、行为人实施“软暴力”，具有下列情形之一，可以认定为足以使他人产生恐惧、恐慌进而形成心理强制或者足以影响、限制人身自由、危及人身财产安全或者影响正常生活、工作、生产、经营：

（一）黑恶势力实施的；

（二）以黑恶势力名义实施的；

（三）曾因组织、领导、参加黑社会性质组织、恶势力犯罪集团、恶势力以及因强迫交易、非法拘禁、敲诈勒索、聚众斗殴、寻衅滋事等犯罪受过刑事处罚后又实施的；

（四）携带凶器实施的；

（五）有组织地实施的或者足以使他人认为暴力、威胁具有现实可能性的；

（六）其他足以使他人产生恐惧、恐慌进而形成心理强制或者足以影响、限制人身自由、危及人身财产安全或者影响正常生活、工作、生产、经营的情形。

由多人实施的，编造或明示暴力违法犯罪经历进行恐吓的，或者以自报组织、头目名号、统一着装、显露纹身、特殊标识以及其他明示、暗示方式，足以使他人感知相关行为的有组织性的，应当认定为“以黑恶势力名义实施”。

由多人实施的，只要有部分行为人符合本条第一款第（一）项至第（四）项所列情形的，该项即成立。

虽然具体实施“软暴力”的行为人不符合本条第一款第（一）项、第（三）项所列情形，但雇佣者、指使者或者纠集者符合的，该项成立。

四、“软暴力”手段属于《刑法》第二百九十四条第五款第（三）项“黑社会性质组织行为特征”以及《指导意见》第14条“恶势力”概念中的“其他手段”。

五、采用“软暴力”手段，使他人产生心理恐惧或者形成心理强制，分别属于《刑法》第二百二十六条规定的“威胁”、《刑法》第二百九十三条第一款第（二）项规定的“恐吓”，同时符合其他犯罪构成要件的，应当分别以强迫交易罪、寻衅滋事罪定罪处罚。

《关于办理寻衅滋事刑事案件适用法律若干问题的解释》第二条至第四条中的“多次”一般应当理解为二年内实施寻衅滋事行为三次以上。三次以上寻衅滋事行为既包括同一类别的行为，也包括不同类别的行为；既包括未受行政处罚的行为，也包括已受行政处罚的行为。

六、有组织地多次短时间非法拘禁他人的，应当认定为《刑法》第二百三十八条规定的“以其他方法非法剥夺他人人身自由”。非法拘禁他人三次以上、每次持续时间在四小时以上，或者非法拘禁他人累计时间在十二小时以上的，应当以非法拘禁罪定罪处罚。

七、以“软暴力”手段非法进入或者滞留他人住宅的，应当认定为《刑法》第二百四十五条规定的“非法侵入他人住宅”，同时符合其他犯罪构成要件的，应当以非法侵入住宅罪定罪处罚。

八、以非法占有为目的，采用“软暴力”手段强行索取公私财物，同时符合《刑法》第二百七十四条规定的其他犯罪构成要件的，应当以敲诈勒索罪定罪处罚。

《关于办理敲诈勒索刑事案件适用法律若干问题的解释》第三条中“二年内敲诈勒索三次以上”，包括已受行政处罚的行为。

九、采用“软暴力”手段，同时构成两种以上犯罪的，依法按照处罚较重的犯罪定罪处罚，法律另有规定的除外。

十、根据本意见第五条、第八条规定，对已受行政处罚的行为追究刑事责任的，行为人先前所受的行政拘留处罚应当折抵刑期，罚款应当抵扣罚金。

十一、雇佣、指使他人采用“软暴力”手段强迫交易、敲诈勒索，构成强迫交易罪、敲诈勒索罪的，对雇佣者、指使者，一般应当以共同犯罪中的主犯论处。

为强索不受法律保护的债务或者因其他非法目的，雇佣、指使他人采用“软暴力”手段非法剥夺他人人身自由构成非法拘禁罪，或者非法侵入他人住宅、寻衅滋事，构成非法侵入住宅罪、寻衅滋事罪的，对雇佣者、指使者，一般应当以共同犯罪中的主犯论处；因本人及近亲属合法债务、婚恋、家庭、邻里纠纷等民间矛盾而雇佣、指使，没有造成严重后果的，一般不作为犯罪处理，但经有关部门批评制止或者处理处罚后仍继续实施的除外。

十二、本意见自2019年4月9日起施行。

最高人民法院　最高人民检察院
公安部　司法部关于办理“套路贷”
刑事案件若干问题的意见

为持续深入开展扫黑除恶专项斗争，准确甄别和依法严厉惩处“套路贷”违法犯罪分子，根据刑法、刑事诉讼法、有关司法解释以及最高人民法院、最高人民检察院、公安部、司法部《关于办理黑恶势力犯罪案件若干问题的指导意见》等规范性文件的规定，现对办理“套路贷”刑事案件若干问题提出如下意见：

一、准确把握“套路贷”与民间借贷的区别

1. “套路贷”，是对以非法占有为目的，假借民间借贷之名，诱使或迫使被害人签订“借贷”或变相“借贷”“抵押”“担保”等相关协议，通过虚增借贷金额、恶意制造违约、肆意认定违约、毁匿还款证据等方式形成虚假债权债务，并借助诉讼、仲裁、公证或者采用暴力、威胁以及其他手段非法占有被害人财物的相关违法犯罪活动的概括性称谓。

2. “套路贷”与平等主体之间基于意思自治而形成的民事借贷关系存在本质区别，民间借贷的出借人是为了到期按照协议约定的内容收回本金并获取利息，不具有非法占有他人财物的目的，也不会在签订、履行借贷协议过程中实施虚增借贷金额、制造虚假给付痕迹、恶意制造违约、肆意认定违约、毁匿还款证据等行为。

司法实践中，应当注意非法讨债引发的案件与“套路贷”案件的区别，犯罪嫌疑人、被告人不具有非法占有目的，也未使用“套路”与借款人形成虚假债权债务，不应视为“套路贷”。因使用暴力、威胁以及其他手段强行索债构成犯罪的，应当根据具体案件事实定罪处罚。

3. 实践中，“套路贷”的常见犯罪手法和步骤包括但不限于以下情形：

（1）制造民间借贷假象。犯罪嫌疑人、被告人往往以“小额贷款公司”“投资公司”“咨询公司”“担保公司”“网络借贷平台”等名义对外宣传，以低息、无抵押、无担保、快速放款等为诱饵吸引被害人借款，继而以“保证金”“行规”等虚假理由诱使被害人基于错误认识签订金额虚高的“借贷”协议或相关协议。有的犯罪嫌疑人、被告人还会以被害人先前借贷违约等理由，迫使对方签订金额虚高的“借贷”协议或相关协议。

（2）制造资金走账流水等虚假给付事实。犯罪嫌疑人、被告人按照虚高的“借贷”协议金额将资金转入被害人账户，制造已将全部借款交付被害人的银行流水痕迹，随后便采取各种手段将其中全部或者部分资金收回，被害人实际上并未取得或者完全取得“借贷”协议、银行流水上显示的钱款。

（3）故意制造违约或者肆意认定违约。犯罪嫌疑人、被告人往往会以设置违约陷阱、制造还款障碍等方式，故意造成被害人违约，或者通过肆意认定违约，强行要求被害人偿还虚假债务。

（4）恶意垒高借款金额。当被害人无力偿还时，有的犯罪嫌疑人、被告人会安排其所属公司或者指定的关联公司、关联人员为被害人偿还“借款”，继而与被害人签订金额更大的虚高“借贷”协议或相关协议，通过这种“转单平账”“以贷还贷”的方式不断垒高“债务”。

（5）软硬兼施“索债”。在被害人未偿还虚高“借款”的情况下，犯罪嫌疑人、被告人借助诉讼、仲裁、公证或者采用暴力、威胁以及其他手段向被害人或者被害人的特定关系人索取“债务”。

二、依法严惩“套路贷”犯罪

4. 实施“套路贷”过程中，未采用明显的暴力或者威胁手段，其行为特征从整体上表现为以非法占有为目的，通过虚构事实、隐瞒真相骗取被害人财物的，一般以诈骗罪定罪处罚；对于在实施“套路贷”过程中多种手段并用，构成诈骗、敲诈勒索、非法拘禁、虚假诉讼、寻衅滋事、强迫交易、抢劫、绑架等多种犯罪的，应当根据具体案件事实，区分不同情况，依照刑法及有关司法解释的规定数罪并罚或者择一重处。

5. 多人共同实施“套路贷”犯罪，犯罪嫌疑人、被告人在所参与的犯罪中起主要作用的，应当认定为主犯，对其参与或组织、指挥的全部犯罪承担刑事责任；起次要或辅助作用的，应当认定为从犯。

明知他人实施“套路贷”犯罪，具有以下情形之一的，以相关犯罪的共犯论处，但刑法和司法解释等另有规定的除外：

（1）组织发送“贷款”信息、广告，吸引、介绍被害人“借款”的；

（2）提供资金、场所、银行卡、账号、交通工具等帮助的；

（3）出售、提供、帮助获取公民个人信息的；

（4）协助制造走账记录等虚假给付事实的；

（5）协助办理公证的；

（6）协助以虚假事实提起诉讼或者仲裁的；

（7）协助套现、取现、办理动产或不动产过户等，转移犯罪所得及其产生的收益的；

（8）其他符合共同犯罪规定的情形。

上述规定中的“明知他人实施‘套路贷’犯罪”，应当结合行为人的认知能力、既往经历、行为次数和手段、与同案人、被害人的关系、获利情况、是否曾因“套路贷”受过处罚、是否故意规避查处等主客观因素综合分析认定。

6. 在认定“套路贷”犯罪数额时，应当与民间借贷相区别，从整体上予以否定性评价，“虚高债务”和以“利息”“保证金”“中介费”“服务费”“违约金”等名目被犯罪嫌疑人、被告人非法占有的财物，均应计入犯罪数额。

犯罪嫌疑人、被告人实际给付被害人的本金数额，不计入犯罪数额。

已经着手实施“套路贷”，但因意志以外原因未得逞的，可以根据相关罪名所涉及的刑法、司法解释规定，按照已着手非法占有的财物数额认定犯罪未遂。既有既遂，又有未遂，犯罪既遂部分与未遂部分分别对应不同法定刑幅度的，应当先决定对未遂部分是否减轻处罚，确定未遂部分对应的法定刑幅度，再与既遂部分对应的法定刑幅度进行比较，选择处罚较重的法定刑幅度，并酌情从重处罚；二者在同一量刑幅度的，以犯罪既遂酌情从重处罚。

7. 犯罪嫌疑人、被告人实施“套路贷”违法所得的一切财物，应当予以追缴或者责令退赔；对被害人的合法财产，应当及时返还。有证据证明是犯罪嫌疑人、被告人为实施“套路贷”而交付给被害人的本金，赔偿被害人损失后如有剩余，应依法予以没收。

犯罪嫌疑人、被告人已将违法所得的财物用于清偿债务、转让或者设置其他权利负担，具有下列情形之一的，应当依法追缴：

（1）第三人明知是违法所得财物而接受的；

（2）第三人无偿取得或者以明显低于市场的价格取得违法所得财物的；

（3）第三人通过非法债务清偿或者违法犯罪活动取得违法所得财物的；

（4）其他应当依法追缴的情形。

8. 以老年人、未成年人、在校学生、丧失劳动能力的人为对象实施“套路贷”，或者因实施“套路贷”造成被害人或其特定关系人自杀、死亡、精神失常、为偿还“债务”而实施犯罪活动的，除刑法、司法解释另有规定的外，应当酌情从重处罚。

在坚持依法从严惩处的同时，对于认罪认罚、积极退赃、真诚悔罪或者具有其他法定、酌定从轻处罚情节的被告人，可以依法从宽处罚。

9. 对于“套路贷”犯罪分子，应当根据其所触犯的具体罪名，依法加大财产刑适用力度。符合刑法第三十七条之一规定的，可以依法禁止从事相关职业。

10. 三人以上为实施“套路贷”而组成的较为固定的犯罪组织，应当认定为犯罪集团。对首要分子应按照集团所犯全部罪行处罚。

符合黑恶势力认定标准的，应当按照黑社会性质组织、恶势力或者恶势力犯罪集团侦查、起诉、审判。

三、依法确定“套路贷”刑事案件管辖

11. “套路贷”犯罪案件一般由犯罪地公安机关侦查，如果由犯罪嫌疑人居住地公安机关立案侦查更为适宜的，可以由犯罪嫌疑人居住地公安机关立案侦查。犯罪地包括犯罪行为发生地和犯罪结果发生地。

“犯罪行为发生地”包括为实施“套路贷”所设立的公司所在地、“借贷”协议或相关协议签订地、非法讨债行为实施地、为实施“套路贷”而进行诉讼、仲裁、公证的受案法院、仲裁委员会、公证机构所在地，以及“套路贷”行为的预备地、开始地、途经地、结束地等。

“犯罪结果发生地”包括违法所得财物的支付地、实际取得地、藏匿地、转移地、使用地、销售地等。

除犯罪地、犯罪嫌疑人居住地外，其他地方公安机关对于公民扭送、报案、控告、举报或者犯罪嫌疑人自首的“套路贷”犯罪案件，都应当立即受理，经审查认为有犯罪事实的，移送有管辖权的公安机关处理。

黑恶势力实施的“套路贷”犯罪案件，由侦办黑社会性质组织、恶势力或者恶势力犯罪集团案件的公安机关进行侦查。

12. 具有下列情形之一的，有关公安机关可以在其职责范围内并案侦查：

（1）一人犯数罪的；

（2）共同犯罪的；

（3）共同犯罪的犯罪嫌疑人还实施其他犯罪的；

（4）多个犯罪嫌疑人实施的犯罪存在直接关联，并案处理有利于查明案件事实的。

13. 本意见自 2019 年 4 月 9 日起施行。

中国银保监会关于银行业和保险业做好扫黑除恶专项斗争有关工作的通知

各银监局，各保监局，各政策性银行、大型银行、股份制银行，邮储银行，外资银行，金融资产管理公司，各保险集团（控股）公司、保险公司、保险资产管理公司、保险专业中介机构，其他会管金融机构：

为贯彻落实中共中央、国务院《关于开展扫黑除恶专项斗争的通知》要求，做好银行业和保险业相关工作，现就有关事项通知如下：

一、高度重视，勇于担当，增强工作责任感和使命感

各级监管机构、各银行保险机构要认真贯彻党中央、国务院决策部署，将扫黑除恶作为一项重大政治任务，摆到工作全局的突出位置，列入重要议事日程。要增强工作责任感和使命感，切实把思想和行动统一到党中央、国务院部署上来，勇于担当，旗帜鲜明地开展扫黑除恶专项斗争。

二、强化领导，健全机制，扎实深入开展工作

为做好扫黑除恶相关工作，银保监会成立全国银行业和保险业扫黑除恶专项斗争工作领导小组，组长由银保监会副主席曹宇同志担任，办公室设在法规部。各省级派出机构、各银行保险机构应建立健全工作机制，成立相应工作领导小组，并由主要负责同志担任组长，强化组织领导，切实深入开展扫黑除恶专项斗争相关工作。

三、突出重点，精准打击，加强高风险领域治理

各级监管机构要会同公安、市场监管等相关部门，结合扫黑除恶斗争相关文件要求，持续推动落实《中华人民共和国银行业监督管理法》《中华人民共和国保险法》以及《非法金融机构和非法金融业务活动取缔办法》（国务院令第247号）、《关于规范民间借贷行为 维护经济金融秩序有关事项的通知》（银保监发〔2018〕10号）、《网络借贷信息中介机构业务活动管理暂行办法》（中国银监会 工业和信息化部 公安部 国家互联网信息办公室令2016年第1号）、《关于进一步加强校园网贷整治工作的通知》（银监发〔2016〕47号）、《关于进一步加强校园贷规范管理工作的通知》（银监发〔2017〕26号）等法律、行政法规和相关文件精神，强化监管，结合各地实际，将相关要求落到实处。

对于银行业领域，要重点打击非法设立从事或主要从事发放贷款业务的机构或非法以发放贷款为日常业务中的下述行为：一是利用非法吸收公众存款、变相吸收公众存款等非法集资资金发放民间贷款的；二是以故意伤害、非法拘禁、侮辱、恐吓、威胁、骚扰等非法手段催收贷款的；三是利用黑恶势力开展或协助开展业务的；四是套取金融机构信贷资金，再高利进行转贷的；五是面向在校学生非法发放贷款，发放无指定用途贷款，或以提供服务、销售商品为名，实际收取高额利息（费用）变相放贷的；六是银行业金融机构工作人员和公务员作为主要成员参与或实际控制人的。

对于保险业领域，要重点打击有组织的保险诈骗活动。

四、积极配合，提升效率，为扫黑除恶专项斗争提供有力技术保障

各级监管机构、各银行业金融机构要严格按照《关于印发银行业金融机构协助人民检察院 公安机关 国家安全机关查询冻结工作规定的通知》（银监发〔2014〕53 号）、《关于银行业金融机构与公安机关开展涉案账户资金网络查控工作的意见》（银监发〔2015〕9 号）等文件要求，充分利用先进技术手段，提升工作效率，持续做好涉案账户电子化查询工作。建立健全紧急联系机制，确保做好涉黑、涉恶账户的查询、冻结工作，有效切断黑恶犯罪资金流动渠道，为政法机关依法办案和有关部门依法履职提供有力保障。

五、深入排查，加大力度，及时做好线索移送

各级监管机构要加大工作力度，组织辖内银行保险机构深入排查涉黑涉恶相关问题。各级监管机构扫黑除恶斗争工作负责部门要及时接收、处理以下举报线索：一是对非法放贷、暴力讨债、非法设立金融机构和非法开展金融业务等问题的举报；二是对银行保险机构和从业人员涉黑涉恶问题的举报；三是银行保险机构在日常经营中发现的涉黑涉恶线索；四是本通知第三条所列明的重点打击活动领域行为线索。

各省级派出机构要建立涉黑涉恶线索摸排核查责任制，以及与政法机关、政府相关部门的案件移送和沟通协调机制。对于各类举报，做到每条线索都有落实：属于银行保险监督管理机构法定职责的，由银行保险监督管理机构依法处理；属于其他行政机关法定职责的，移送相应法定机关；构成违纪行为的，依法移送相应单位；构成违反治安管理行为或犯罪的，依法移送公安机关。

六、加强监管，严格准入，严防涉黑涉恶组织和个人进入银行业和保险业

各级监管机构要严格执行《中华人民共和国商业银行法》《中华人民共和国银行业监督管理法》《中华人民共和国保险法》，严格市场准入，将涉黑涉恶信息作为银行保险机构设立、股权变更或实际控制人变更审批以及董事、监事、高级管理人员任职资格审批的重要判断依据。严禁涉黑涉恶人员和涉黑涉恶组织参股、控股银行保险机构；严禁涉黑涉恶人员担任银行保险机构的董事、监事、高级管理人员。

七、改进服务，严格管理，履行好银行业和保险业社会责任和法律义务

各级监管机构、各银行保险机构要认真贯彻党中央、国务院关于防范化解金融风险、支持实体经济的决策部署，提高认识，改进服务，提升能力，充分履行银行业和保险业社会责任。特别是要做好“三农”、小微等领域金融服务工作，从源头上铲除非法金融业务滋生的土壤。

各银行保险机构要严格遵守相关法律、行政法规和监管规定，严禁银行业金融机构为黑社会性质组织犯罪提供资金账户、转账，协助将财产转换为现金、金融票证、有价证券，协助将资金汇往境外，以及为黑社会性质组织和个人从事涉黑涉恶活动提供金融信贷服务；严禁保险机构为涉黑涉恶组织或个人提供分红投资型保险产品、出具担保保函；严禁银行保险机构录用涉黑涉恶人员；严禁银行保险机构与涉黑涉恶组织和个人开展信贷、保险等形式的业务合作。

八、加强宣传，正向引导，凝聚广大人民群众反黑反恶的共同力量

各银行保险机构应进一步加强扫黑除恶专项斗争工作的宣传教育力度，教育从业人员不要参与任何涉黑涉恶组织活动，通过电子显示屏等形式展示扫黑除恶斗争工作要求、相关法律法规知识以及《关于规范民间借贷行为 维护经济金融秩序有关事项的通知》（银保监发〔2018〕10 号）第五条规定“严禁非法活动”中的“四个严厉打击”和“一个严禁”等内容。

九、总结经验，定期报告，建立信息报送和监督检查机制

请各省级派出机构严格按照要求，督导辖内派出机构和各银行保险机构切实做好相关工作。各大型银行、股份制银行、保险集团（控股）公司和各省级派出机构应于每月 4 日前（自 2018 年 9 月起），将本单位、本辖区上月涉黑涉恶线索数量、处理情况等扫黑除恶专项斗争工作开展情况书面报告全国银行业和保险业扫黑除恶专项斗争工作领导小组办公室。遇有重大问题，应及时报告。

全国银行业和保险业扫黑除恶专项斗争工作领导小组将适时对有关工作落实情况进行监督检查；对于重视不够、措施不力的，将依法进行处理。

2018 年 7 月 30 日

最高人民法院　最高人民检察院
公安部　司法部关于依法严厉打击
黑恶势力违法犯罪的通告

黑恶势力是经济社会健康发展的毒瘤，是人民群众深恶痛绝的顽疾，必须坚决依法予以打击。为切实保障广大人民群众合法权益，维护社会和谐稳定，按照中共中央、国务院《关于开展扫黑除恶专项斗争的通知》精神，依据《中华人民共和国刑法》、《中华人民共和国刑事诉讼法》及有关规定，现就依法严厉打击黑恶势力违法犯罪相关事项通告如下：

一、凡是实施黑恶势力违法犯罪以及包庇、纵容黑社会性质组织的人员，必须立即停止一切违法犯罪活动。自本通告发布之日起至2018年3月1日，主动投案自首、如实供述自己罪行的，可以依法从轻或者减轻处罚。在此规定期限内拒不投案自首、继续为非作恶的，将依法从严惩处。对于为黑恶势力违法犯罪人员充当“保护伞”的国家机关工作人员，将坚决依法依纪查处，不管涉及谁，都要一查到底、绝不姑息。

二、黑恶势力犯罪人员的亲友应当积极规劝其尽快投案自首，经亲友规劝、陪同投案的，或者亲友主动报案后将犯罪人员送去投案的，视为自动投案。窝藏、包庇黑恶势力犯罪人员或者帮助洗钱、毁灭、伪造证据以及掩饰、隐瞒犯罪所得、犯罪所得收益的，将依法追究刑事责任。黑恶势力犯罪人员到案后有检举、揭发他人犯罪并经查证属实，以及提供侦破其他案件的重要线索并经查证属实，或者协助司法机关抓获其他犯罪嫌疑人的，可以依法从轻或者减轻处罚；有重大立功表现的，可以依法减轻或者免除处罚。黑恶势力犯罪人员积极配合侦查、起诉、审判工作，在查明黑社会性质组织的组织结构和组织者、领导者的地位作用，组织实施的重大犯罪事实，追缴、没收赃款赃物，打击“保护伞”等方面提供重要线索和证据，经查证属实的，可以根据案件具体情况，依法从轻、减轻或者免除处罚。

三、全国政法战线要贯彻落实党的十九大精神，在各级党委的统一领导下，充分发挥社会治安综合治理优势，推动各部门各司其职、齐抓共管，形成工作合力。要以“零容忍”态度，坚决依法从严惩治，对黑恶势力违法犯罪重拳出击，侦办一批群众深恶痛绝的涉黑涉恶案件，整治一批涉黑涉恶重点地区，惩治一批涉黑涉恶违法犯罪分子，确保在春节前后取得积极成效，为扫黑除恶专项斗争奠定坚实基础，不断增强人民获得感、幸福感、安全感。

四、扫黑除恶是一场人民战争，必须依靠人民群众的积极参与。欢迎广大群众积极举报涉黑涉恶犯罪和“村霸”等突出问题，对在打击黑恶势力违法犯罪、铲除黑恶势力滋生土壤、深挖黑恶势力“保护伞”中发挥重要作用的，予以奖励。政法机关将依法保护举报人的个人信息及安全。

全国扫黑除恶举报网站：www. 12389. gov. cn；举报信箱：北京市邮政 19001 号信箱；举报电话：010－12389。

本通告自发布之日起施行。

2018 年 2 月 2 日

图书在版编目（CIP）数据

办理黑社会性质组织犯罪等案件法律规范理解与典型案例 / 徐伟红主编．—北京：中国法制出版社，2019.10

ISBN 978－7－5216－0560－0

Ⅰ.①办… Ⅱ.①徐… Ⅲ.①黑社会－犯罪集团－刑事犯罪－研究－中国 Ⅳ.①D924.114

中国版本图书馆 CIP 数据核字（2019）第 201037 号

策划编辑 王 熹　　责任编辑 王 熹　　封面设计 杨泽江

办理黑社会性质组织犯罪等案件法律规范理解与典型案例

BANLI HEISHEHUI XINGZHI ZUZHI FANZUI DENG ANJIAN FALÜ GUIFAN LIJIE YU DIANXING ANLI

主编/徐伟红

经销/新华书店

印刷/三河市国英印务有限公司

开本/710 毫米×1000 毫米 16 开　　印张/ 16.5 字数/ 237 千

版次/2019 年 10 月第 1 版　　2019 年 10 月第 1 次印刷

中国法制出版社出版

书号 ISBN 978－7－5216－0560－0　　定价：56.00 元

北京西单横二条 2 号

邮政编码 100031　　传真：010－66031119

网址：http：//www.zgfzs.com　　**编辑部电话：010－66010493**

市场营销部电话：010－66033393　　**邮购部电话：010－66033288**

（如有印装质量问题，请与本社印务部联系调换。电话：010－66032926）